プリント形式のリアル過去問で本番の臨場感！

北海道 公立高等学校

2025年☆春 受験用 解答集

本書は，実物をなるべくそのままに，プリント形式で年度ごとに収録しています。
問題用紙を教科別に分けて使うことができるので，本番さながらの演習ができます。

■ 収録内容

・解答集(この冊子です)

書籍ＩＤ番号，この問題集の使い方，最新年度実物データ，教科別入試データ解析，解答例と解説，ご使用にあたってのお願い・ご注意，お問い合わせ

・2024(令和６)年度 ～ 2022(令和４)年度　学力検査問題

・リスニング問題音声《オンラインで聴く》　詳しくは次のページをご覧ください。

Oは収録あり　年度	'24	'23	'22			
■ 問題(一般入学者選抜)	O	O	O			
■ 解答用紙	O	O	O			
■ 配点	O	O	O			
■ 英語リスニング音声・原稿	O	O	O			

全教科に解説
があります

注)問題文等非掲載:2023年度社会の4

資料の非掲載につきまして

著作権上の都合により，本書に収録している過去入試問題の資料の一部を掲載しておりません。ご不便をおかけし，誠に申し訳ございません。

JN132397

教英出版

■ 書籍ＩＤ番号

リスニング問題の音声は，教英出版ウェブサイトの「ご購入者様のページ」画面で，書籍ＩＤ番号を入力してご利用ください。

入試に役立つダウンロード付録や学校情報なども随時更新して掲載しています。

書籍ＩＤ番号　174301

（有効期限：2025年9月30日まで）

【入試に役立つダウンロード付録】
「ラストチェックテスト(標準／ハイレベル)」
「高校合格への道」

【リスニング問題音声】
オンラインで問題の音声を聴くことができます。
有効期限までは無料で何度でも聴くことができます。

■ この問題集の使い方

年度ごとにプリント形式で収録しています。針を外して教科ごとに分けて使用します。①片側，②中央のどちらかでとじてありますので，下図を参考に，問題用紙と解答用紙に分けて準備をしましょう（解答用紙がない場合もあります）。

針を外すときは，けがをしないように十分注意してください。また，針を外すと紛失しやすくなりますので気をつけましょう。

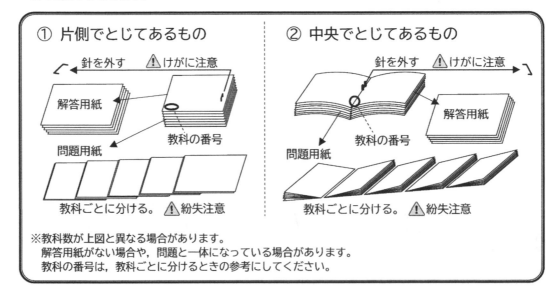

① 片側でとじてあるもの　② 中央でとじてあるもの

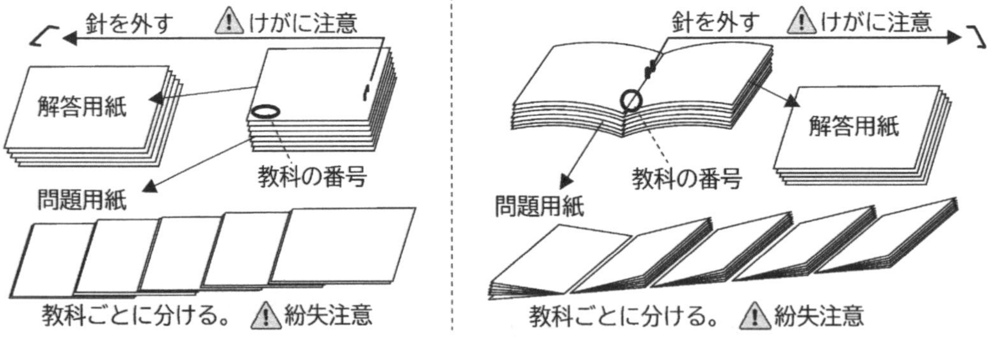

※教科数が上図と異なる場合があります。
解答用紙がない場合や，問題と一体になっている場合があります。
教科の番号は，教科ごとに分けるときの参考にしてください。

■ 最新年度 実物データ

実物をなるべくそのままに編集していますが，収録の都合上，実際の試験問題とは異なる場合があります。実物のサイズ，様式は右表で確認してください。

問題用紙	Ａ４冊子(二つ折り)
解答用紙	Ａ３片面プリント

北海道　公立高校入試データ解析　国語

分野別データ			2024	2023	2022
大問の種類	長文	論説文・説明文・評論		○	
		小説・物語	○		○
		随筆・紀行文			
		古文・漢文	○	○	○
		詩・短歌・俳句	○		
		その他の文章	○	○	○
		条件・課題作文			
		聞き取り			
漢字・語句		漢字の読み書き	○	○	○
		熟語・熟語の構成	○		
		部首・筆順・画数・書体			
		四字熟語・慣用句・ことわざ		○	
		類義語・対義語			
文法		品詞・用法・活用			○
		文節相互の関係・文の組み立て		○	
		敬語・言葉づかい			○
文章の読解	長文	語句の意味・補充	○		○
		接続語の用法・補充			
		表現技法・表現の特徴		○	
		段落・文の相互関係			
		文章内容の理解	○	○	○
		人物の心情の理解	○		○
	古文・漢文	歴史的仮名遣い			
		文法・語句の意味・知識	○	○	○
		動作主			
		文章内容の理解	○	○	○
		詩・短歌・俳句	○		
		その他の文章	○	○	○

形式データ	2024	2023	2022
漢字の読み書き	6	8	8
記号選択	11	9	9
抜き出し		2	3
記述	10	10	7
作文・短文	1	1	1
その他			

2025 年度入試に向けて

4つの大問を通して，基本的な知識問題から，本文内容の理解を問う記号問題や抜き出し，まとまった分量の記述問題まで，分野・問い方・難易度ともに，幅広く出題されている。語句や文法などは，習ったことを確実に覚えて得点源にしよう。記述問題は，設問の条件に注意しながら的確にまとめよう。時間が足りなくならないように，文章を速く正確に読む練習，問われたことを端的に記述する練習を重ねておこう。

北海道　公立高校入試データ解析　数学

分類		2024	2023	2022	問題構成	2024	2023	2022
式と計算	数と計算	○	○	○	小問	1 問1．計算問題 問2．素因数分解	1 問1．計算問題 問5．因数分解	1 問1，問2，問4 計算問題 問5．不等式
	文字式	○	○	○				
	平方根	○	○	○				
	因数分解		○					
	1次方程式	○			大問	2 チューリップの本数についての文字式・2次方程式の文章問題	2 九九の表を題材とした文字式の文章問題	
	連立方程式		○	○				
	2次方程式	○						
統計	データの活用	○	○	○	小問	1 問5．箱ひげ図とヒストグラム		
					大問		5 度数分布表，度数折れ線	2 箱ひげ図
	確率	○	○	○	小問	5 問1(2)．3枚の硬貨	1 問2．9本のくじ	5 問2．2つのさいころ
					大問			
関数	比例・反比例	○						
	1次関数	○	○	○	小問	1 問3．比例 問4．1次関数	1 問3．1次関数	1 問3．点の座標
	2乗に比例する関数	○	○	○				
	いろいろな関数							
	グラフの作成							
	座標平面上の図形	○	○	○	大問	3 座標平面 放物線，直線， 三角形	3 座標平面 放物線，直線， 台形	3 座標平面 放物線，直線， 角度
	動点，重なる図形							
図形	平面図形の性質	○	○	○				
	空間図形の性質	○	○					
	回転体				小問	1 問6．作図 5 問1． 三角形の回転移動 問2． 三角柱の体積	1 問4． 円すいの高さ 問6．作図	1 問6．作図 5 問1．平面図形 長方形，三角形
	立体の切断							
	円周角		○	○				
	相似と比	○	○	○				
	三平方の定理	○		○	大問	4 平面図形 四角形，三角形， 平行四辺形	4 平面図形 円，三角形	4 平面図形 直角三角形
	作図	○	○	○				
	証明	○	○	○				

2025年度入試に向けて

全体的に難易度はそれほど高くないが，記述式の問題が多いのが特徴である。近年では，1つの分野を深く掘り下げたり，いくつかの分野を組み合わせたりするなどした，思考力を問う大問が出題されている。どの分野も表面的な暗記にとどまらず，論理的に内容を理解できるようになりたい。

北海道 公立高校入試データ解析 社会

	分野別データ	2024	2023	2022	形式データ	2024	2023	2022
地理	世界のすがた	○	○	○	記号選択	6	10	12
	世界の諸地域（アジア・ヨーロッパ・アフリカ）	○	○	○	語句記述	5	8	3
	世界の諸地域（南北アメリカ・オセアニア）	○	○	○	文章記述	3	2	3
	日本のすがた	○	○	○	作図			
	日本の諸地域（九州・中国・四国・近畿）	○	○	○	計算			1
	日本の諸地域（中部・関東・東北・北海道）	○	○	○				
	身近な地域の調査	○		○				
歴史	原始・古代の日本	○	○	○	記号選択	11	12	10
	中世の日本	○	○	○	語句記述	3	10	5
	近世の日本	○	○	○	文章記述	3	2	2
	近代の日本	○	○	○	並べ替え	1	1	1
	現代の日本	○	○					
	世界史	○	○	○				
公民	わたしたちと現代社会			○	記号選択	12	12	7
	基本的人権	○	○	○	語句記述	8	8	3
	日本国憲法				文章記述	3	2	2
	民主政治	○	○	○				
	経済	○	○	○				
	国際社会・国際問題	○	○	○				

2025年度入試に向けて

記号問題が多く，重要語句を中心に覚えればある程度の対応ができる。地理は，日本地理・世界地理ともに地域別の学習よりも全体をまとめた学習が効果的である。歴史は，古代から近代までの重要事項を，年表や資料と関連付ける学習が効果的である。公民は，基本的人権・憲法・政治・経済の重要語句をしっかりと理解すれば十分対応できる。資料が多く，読み取りが難しい問題もあるので，さまざまな問題に取り組みたい。

北海道　公立高校入試データ解析　理科

	分野別データ	2024	2023	2022	形式データ	2024	2023	2022
物理	光・音・力による現象	○	○	○	記号選択	5	8	14
	電流の性質とその利用	○		○	語句記述	14	12	13
	運動とエネルギー	○	○	○	文章記述	11	11	7
化学	物質のすがた	○	○	○	作図	5	3	3
	化学変化と原子・分子	○	○		数値	11	9	7
	化学変化とイオン	○		○	化学式・化学反応式		2	1
生物	植物の生活と種類	○	○	○				
	動物の生活と種類	○	○					
	生命の連続性と食物連鎖	○	○	○				
地学	大地の変化	○	○	○				
	気象のしくみとその変化	○		○				
	地球と宇宙		○	○				

2025年度入試に向けて

問題は毎年大問５問で構成されており，１が４分野の問題がまんべんなく入った小問集合，２～５が４分野それぞれの大問になっている。近年の出題形式は，語句記述が多く，記号選択が減って文章記述が増えてきている。答えになる内容は，教科書に載っている内容をもとにしたものだが，一問一答形式のような単純なものばかりではなく，どの内容に結びつくのかをよく考えなければ解けないものも多い。したがって，さまざまなパターンの問題を練習し，臨機応変に対応できる力をつけておく必要がある。また，複雑な計算問題が出題されること，解答数が多いことなどから，時間配分についても意識する必要がある。過去問を解くときには，しっかりと時間をはかって取り組むとよいだろう。

北海道　公立高校入試データ解析　英語

	分野別データ	2024	2023	2022
音声	発音・読み方			
	リスニング	○	○	○
文法	適語補充・選択	○	○	○
	語形変化			
	その他			
英作文	語句の並べかえ			
	補充作文	○	○	○
	自由作文	○	○	○
	条件作文	○	○	○
読解	語句や文の補充	○	○	○
	代名詞などの指示内容			
	英文の並べかえ			
	日本語での記述			
	英問英答	○	○	○
	絵・表・図を選択	○	○	
	内容真偽	○	○	○
	内容の要約	○	○	○
	その他			○

		形式データ	2024	2023	2022
リスニング		記号選択	10	10	10
		英語記述	3	3	2
		日本語記述			
文法・英作文・読解	読解	会話文	1	1	1
		長文	1	1	1
		絵・図・表	1	1	1
		記号選択	8	7	7
		語句記述	7	7	8
		日本語記述			
		英文記述	7	7	7

2025年度入試に向けて

文法問題は基本的なものが多い。英語が苦手な人は，中1，中2で学んだ内容をしっかり復習すれば，ある程度の点数は見込める。長文，会話文は英作文を含む問題が出題される。いずれも英文の読解力とからめた問題なので，ここで点差がつくだろう。状況に合った内容を正確に英語で表現する力が必要。基本的な会話表現や連語表現は必ず押さえておこう。英文は短めなので，焦らず集中して内容を読み取ろう。

2024解答例　北海道公立高等学校
令和６年度

《2024　国語　解答例》

一　問一．⑴こうけん　⑵さと　　問二．⑴尊敬　⑵就職　　問三．⑴イ　⑵Ⅰ群…イ　Ⅱ群…ケ
問四．⑴①軽すぎる　②重すぎる　⑵カ　⑶ウ

二　問一．１．こころよ　２．おく　　問二．イ　　問三．ひる　　問四．①正しく伝えようとし続けていた　②口訣集を受け取ってもらえない　　問五．エ　　問六．医術は人が生きるか死ぬかに関わるものであるため、みんなが最新の成果を明らかにし、試し、認め合い、互いにたたき合うことを繰り返し、医術を進歩させること。
問七．庶民が寝転んで本を読んでいたことは、ソファなどでリラックスして読むことがある現代と共通しているが、本が大量に印刷できず貴重であったことは、図書館や電子書籍等、たくさんの本がある現代とは異なる。

三　問一．②　　問二．エ　　問三．⑴ア　⑵鍾子期の死後、生涯二度と琴を弾かなかった

四　問一．ウ　　問二．イ→ウ→ア　　問三．黒御影石を素材とした滑り台でもあり、札幌市の大通公園に設置されている。　　問四．A．らせん状に逆巻く水流がそのエネルギーを失うことなく、次のらせんに手渡され、連綿と引き継がれていく　B．「怒涛図」には、小さな渦状の波が無数に描かれており、消えることなく次から次へと押し寄せてくる波の勢いが、ずっと続いていくような印象を受けた。

《2024　数学　解答例》

1　問１．⑴－６　⑵１　⑶$2\sqrt{2}$　　問２．２×５×７　　問３．$y=30x$
問４．①ウ　②ア　　問５．①エ　②ア　　問６．右図

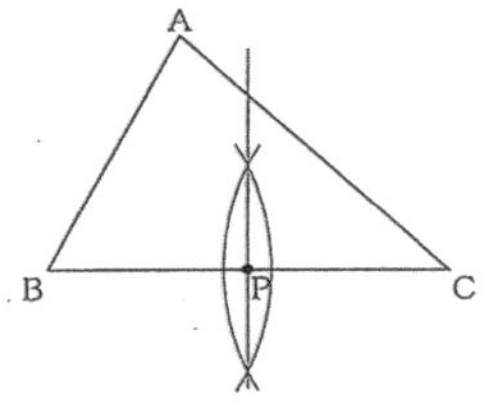

1問６の図

2　問１．⑴32
⑵(解答例１)図…右図　求め方を表す式…(ａ－１)×２＋(２ａ－１)×２
(解答例２)図…右図　求め方を表す式…(ａ－２)×２＋２ａ×２
問２．180

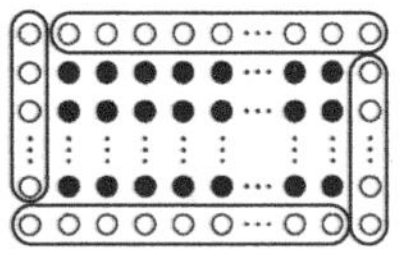
2問１⑵(解答例１)の図

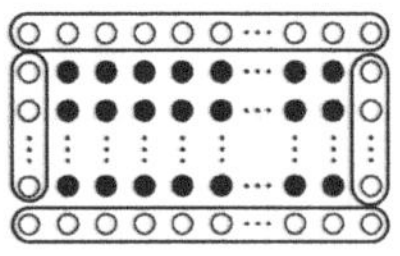
2問１⑵(解答例２)の図

3　問１．⑴９　※⑵$y=x+6$　※問２．$\frac{4}{3}$

4　問１．ア，ウ
問２．⑴(解答例１)△ＡＰＳと△ＡＢＤにおいて，
ＡＰ：ＰＢ＝ＡＳ：ＳＤであるから，ＰＳ//ＢＤ…㋐
△ＣＱＲと△ＣＢＤにおいて，ＣＱ：ＱＢ＝ＣＲ：ＲＤであるから，ＱＲ//ＢＤ…㋑
㋐，㋑より，ＰＳ//ＱＲ…①
㋐より，ＰＳ：ＢＤ＝ＡＰ：ＡＢ＝１：４であるから，ＰＳ＝$\frac{1}{4}$ＢＤ…㋒
㋑より，ＱＲ：ＢＤ＝ＣＱ：ＣＢ＝１：４であるから，ＱＲ＝$\frac{1}{4}$ＢＤ…㋓　　㋒，㋓より，ＰＳ＝ＱＲ…②
①，②より，１組の対辺が平行で長さが等しいので，四角形ＰＱＲＳは平行四辺形である。
(解答例２)△ＡＰＳと△ＡＢＤにおいて，ＡＰ：ＰＢ＝ＡＳ：ＳＤであるから，ＰＳ//ＢＤ…㋐
△ＣＱＲと△ＣＢＤにおいて，ＣＱ：ＱＢ＝ＣＲ：ＲＤであるから，ＱＲ//ＢＤ…㋑
㋐，㋑より，ＰＳ//ＱＲ…①
△ＢＰＱと△ＢＡＣにおいて，ＢＰ：ＰＡ＝ＢＱ：ＱＣであるから，ＰＱ//ＡＣ…㋒

△ＤＳＲと△ＤＡＣにおいて，ＤＳ：ＳＡ＝ＤＲ：ＲＣであるから，ＳＲ//ＡＣ…㊁

㊂，㊁より，ＰＱ//ＳＲ…②

①，②より，２組の対辺がそれぞれ平行なので，四角形ＰＱＲＳは平行四辺形である。

(2)18

5 問１．(1)120 (2)$\frac{1}{4}$ ※問２．$16\sqrt{6}$

※の計算は解説を参照してください。

《2024 社会 解答例》

1 問１．(1)北西 (2)北大西洋　問２．(1)①イ ②ア (2)Ｂ，Ａ，Ｃ　問３．(1)裁判員 (2)ア，イ，オ (3)企業の社会的責任を果たすこと。　問４．(1)排他的経済水域 (2)リアス海岸が見られる　問５．ウ

問６．(1)記号…イ 語句…ナポレオン (2)語句…ガンディー 記号…イ (3)農地改革によって，自作地が増加した。

問７．(1)ア，ウ，エ，オ (2)①契約 ②クーリング・オフ

2 問１．ムラ同士の争いが起こった　問２．イ　問３．エ　問４．①イギリス ②ドイツ ③オランダ

Ａ．アジア Ｂ．アフリカ　問５．語句…廃藩置県 記号…オ　問６．アメリカは，大西洋憲章で明らかにしたファシズムの打倒を主張した。それに対して日本は，欧米の支配からアジア諸国を解放し，大東亜共栄圏を建設することを主張した。

3 Ａ問１．記号…ア 位置…Ｄ　問２．熱帯(雨)林の減少　問３．キ

Ｂ問１．㋑ｃ ㋓ｄ　問２．①噴火 ②津波 位置…Ｙ　問３．石灰石をセメントにするとセメントの方が軽くなり輸送しやすくなるため，原料がとれる場所の近く

4 問１．記事１…オ 記事２…ア 記事３…ウ 記事４…エ　問２．問題…南北 内容…北半球に多く見られる先進国と，南半球に多く見られる発展途上国との間に，経済格差が見られる。　問３．①イ ②ア ③イ ④イ

問４．①小選挙区 ②比例代表 記号…ア，ウ　問５．①平和維持活動 ②集団安全保障　問６．地球温暖化という環境課題の解決に向け，多くの人々が自動車ではなく，なるべく公共交通機関を利用することを提案する。これによって，CO_2などの温室効果ガスの排出削減の効果が期待できる。

《2024　理科　解答例》

[1] 問１．⑴大きさ　⑵単体　⑶気孔　⑷鉱物　⑸光源　⑹酸化　⑺感覚　⑻地質　　問２．①とけやすく　②小さい
問３．オ　　問４．135　　問５．0.5

[2] 問１．子には親と同じ染色体が受けつがれるため，親と同じ形質が現れる。
問２．１つ１つの細胞が離れ，重なりが少なくなるため。　　問３．①複製　②２
問４．芽の根もとの部分で細胞の数がふえ，そのふえた細胞の１つ１つが大きくなっていく　　問５．①比例　②11

[3] 問１．⑴23　⑵物質がとけきらずに残っていたから。　　問２．⑴①水でぬらして　②ビーカーのかべにつける　③ガラス棒　⑵①32　②Ｐ　　問３．理由…溶解度が温度によってほとんど変化しないため。　図…右上図　などから１つ

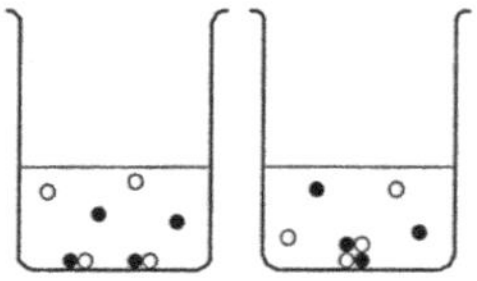
[3]問３の図

[4] 問１．⑴①熱帯　②17　⑵右図　⑶あたたかい海上を通過することによって水蒸気が供給されること。　　問２．データ…Ｐ．表３　Ｑ．表２　Ｒ．表１　進路…右図
問３．液面…高くなった　理由…ペットボトルの中より，ペットボトルの外の気圧が低くなったため。

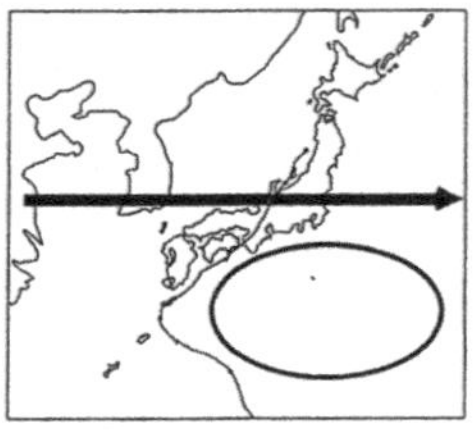
[4]問１⑵の図

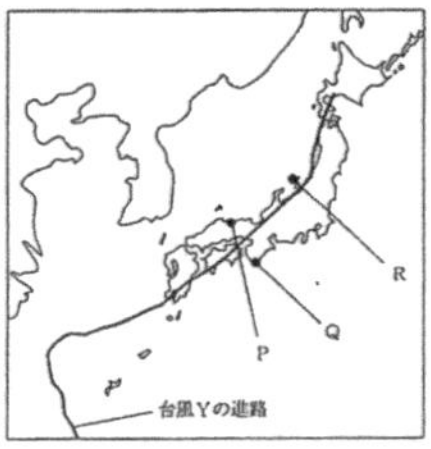

[4]問２の図

[5] 問１．⑴下図　⑵下グラフ　　問２．①10　②５　　問３．速さ測定器を，小球が木片に当たる直前の位置に置いて，小球の速さを測定
問４．仕事の大きさ…１　仕事率…0.64

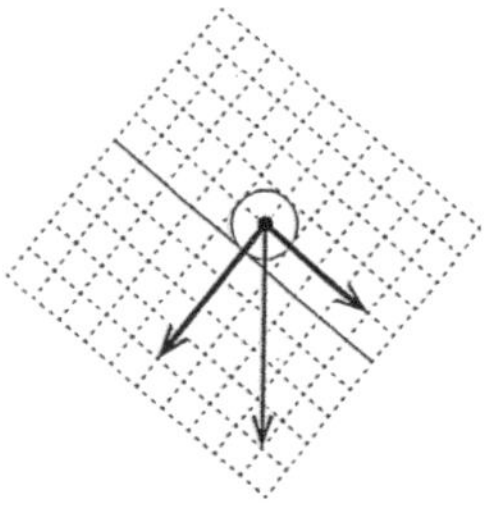
[5]問１⑴の図

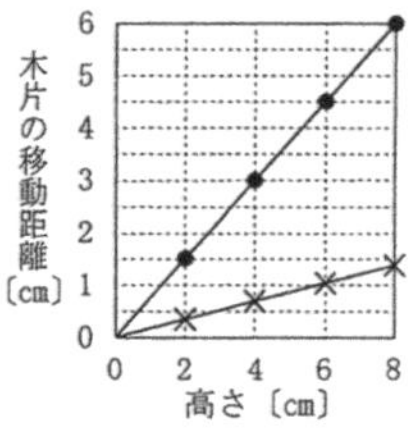

《2024　英語　解答例》

[1] 問１．No.１．ウ　No.２．ア　No.３．ウ　　問２．No.１．イ　No.２．エ　No.３．ウ　No.４．イ
問３．No.１．ウ　No.２．ア　No.３．エ　　問４．No.１．get a notebook　　No.２．April
No.３．Our school starts in this month

[2] 問１．⑴by　⑵hours　　問２．⑴more　⑵don’t　　問３．⑴Whose bag is that　⑵Where is his house

[3] [A]問１．イ，オ，カ　　問２．エ　　問３．What kind of school events do you have in your country?
[B]問１．ア　　問２．イ　　問３．He felt excited.
[C]問１．エ　　問２．イ　　問３．⑴①introduce　②without　⑵What do you think?　　問４．イ，オ

[4] ⑴Today’s newspaper says that　　⑵However　　⑶First, people can see the album anywhere on the Internet.　Second, people can enjoy voice messages from their friends or the videos of school events on it.

《2024 国語 解説》

一 問三(1) 季語は「枯野《かれの》」(草木が枯れはてた野原)で、季節は冬。イの「炭」が冬の季語。アの「大蛍《おおぼたる》」は夏。ウの「行水《ぎょうずい》」は夏。エの「花の雲」(桜の花が一面に咲き連なる様子を雲に見立てている)は春。

問四(1) ①. 宮本さんは「上田さんにとっては、書記だと役不足かもしれないね。会長が合っていると思う」と言っているから、「本人の能力に対して役目が軽すぎる」という本来の意味で使っているとわかる。 ②. 上田さんは「そもそも生徒会役員なんて、私には無理だと思う」と言っているから、「本人の能力に対して役目が重すぎる」という意味だと思っていたことがわかる。 (3) 直前で上田さんが「私に生徒会役員なんてできるのか、心配で……」と言ったことを、「上田さん～不安だったんだね」とありのままに受け止めている(受容)。また、「話し合いの人数に関わらず～上手にまとめてくれるから」という具体的な理由を示して、上田さんが生徒会長にふさわしいということを言っている。よって、ウが適する。

二 問四① 「私」は先生に話す際に「話になにも足さず、なにも引かないこと」を心がけたとあり、「私」の話を聞いた先生が「それだけ正しく伝えようとしつづけるには、並大抵ではない根気が要ります」とねぎらっている。

② ──線3の直前に「先生は～口訣《くけつ》集を目にすると言った。『せっかく～申し訳ありませんが、これは持ち帰ってください」とあり、直後で「私」が「やはり、受け取っていただけませんか」と言っている。

問五 「唖然《あぜん》」は、思いがけない出来事に驚き、あきれて何も言えない様子。「私」は先生から「門人たちにいくらでも口訣集を写していいと言っています～いくらでもあるのです」と聞いて「門外不出の、秘伝ではないのか」と思った。さらに先生は「西島晴順～可哀想～言って持って帰れば、なんの問題もなかったのに～返さねばならぬのに返さないと思わせてしまった」と言った。つまり、口訣集を返す必要はないということ。驚いた「私」は、──線4の後で「口訣というのは秘伝ではないのですか。先生なら、(息子の)淇平《きへい》先生にしか伝えないものではないのですか」と聞いている。これらのやりとりから、エのような理由が読みとれる。

問六 先生が「医は一人では前へ進めません。みんなが技を高めて～そのためには、みんなが最新の成果を明らかにして、みんなで試して、互いに認め合い、互いに叩《たた》き合わなければなりません。それを繰り返しているうちに～みんなで～高みに居て～さらに高いところに居ることになる(進歩する)」「医は～生きるか死ぬかであり、生かすか殺すかなのです。進歩しないわけにはいかんのです」と言っていることからまとめる。

三 問一 1行目の「伯牙《はくが》琴を鼓《ひ》き、志、高山に在り」に対応して、②「伯牙琴を鼓き、志、流水に在り」となる。

問二 【古典の内容】を参照。

問三(1) 「断琴《だんきん》」は、琴《こと》の弦《げん》を断《た》ち切ること。つまり、後の漢字から前の漢字に返って読むと意味がわかる熟語。これと同じ構成なのは、アの「植樹《しょくじゅ》」(樹《き》を植《う》える)。イの「呼応《こおう》」(呼《よ》ぶ・応《こた》える)は、反対の意味の漢字の組み合わせ。ウの「安穏《あんのん》」(安《やす》らか・穏《おだ》やか)は、同じような意味の漢字の組み合わせ。エの「予知《よち》」(予《あらかじ》め知《し》る)は、前の漢字が後の漢字を修飾している熟語。オの「官製《かんせい》」(官《かん》[政府]が製造《せいぞう》する)は、前の漢字が主語で、後の漢字が述語の形。 (2) 【古典の内容】を参照。

【古典の内容】

伯牙は上手に琴を奏で、鍾子期《しょうしき》は聴いて(琴の演奏にこめられた伯牙の思いを)よく理解した。伯牙が琴を奏でながら、高い山を心に思い浮かべる。すると鍾子期は、「すばらしいなあ、高くそびえて泰山《たいざん》のようだ。」と言う。伯牙が琴を奏でながら、流れる水を心に思い浮かべる。すると鍾子期は、「すばらしいなあ、広々として江《こう》河《が》のようだ。」と言う。伯牙が心の中で思ったことを、鍾子期は必ず理解したのだった。

『呂《りょ》氏《し》春秋《しゅんじゅう》』に、「鍾子期の死後、伯牙は琴を打ち壊して絃《げん》(弦)を切断し、生涯二度と琴を弾かなかった。思ったことには、その人のために弾く価値がある者(弾いて聴かせるにあたいする者)がいないからだろう」と書かれている。

四 **問一**　ウの「最小限の言葉で展示テーマを示す」が適する。アの「企画内容を説明する」、イの「展示作品の一部を画像で見せる」、エの「展示作品の作者紹介を載せる」は適さない。

問二　イ「自然界～多くの形や構造、動き」のなかで、ウ「『渦』に注目」し、ア「人間が創り出す～『渦』」を取り上げる、というつながり。

問三　【ウェブページ】に書かれた情報の中から、作品の素材(「黒《くろ》御《み》影《かげ》石《いし》を素材に選び」)、鑑賞以外の用途(「滑り台でもあるこの彫刻は」)、設置場所(「札幌市を視察～大通公園に」)を取り上げてまとめる。

《2024　数学　解説》

1 **問1(1)**　与式$=-1-5=$**-6**

(2)　与式$=7-6=$**1**

(3)　与式$=3\sqrt{2}-\sqrt{2}=$**$2\sqrt{2}$**

問2　右の筆算より，$70=$**$2\times5\times7$**

2) 70
5) 35
　 7

問3　yはxに比例するから，**$y=30x$**である。

問4　この直線は右下がりだから，aの値は**負の数**である。切片は正だから，bの値は**正の数**である。

問5　**【解き方】箱ひげ図の箱は，データが多く集まっている部分を表す。**

ア，イの箱ひげ図の最大値は，ウ，エの箱ひげ図の最大値よりそれぞれ大きい。よって，②，③がア，イのどちらかに対応し，①，④がウ，エのどちらかに対応する。

①と④を比べると，④の方が，データが中央付近に集まっているので，四分位範囲が小さい。四分位範囲は箱ひげ図の箱の長さで表すので，①はウとエのうち，箱の長さが大きい**エ**にあたる。

②と③を比べると，②はデータが右側に，③はデータが左側にそれぞれ集まっている。よって，②は箱ひげ図の箱が右寄りになっている**ア**にあたる。

問6　PはBC上の点なので，△ABP＝△ACPのとき，底辺をそれぞれBP，CPとしたときの高さが等しいから，BP＝CPである。よって，BCの垂直二等分線と，BCとの交点をPとすればよい。

2 **問1(1)**　白色のチューリップの本数は，$a\times2+2a\times2-4=6a-4$(本)と表せる。$a=6$の場合を考えればよいので，$6\times6-4=$**32**(本)である。

(2)　解答例のように，縦，横に並ぶチューリップを規則的に囲み，変形して同じ式になればよい。

問2　**【解き方】植えたチューリップの本数は$a\times2a=2a^2$(本)と表される。**

植えたチューリップは242本だから，$2a^2=242$　　$a^2=121$　　$a=\pm11$　　$a>0$より，$a=11$となる。

問1(1)より，白色のチューリップは$6\times11-4=62$(本)植えたから，赤色のチューリップは$242-62=$**180**(本)植えた。

3 **問1(1)**　Aは放物線$y=x^2$上の点だから，Aのy座標は放物線の式に$x=3$を代入して，$y=3^2=$**9**である。

(2)　Bは放物線$y=x^2$上の点だから，Bのy座標は放物線の式に$x=-2$を代入して，$y=(-2)^2=4$である。

よって，A(3，9)，B(−2，4)である。直線ABの式を$y=ax+b$とおき，A，Bの座標をそれぞれ直線の式に代入すると，$9=3a+b$，$4=-2a+b$となる。これらの式を連立して解くと，$a=1$，$b=6$となるから，直線ＡＢの式は**$y=x+6$**である。

問２　【解き方】Ｐ，Ｑ，Ｒの座標をそれぞれｔを用いて表し，ＰＱ＝ＰＲからｔの方程式をたてる。

Ｐは放物線$y=2x^2$上の点だから，Ｐのy座標は$y=2t^2$であり，$P(t,\ 2t^2)$となる。

Ｑはy軸についてＰと対称だから，$Q(-t,\ 2t^2)$である。

Ｒのx座標はＰと等しくｔである。Ｒは放物線$y=\frac{1}{2}x^2$上の点だから，Ｒのy座標は$y=\frac{1}{2}t^2$であり，

$R(t,\ \frac{1}{2}t^2)$となる。

ＰＱ＝(Ｐのx座標)－(Ｑのx座標)＝$t-(-t)=2t$，ＰＲ＝(Ｐのy座標)－(Ｒのy座標)＝$2t^2-\frac{1}{2}t^2=\frac{3}{2}t^2$

となるので，△ＰＱＲが直角二等辺三角形となるのは，ＰＱ＝ＰＲより，$2t=\frac{3}{2}t^2$を解いて，$t=0$，$\frac{4}{3}$

$t>0$より，$t=\frac{4}{3}$のときである。

4 **問１**　右図のようなひし形ＡＢＣＤを考える。

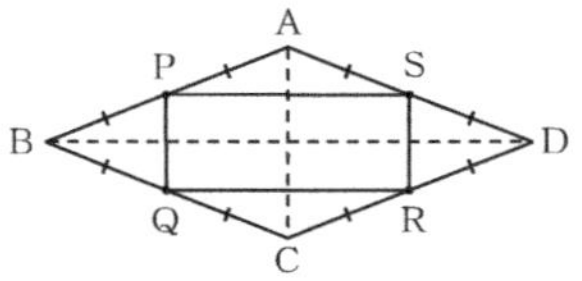

△ＡＢＣにおいて，中点連結定理より，ＰＱ//ＡＣ，$PQ=\frac{1}{2}AC$

△ＡＤＣにおいて，中点連結定理より，ＳＲ//ＡＣ，$SR=\frac{1}{2}AC$

したがって，ＰＱ//ＳＲ，$PQ=SR=\frac{1}{2}AC$　　同様に，ＰＳ//ＱＲ，$PS=QR=\frac{1}{2}BD$

ＡＣとＢＤは垂直に交わるから，ＰＱとＳＲは，ＰＳとＱＲに垂直に交わる。したがって，四角形ＰＱＲＳは長方形である。ＡＣ＝ＢＤのときのみ，四角形ＰＱＲＳは４辺の長さが等しくなるので，いつでも成り立たないものは，**ア**，**ウ**である。

問２⑴　まず，問題文の仮定を図にかきこんで，証明のために必要な条件を探そう。条件が足りない場合は，問題の内容に応じて，図形の性質，平行線の同位角・錯角などからわかることもかきこんでみよう。

⑵　【解き方１】右のように作図し，△ＡＰＥ＝ａ，△ＡＳＥ＝ｂとすると，ａ＋ｂ＝３㎠である。相似な図形の面積比は相似比の２乗に等しいことを利用する。

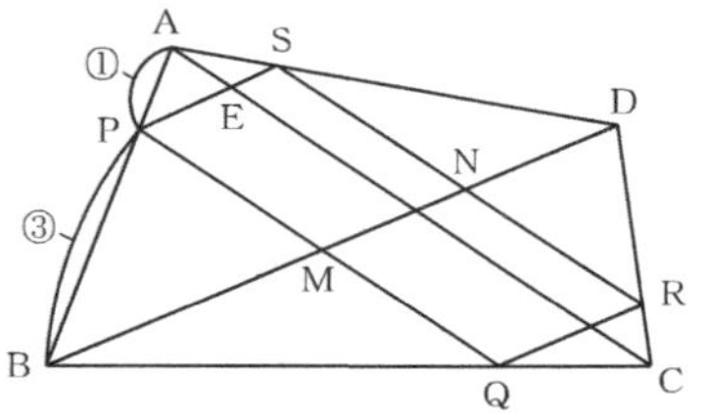

△ＡＰＳ∽△ＡＢＤで相似比がＡＰ：ＡＢ＝１：４だから，

△ＡＰＳ：△ＡＢＤ＝$1^2:4^2=1:16$

△ＡＢＤ＝16△ＡＰＳ＝$16\times3=48$(㎠)

△ＡＰＥ∽△ＰＢＭで相似比が１：３だから，△ＡＰＥ：△ＰＢＭ＝$1^2:3^2=1:9$，△ＰＢＭ＝９△ＡＰＥ＝９ａ

同様に，△ＳＤＮ＝９△ＡＳＥ＝９ｂ

よって，四角形ＰＭＮＳの面積は，

△ＡＢＤ－△ＡＰＳ－△ＰＢＭ－△ＳＤＮ＝$48-3-9a-9b=45-9(a+b)=45-9\times3=$**18**(㎠)

【解き方２】右図のように補助線ＢＳ，ＭＳをそれぞれ引く。

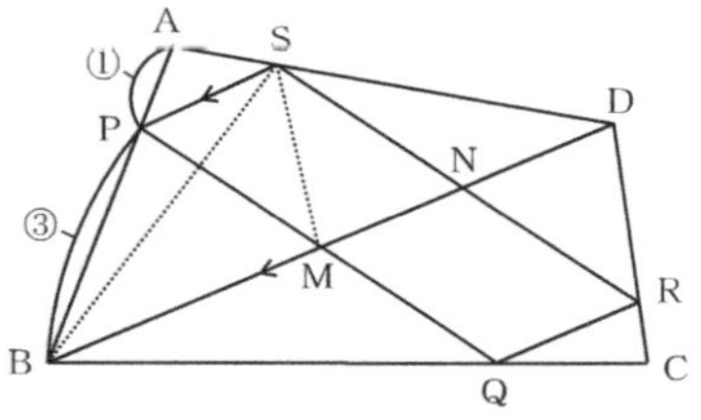

⑴より，ＰＳ//ＢＤであり，△ＰＢＳと△ＰＭＳの底辺をそれぞれＳＰとしたときの高さは等しいから，△ＰＢＳ＝△ＰＭＳとなる。

△ＡＰＳと△ＰＢＳにおいて，底辺をそれぞれＡＰ，ＰＢとしたときの高さは等しいから，△ＡＰＳ：△ＰＢＳ＝ＡＰ：ＰＢ＝１：３より，

△ＰＢＳ＝$3\times\frac{3}{1}=9$(㎠)である。よって，△ＰＭＳ＝△ＰＢＳ＝９㎠

四角形ＰＭＮＳは平行四辺形であり，平行四辺形の面積は対角線によって２等分されるので，

(平行四辺形ＰＭＮＳの面積)＝２△ＰＭＳ＝$2\times9=$**18**(㎠)である。

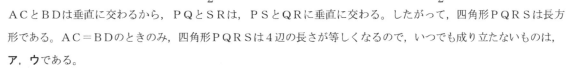

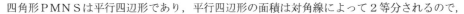

5 **問1(1)　【解き方】Aにあった点がOを中心に回転移動して，Eに移ると考える。**

$\angle AOE=360^\circ\times\frac{2}{6}=120^\circ$ だから，①を，Oを中心として時計回りに120° 回転移動した。

(2)　【解き方】①～⑫の二等辺三角形は，頂点が時計回りの方向を向いている(偶数番の三角形)か，反時計回りの方向を向いているか(奇数番の三角形)によって，２種類の向きに分けられる。各硬貨が表になったときの操作ごとに，向きがどうなるかを考える。

硬貨Xが表のときの操作では，向きが反対になる。硬貨Yが表のときの操作では，向きが変わらない。

硬貨Zが表のときの操作では，向きが反対になる。

①と⑦は向きが同じであり，硬貨Xと硬貨Zは，ともに表かともに裏でないと向きが最初と同じにならない。

硬貨Xと硬貨Zがともに表のとき，最後に⑦に重なるのは，硬貨Yが裏のときである。

硬貨Xと硬貨Zがともに裏のとき，最後に⑦に重なるのは，硬貨Yが表のときである。

したがって，最後に⑦に重なる出方は２通りある。

３枚の硬貨の表裏の出方は，全部で $2\times2\times2=8$ (通り)あるから，求める確率は，$\frac{2}{8}=\mathbf{\frac{1}{4}}$

問2　【解き方】二等辺三角形ＧＨＩについて，ＧからＨＩに引いた垂線とＨＩとの交点をＭとする。$\angle IGH=120^\circ$ だから，$\angle MGH=120^\circ\div2=60^\circ$ となるので，△ＧＨＭは３つの辺の長さの比が $1:2:\sqrt{3}$ の直角三角形である。

図ｉ

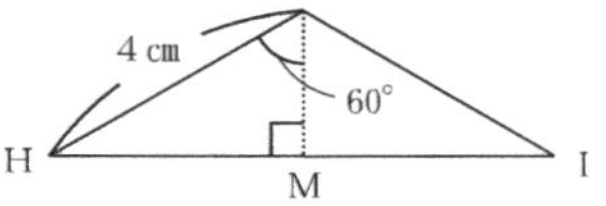

図ｉで，$GM=\frac{1}{2}GH=2$ (cm)，$HM=\sqrt{3}GM=2\sqrt{3}$ (cm)だから，$HI=2HM=4\sqrt{3}$ (cm)である。よって，$\triangle GHI=\frac{1}{2}\times4\sqrt{3}\times2=4\sqrt{3}$ (cm²)

△ＧＫＬの１辺の長さは $KL=HI=4\sqrt{3}$ cmだから，$GK=4\sqrt{3}$ cm

△ＧＨＫにおいて，三平方の定理より，$HK=\sqrt{(4\sqrt{3})^2-4^2}=4\sqrt{2}$ (cm)

したがって，この三角柱の体積は $4\sqrt{3}\times4\sqrt{2}=\mathbf{16\sqrt{6}}$ (cm³)である。

図ⅱ

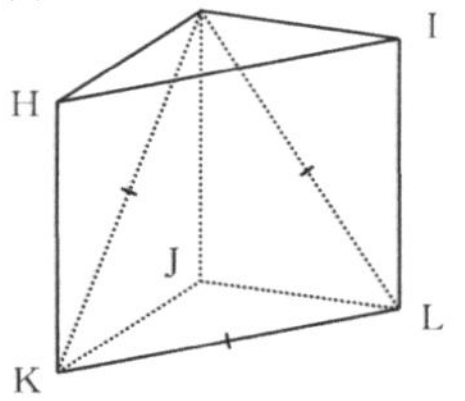

《2024　社会　解説》

1 **問1(1)**　北西　　略地図２の中でマルセイユの位置を探し，札幌と直線で結ぶ(右図参照)。 **(2)**　北大西洋　　暖流である北大西洋海流と偏西風の影響を受ける範囲は，イベリア半島北部からスカンジナビア半島までであり，この地域は，他の同緯度の地域より冬の気温が高くなっている。

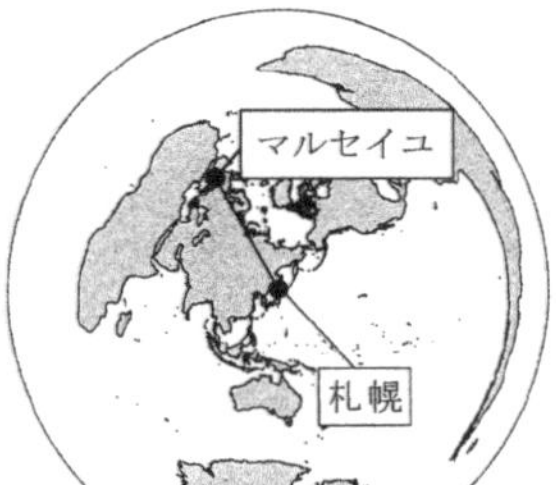

問2(1)　①＝イ　②＝ア　　八幡製鉄所は，筑豊炭田の石炭を利用するために，北九州に建設された。また，中国からの鉄鉱石の輸入にも便利な土地であった。日清戦争の講和条約である下関条約では約３億１千万円の賠償金を得ることができたが，日露戦争の講和条約であるポーツマス条約では賠償金が得られなかった。そのため，戦争に協力し重税に耐えた国民の不満は大きく，国内で日比谷焼き打ち事件が起きた。

(2)　Ｂ→Ａ→Ｃ　　Ｂ(班田収授法・飛鳥時代)→Ａ(御成敗式目・鎌倉時代)→Ｃ(「鎖国」体制・江戸時代)

問3(1)　裁判員　　重大な刑事裁判の第１審で行われる裁判員裁判では，くじで選ばれた 18 歳以上の裁判員６人と３人の裁判官によって，被告人が有罪か無罪か，有罪であればその量刑までを判断する。

(2)　ア，イ，オ　　ウとエは国会の仕事，カは裁判所の仕事である。 **(3)**　企業の社会的責任(ＣＳＲ)について書けていればよい。

問4(1)　排他的経済水域　　沿岸から200海里(＝約370㎞)の範囲のうち，領海を除く範囲を排他的経済水域という。沖ノ鳥島が水没すると，半径370㎞の円の範囲(約43万㎢)の水産資源と鉱産資源の権利を失うことになる。

(2)　複雑な海岸線であることが書けていればよい。沈降した山地の谷間の部分に海水が入り込むことで湾と岬が交互に続くリアス海岸は，長崎県のほか，東北地方の三陸海岸，三重県の志摩半島，福井県の若狭湾沿岸，愛媛県の宇和海沿岸などに見られる。

問5　ウ　　右図参照。北方領土については必ず出題されるので，確実に位置関係を把握しておきたい。

問6(1)　イ／ナポレオン　　権利の章典は，イギリスで起きた名誉革命において発布された。1789年にフランスで人権宣言が出された後，王政が廃止され共和政が宣言された(第一共和政)。革命が長引く中，国民が政治の安定を求めるようになると，軍人として活躍したナポレオン・ボナパルトが権力を握り，皇帝となった(第一帝政)。ナポレオンが武力でヨーロッパ諸国を支配するようになると，各国で革命の精神が広まり，自由や民族の自覚が生まれ，支配への抵抗が起こり，ナポレオンの支配は1814年に終わった。　(2)　ガンディー／イ　　ガンディーは，イギリスに対して非暴力・不服従を唱え，塩の行進をしたことで知られる。アジア・アフリカ会議は，ＡＡ会議，バンドン会議とも呼ばれる。インドネシアのバンドンで開かれた。　(3)　小作人は，地主(寄生地主)に納めてきた高額の小作料などのため，長らく困窮していた。そのことが，日本が外国に活路を見出す侵略政策につながったと判断され，小作農を減らす農地改革が実施され，地主の農地を政府が買い上げ，小作人に安く売り渡した。

問7(1)　ア，ウ，エ，オ　　治安・消防・水道・清掃・ごみ処理・交通・教育および文化事業・医療など，いわゆる地方公務員が行う業務が地方公共団体の仕事である。警察では，都道府県警察のうち，警視正以上が国家公務員で，それ以外の警察官はすべて地方公務員である。外交は政府(内閣)が行う。郵便物の取り集めは日本郵便が行う。

(2)　①＝契約　②＝クーリング・オフ　　商品と代金を交換する約束をかわすことを契約というので，「これください」「ありがとうございます。○○円になります。」といった口約束でも契約は成立している。

2　問1　稲作によって人々が蓄えをもつようになると，ムラの中に貧富の差とともに身分の差が生まれた。また，土地や水の利用をめぐる争いから，ムラどうしの争いが起こり，ムラの指導者は次第に人々を支配するようになった。表1を見ると，弥生時代の受傷人骨の割合は縄文時代の2倍以上であり，弥生時代の方がけがをすることが多かったことが読み取れる。図の縄文時代の遺跡である北黄金貝塚は，住居のまわりに堀などがないことが読み取れる。また，弥生時代の遺跡である加茂遺跡は，住居のまわりに二重三重となった溝(堀)があることが読み取れる。以上のことから，弥生時代になると争いが多かったことが読み取れる。

問2　イ　　白村江の戦いに敗れた中大兄皇子は，唐と新羅の侵攻に備えて，北九州の地に山城・水城をつくり，防衛のための防人を配置した。①大仙古墳は大阪府にあり，5世紀につくられたとされている。③支配拠点となる城(多賀城・志波城など)は東北地方にあった。④源義家が活躍したのは東北地方であり，それが奥州藤原氏の台頭につながった。

問3　エ　　ア．室町時代の応仁の乱が起きた京都の様子。イ．室町時代の座の特権が認められている様子。ウ．江戸時代の農村における貨幣経済の発達の様子。

問4　①＝イギリス　②＝ドイツ　③＝オランダ　Ａ＝アジア　Ｂ＝アフリカ　　植民地領有面積が最も広い①がイギリスである。19世紀末からのイギリス・フランス・ドイツ・アメリカなどの列強による植民地支配の中にオランダが入っていないことから，1876年から1900年にかけて植民地が広がっていない③をオランダと判断する。

問5　廃藩置県／オ　　資料２中に「鹿児島県参事(後の県令)には大山綱良が任命された」とあることから，廃藩置県と判断する。廃藩置県では，大名(知藩事)が支配した藩を廃止して，府・県を置き，中央政府から府知事・県令が派遣された。

問6　大西洋憲章と大東亜共栄圏の内容が書けていればよい。大西洋憲章は，イギリスのチャーチル首相とアメリカのローズベルト大統領によって発表されたもので，「領土の拡大を行わないこと」「領土の変更は住民の自由な意思に基づく場合に限ること」「すべての人民は恐怖や貧困におびやかされずに生きる権利があること」などが定められた。大東亜共栄圏は，アジアから欧米の勢力を追い出し，アジア民族だけで繁栄していこうとする考え方である。

3　**A・問1**　ア／D　　標高が高くなると大気圧が低下して，酸素濃度が低くなる。A～Dのうち，アンデス山脈にあるDが最も標高が高いと判断できる。

問2　熱帯雨林の減少　　パーム油はアブラヤシから採れる植物油である。資料１から，熱帯雨林において人間とゾウが衝突していること，グラフからパーム油の生産量が近年急激に増えていること，資料２から，スマトラ島において，1985年から2016年にかけて58%から24%にまで減少しているものがあることを合わせて考える。そうすれば，熱帯雨林を切り拓いて，そこでアブラヤシの栽培をしていることが想像できる。

問3　キ　　「外国からの旅行者が増える」のは，ＥＵに加盟することで，人の往来が自由になるからである。「開発が遅れている国への補助金の負担が大きすぎる」のは，ＥＵ加盟国は，加盟国の相対的な富裕度に応じて拠出金を負担するからである。以上のことから，X国が加盟を希望したクロアチア，Y国が離脱を選択したイギリスと判断する。ＥＵに加盟すると，人とモノの移動が自由になるため，優秀な人材の流出が問題になることもある。

B・問1　Ⓘ＝c　Ⓔ＝d　　Ⓐは秋田県，Ⓘは神奈川県，Ⓤは愛知県，Ⓔは大分県である。まず，生産年齢人口の割合が高いａとｃを神奈川県と愛知県，高齢者の割合が高いｂとｄを秋田県と大分県と判断する。東京都に隣接している神奈川県は，東京都に通勤・通学する人が多いため，昼間人口は夜間人口に比べて少なくなる。よって，ｃが神奈川県，ａが愛知県である。また，秋田県と大分県を比べた場合，米の生産量が全国３位の秋田県の方が，農業がさかんで食料自給率は高いと判断できるので，ｂが秋田県，ｄが大分県である。

問2　①＝噴火　②＝津波　位置＝Y　　鹿児島市では桜島の噴火によって火山灰が降り積もる被害が今でも生じている。写真２は，海底を震源とする大地震が発生したとき，津波から身を守るための津波避難タワーである。XやZの地点は山の斜面にあり，標高が高く津波の被害は受けにくい。Yは水田のある低地にあり，津波が発生したとき，避難する高台が周辺に見られない。

問3　工場の立地による分類は，原料指向型，市場指向型，労働力指向型などがある。セメントの製造工程を見ると，製造前の方が製造後より重いことがわかる。

4　**問1**　記事１＝オ　記事２＝ア　記事３＝ウ　記事４＝エ　　記事１は日照権についてである。日照権は，日本国憲法に定められていない新しい人権である環境権の１つである。記事２は生存権についてである。生存権は，日本国憲法第25条で「健康で文化的な最低限度の生活を営む権利」として定められている。生存権は，教育を受ける権利，勤労の権利，労働基本権とともに社会権に分類される。記事３の最高裁判所裁判官の国民審査は，選挙権，公務員の選定・罷免の権利，特別法の住民投票権，憲法改正の国民投票権，請願権とともに参政権に分類される。記事４は国家賠償請求についてである。国家賠償請求権は，裁判を受ける権利，刑事補償請求権とともに請求権に分類される。

問2　南北問題　　資料３を見ると，北半球にＧＤＰが高い国が集中していることが読み取れる。北半球に先進国が多く，南半球に発展途上国が多いことから，先進国と発展途上国の経済的な問題を南北問題という。

問3　①＝イ　②＝ア　③＝イ　④＝イ　　物価が上がり続けることをインフレーション，下がり続けることをデフレーションという。日本銀行は，一般の銀行の資金を預かる「銀行の銀行」としての機能がある。一般銀行は，決済や為替送金などを円滑に行うため，一定量の資金を日本銀行に預けている。この預けておかなければならない資金の割合を日本銀行が調節することで景気を調節している。好景気のときは，日本銀行に一般銀行からお金が集まるようにし，一般銀行の手持ちの資金を減らす。一般銀行の手持ちの資金が減ると，金利が上昇する。金利が上昇すると，資金を借りる人や企業が減る。また，金利が上昇すると，銀行に預金をする人が増え，消費が抑えられる。

問4　①＝小選挙区　②＝比例代表　記号＝ア，ウ　　選挙制度には，１つの選挙区から１名を選出する小選挙区制と，２名以上を選出する大選挙区制(中選挙区制)がある。衆議院議員選挙は，小選挙区制と比例代表制を合わせた小選挙区比例代表並立制をとっている。また，衆議院議員の任期は４年で解散もあるので，在職期間は短くなることもある。参議院議員の任期は６年で解散がないため，在職期間は１期６年となる。比例代表制については，衆議院議員は全国を11のブロックに分けて選出され，参議院議員は全国を１つのブロックとして選出される。

問5　①＝平和維持活動〔別解〕ＰＫＯ　②＝集団安全保障　　1992年にＰＫＯ法が成立し，カンボジアへの自衛隊の派遣が行われ，それ以降さまざまな平和維持活動に日本も参加している。同じ枠組みの加盟国が攻撃されたとき，攻撃された国以外の加盟国が攻撃してきた国に制裁を与えることを集団安全保障という。国際連合では，安全保障理事会が中心となって，世界各地で起こった国際紛争の解決に取り組んでいる。

問6　資料６中の「パリ協定」では，地球温暖化の原因となる温室効果ガスの排出削減目標の設定を，すべての加盟国に求めた。資料７の二酸化炭素の排出削減をするための移動手段の提案として，公共交通機関を利用することや，電気自動車(ＥＶ)を導入することを書けばよい。

《2024　理科　解説》

1　**問1**　(2)単体に対し，２種類以上の元素からできている物質を化合物という。　(3)気孔をつくる三日月形の細胞を孔辺細胞という。　(4)火山岩には白っぽいものから順に，流紋岩，安山岩，玄武岩があり，深成岩には白っぽいものから順に，花こう岩，閃緑岩，斑れい岩がある。　(7)目は光，鼻はにおい，耳は音の刺激を受けとる感覚器官である。　(8)示準化石に対し，地層が堆積した当時の環境を知る手がかりとなる化石を示相化石という。

問2　図１のような気体の集め方を上方置換法という。なお，水にとけやすく，空気より密度が大きい気体は下方置換法で集める。また，水にとけにくい気体は密度にかかわらず，水上置換法で集めるとよい。

問3　図２は胞子のう(胞子が入っている)で，オの葉の裏に見られる。オのようなシダ植物やエのようなコケ植物は種子ではなく胞子でなかまをふやす。

問4　〔電力(W)＝電圧(V)×電流(A)〕，〔電力量(J)＝電力(W)×時間(s)〕，150mA→0.15Aより，$3\times0.15\times300=135$(J)となる。

問5　〔圧力(Pa)＝$\frac{力(N)}{面積(m^2)}$〕より，圧力が120Pa，力が60Nのときの面積は$\frac{60}{120}=0.5$(㎡)である。

2　**問1**　無性生殖では，体細胞分裂によって子ができるから，親と子の染色体は全く同じである。これに対し，有性生殖では，減数分裂によってつくられた雄と雌の生殖細胞が合体することで子ができるから，親と子の染色体が異なることがある。

問3　Ｘでは両端に分かれた染色体のかたまりのそれぞれが核になって１つの細胞をつくるから，Ｘには分裂直後のＹの２個分の染色体が含まれる。

問4　細胞分裂によって細胞の数がふえ，分裂した１つ１つが大きくなることで，生物が成長する。

問5　①例えば，Ａの細胞の数と時間はどちらもＢの6.5倍，Ｂの細胞の数と時間はどちらもＤの６倍というように，細胞の数と時間には比例の関係があると考えられる。　②核が見られるのはＡ，ひも状の染色体が見られるのはＢ～Ｅである。細胞の数とそれぞれの時期にかかる時間は比例の関係にあるから，$(15+3+3+4)\div 275=\frac{25}{275}=\frac{1}{11}$となる。

3　**問1(1)**　Ａで３回目の操作をしたとき，水は50ｇで，加えた$5\times 3=15$(ｇ)のＸはすべて水にとけたから，〔質量パーセント濃度(%)＝$\frac{溶質の質量(g)}{溶液の質量(g)}\times 100$〕より，$\frac{15}{50+15}\times 100=23.0\cdots\rightarrow 23$%となる。

問2(2)　［３］で加えた$5\times 10=50$(ｇ)のうち，［４］で34ｇが結晶として出てきたから，20℃の水50ｇには$50-34=16$(ｇ)までとけることがわかる。よって，50ｇの２倍の100ｇの水には$16\times 2=32$(ｇ)までとける。図３より，20℃で32ｇとけるグラフはＰである。

問3　図３のＲのように，溶解度が温度によってほとんど変化しない物質では，飽和水溶液の温度を下げても結晶がほとんど出てこない。このような水溶液から結晶を多く得るには，水を蒸発させればよい。［５］で，水が半分に減ったとき，とける物質の質量も半分になる。つまり，水溶液中の陽イオンと陰イオンの数がそれぞれ半分になるから，２個の陽イオンと２個の陰イオンはイオンのまま存在し，２個の陽イオンと２個の陰イオンが数の比１：１で結びついて結晶となるようすがかかれていればよい。

4　**問1(2)**　気団は小笠原気団，風は偏西風である。台風は，日本付近で，小笠原気団の西側の縁に沿うように進む。

(3)　台風のエネルギー源はあたたかい海上から供給される水蒸気である。台風が日本列島に上陸したり，海水温が低い日本海上を通過したりすることで，水蒸気が十分に供給されなくなると勢力がおとろえて，やがて消滅する。

問2　台風の通過にともなう風向の変化に着目する。台風は低気圧で中心に向かって反時計回りの風がふきこむから，観測地点に対し，台風の中心が北側を通過すると，風向は東→南→西と変化し，台風の中心が南側を通過すると，風向は東→北→西と変化する。よって，表１と３は台風の中心が南側を通過した地点，表２は台風の中心が北側を通過した地点だと考えられる。また，図３の後，ＹがＸと同様に北東に進路を変え，ＰとＱの間(Ｐの南側でＱの北側)を通った後，Ｒの南側を通って北海道に向かったと考えれば，Ｐが表３，Ｑが表２，Ｒが表１にあてはまる。

問3　台風は低気圧だから，台風が近づくと気圧が下がる。よって，ストローの中の液面を下向きに押す力が，ペットボトル内の液面を下向きに押す力よりも小さくなるので，ストローの中の液面は高くなる。

5　**問1(1)**　重力の矢印を対角線とし，斜面に平行な方向と斜面に垂直な方向の分力の矢印がとなり合う２辺となる平行四辺形に着目すればよい。

問2　①表より，木片の移動距離は高さと質量のそれぞれに比例すると考えられる。質量が90ｇの半分の45ｇの小球で木片の移動距離が15cmになるのは，高さが２cmの10倍の20cmのときである。よって，質量が90ｇの小球では20cmの半分の10cmの高さでよい。　②ここでは木片の移動距離を，小球が木片に衝突する直前にもつ運動エネルギーや，小球をはなす高さでの位置エネルギーに置きかえて考えることができる。よって，30ｇの小球を高さ６cmから手をはなしたときの木片の移動距離が3.0cmだから，$15\div 3.0=5$(倍)である。

問4　仕事の原理より，同じ小球を同じ高さからはなしたときの仕事の大きさは等しい(１倍)。よって，〔仕事率(W)＝$\frac{仕事(J)}{時間(s)}$〕より，仕事の大きさをxＪとすると，仕事率は，10度のときが$\frac{x}{0.75}$W，20度のときが$\frac{x}{0.48}$Wになるから，10度のときは20度のときの$\frac{x}{0.75}\div\frac{x}{0.48}=\frac{0.48}{0.75}=0.64$(倍)である。

《2024　英語　解説》

1 問１　No. 1　質問「彼らは今週の土曜日に何のスポーツをしますか？」…A「メアリー，今週の土曜日に僕と公園でテニスをしない？」→B「ヒロト，今週末は雨が降るらしいよ。体育館でバドミントンをするのはどう？」→A「うん。やろう」より，バドミントンのウが適当。　No. 2　質問「ジョンは妹のために何を買いたいですか？」…A「このお店は伝統的な日本の商品をたくさん売っているよ，ケイコ！僕はカナダにいる妹にプレゼントを買うよ」→B「見て，ジョン！これは暑いときに開いて使うよ。使わないときはポケットに入れて持ち運べるの」→A「ああ，僕は金魚の絵のこれが好きだよ。妹に買ってあげよう」より，金魚の絵が描かれた扇子のアが適当。

No. 3　質問「今回彼らはどこのホテルに泊まる予定ですか？」…A「アリス，今回はどこのホテルに泊まりたい？」→B「お父さん，ホテルから花火や街の景色を見て楽しみたいの。お母さんはおいしいシーフードを食べたいと言っていたよ」→A「わかったよ。私はステーキが食べたいな。このホテルはどう？街の景色は楽しめないけど，夕食と花火をみんなで楽しめるよ」→「いいよ，そこに泊まろう」より，ステーキとシーフードが食べられて，街の景色は楽しめないが花火は楽しめるウが適当。

問２　No. 1　麻紀「昨夜，テレビでサッカーの試合を見たよ」→ビル「見逃した。試合はどうだった？」より，イ「とてもわくわくしたよ」が適当。　No. 2　麻紀「このカレーはとてもおいしいね」→ビル「うん，僕もこれが好きだよ。僕は家でよく野菜カレーを作るんだ。料理は好き？」より，エ「ええ，私はお母さんと一緒に料理を楽しんでいるよ」が適当。　No. 3　麻紀「先週，祖父母を訪ね，祖父母が庭で育てたスイカを食べたよ」→ビル「いいね！いつも食べていたものと味が違ったの？」より，ウ「ええ，とっても甘かったよ」が適当。

No. 4　麻紀「ビル，今週の土曜日か日曜日に時間があったら，スポーツショップでランニングシューズを選ぶのを手伝ってくれない？」→ビル「明日は家族と出かけるけど，明後日は空いているよ」より，イ「それじゃあ，日曜日の午後に現地で会いましょう」が適当。

問３　【放送文の要約】参照。

【放送文の要約】

こんにちは，みなさん！今日は，イギリスのグリーティングカードを送る文化についてお話しします。グリーティングカードは，温かいメッセージが書かれた特別なはがきのようなものです。最近はよくメールを使いますが，今でもイギリスの人は年に30回以上紙のグリーティングカードを送っています。小さな町にさえカードしか売っていない専門店があります。イギリスの人々は，カードを通してお互いに感謝の気持ちや愛の気持ちを表現するのが好きです。

No. 1 ウグリーティングカードを送ることは，私たちの生活の一部です。

グリーティングカードを送ることは，私たちの気持ちを誰かに伝える良い方法のひとつだと思います。温かいメッセージが添えられた美しいカードを受け取ると，いつも幸せな気持ちになります。私は日本に２週間しか滞在していませんが，No. 2 ア家族から何枚かグリーティングカードをもらいました。だから，あまり寂しくないです。

No. 3 エ大好きな人にグリーティングカードで気持ちを伝えてみましょう。ありがとうございました。

問４　【放送文の要約】参照。No. 1　「クイズの10人の当選者は何をもらうでしょうか？」…彼らはノートをもらいます。Ten winners will receive an English Radio Show notebook.を聞き取る。　No. 2　「クイズの正解は何ですか？」…最初がAで１年の４番目の月だから，April「４月」である。　No. 3　「クイズのヒントをもうひとつ作るならばどんなヒントをあげたいですか？」…(例文)「私たちの学校はこの月に始まります」

【放送文の要約】

あなたは「英語ラジオショー」を聴いています。クイズの時間です！ヒントを聴いて，１つの英単語で答えます。ゲームに参加する方法をお教えします。まず，２つのヒントを聴きましょう。次に，ホームページにアクセスして，今日の午後８時までにクイズに答えます。No.1 10 人の当選者には，英語ラジオショーのノートが贈られます。では，クイズを始めましょう！No.2 ヒント１：単語は「Ａ」から始まります。ヒント２：１年の４番目の月です。以上です！みなさんの答えをお待ちしています！

2 問１(1)　「バスで」＝by bus　(2)　１日は 24 時間だから，hours「時間」が適当。

問２(1)　グラフより，The Brass Band Club「吹奏楽部」は the Badminton Club「バドミントン部」よりも人数が多いから，many の比較級 more が適当。　(2)　グラフより，30 人の生徒は部活に所属していないので，「30 人の生徒は部活動をやっていない」となるよう don't を入れる。

問３(1)　②「ああ，あれはタロウのバッグだよ。彼は忘れちゃったんじゃないかな」より，「あれは誰のバッグ？」＝Whose bag is that?が適当。　(2)　③「彼の家に届けてあげようよ」，⑤「郵便局のとなりだよ。行こう」より，「彼の家はどこなの？」＝Where is his house?が適当。

3 A 問１　「両親はこの学園祭で合唱部の発表の後に□を楽しむことができます」…パンフレットの Event Schedule より，合唱部の発表は 13:30～14:00 で，１つ目の※より，両親が参加できるのは 11:00～15:00 だから，14:00～15:00 に参加できるイ BINGO Time，オ Science Show Ⅲ，カ SDGs Quiz が適当。

問２　ア「すべてのイベントは×土曜日の午後に開催されます」…土曜日の午前中に開催されるイベントもある。イ「ゲストは学園祭にお弁当を持参しなければなりません」…２つ目の※「クラスショップのチケットはコンピュータルームでお買い求めください」より，チケットを買って食べ物と引き換えることができる。　ウ×「ゲストは射的ゲームをするためにチケットを手に入れる必要があります」…パンフレットにそのような記述はない。

エ○「体育館のイベントの方が理科室よりも多いです」…パンフレットの Event Schedule より正しい。

問３　「あなたの国ではどんな種類の学校行事がありますか？」＝What kind of school events do you have in your country?　「どんな種類の～？」＝What kind of ～?

B【本文の要約】参照。

問１　ア○「隼人はＡＬＴにいくつかまちがいがある英語で話しかけました」　イ×「隼人は自分の意見を他の人に伝えるためにたくさんの英語を聞きました」…本文にない内容。　ウ×「隼人はクラスメイトから英語に関する多くの情報を得ました」…本文にない内容。　エ「隼人は×クラスメイトがＡＬＴから賞賛されてうれしかったです」

問２　第１，第２段落で繰り返し述べている，隼人が学んだ最も大切なことは「まちがいを恐れない」ことである。イ「さらに成長したいならまちがいを恐れてはいけない」が適当。

問３　「隼人はすべての科目にさらに一生懸命に取り組んでから，議論に対してどのように感じましたか？」…第３段落では，隼人がすべての科目にさらに一生懸命に取り組んだことで，少しずつ議論に参加することにわくわくするようになったことが書かれている。質問に合わせ，He felt ～.で答える。

【本文の要約】

みなさん，こんにちは！今日は，３年間の英語の授業で学んだ２つのことについてお話しします。

「まちがいはあなたの英語力を向上させます！」これは私が好きな表現です。私は最初，まちがった言葉を使うことを心配していたので，英語を話すことを恐れていました。しかし，先生は私に何度も「まちがえることを恐れてはいけない」と言いました。問１ア先生の言葉のおかげで，私は自分のペットについてＡＬＴに話すことができました。私の英語にはいくつかまちがいがありましたが，彼女は私の言うことをよく聞き，正しい表現を教えてくれました。私は彼女に大いに賞賛されました。このことは私をとても喜ばせました。この経験を通して，私はまちがいが英語を上達させることがわかりました。それ以来，私はたとえ恐れを感じても様々なことに挑戦しています。

私たちが英語を話すとき，はっきりとした意見を持つことも大切です。英語の授業では，クラスメイトとペアやグループで活動することが多かったです。知識が十分ではなかったので，自分の考えを議論で表現するのが難しいことがありました。そこで，自分の考えを持つために，英語だけでなく他の科目もさらに努力しました。問3すると，少しずつ，議論に参加することにわくわくするようになりました。今では，議論の時間が待ちきれません！

３年間の英語の授業で，イさらに成長したいならまちがいを恐れてはいけないことを学びました。また，はっきりとした意見を持つためには，より多くの知識を得る必要があるということにも気付きました。私は将来，外国で医者として働きたいです。だから英語の勉強をもっと頑張ります。ありがとうございました。

C【本文の要約】，【次郎と花のグループのプレゼンテーションの場面の要約】参照。

問１　・instead of ～「～のかわりに」

問２　階段の数値を見た人が健康のためにエスカレーターよりも階段を選ぶという話の流れを読み取る。イが適当。

問３(2)　「みなさんはどう思いますか？」＝What do you think?

問４　ア「森先生はナッジの例を見せるために，生徒たちを×駅に連れて行きました」　イ○「森先生は生徒たちに，ナッジは社会をより良くするためのアイデアであると教えました」　ウ「次郎と花は，日本ではナッジの例は×見られないと聞きました」　エ「次郎と花のグループは，町の×健康問題を解決する方法を他の生徒たちに紹介しました」　オ○「次郎と花のグループは，人々がリサイクルについてさらに考えるのに役立つ箱について話しました」

【本文の要約】

森先生：今日，私たちは「ナッジ」について話し合いたいと思います。みなさんはそれらについて聞いたことがありますか？

次郎　：いいえ，聞いたことがありません。森先生。それらは何ですか？

森先生：それでは，私が駅で撮った写真を見てみましょう。その中にナッジの例が見つかります。次郎さん，何が見えますか？

次郎　：男性とエスカレーターと階段が見えます。

森先生：そうです！男性は何をしていますか？

次郎　：彼はエスカレーターエのかわりに(＝instead of)階段を上っています。

森先生：すばらしい！花さん，写真の中で他に何か見つかりましたか？

花　　：階段にいくつかの数字が見えます。

森先生：いいですね！数字は男性に何を伝えていますか？

花　　：ええと，数字は階段を上る人が消費する kcal(キロカロリー)を示しています。ですから，エスカレーターを使うよりも階段を使う方が体にいいと男性に言っているのかもしれません。

森先生：その通りです，花さん！ナッジは，人々が日常生活でより良い方法を選択するのに役立ちます。

次郎　：ああ，なるほど！この写真では階段の数字にナッジが見られて，数字を見たその男性はイ健康のためにエスカレーターではなく階段を使うことを選んだのですね？

森先生：その通りです，次郎さん！実は，私はこのナッジを見てから，健康のために階段を使うことが増えました。

花　　：わあ，私はナッジはとてもクールだと思います。なぜなら，それは楽しい方法で人々が良い選択をするのを手助けするからです。

森先生：花さん，それはとても重要なポイントです！私は駅で階段を上るのを選んだ人をたくさん見かけました。

次郎　：森先生，他にナッジの例はありませんか？僕はもっと知りたいです。

森先生：いいですね，次郎さん！実際，私たちの日常生活にはたくさんのナッジの例があります。問4イそれらは健康を維持するためだけでなく，社会をより持続可能なものにするためにも使用されています。ナッジを使って社会の問題を解決する方法を考えて，この単元の最後にそれについて発表しましょう。

次郎　：それはとてもおもしろそうですね！

【次郎と花のグループのプレゼンテーションの場面の要約】

こんにちは，Ｅグループです！私たちが作ったナッジの例①を紹介し（＝introduce）たいと思います。

この写真を見てください。問4オペットボトルのふたの回収箱です。

箱の一番上に，「夏と冬，どちらが好きですか？」という質問が表示されています。夏の方が好きなら，ペットボトルのキャップを「夏」の箱に入れます。冬の方が好きなら，「冬」の箱に入れます。箱は透明なので，それぞれの箱のキャップの量で質問の結果がわかります。

私たちの町では人々にペットボトルのキャップを外してほしいと呼びかけていますが，リサイクル箱に入った②キャップを外していない（＝without taking off the caps）ペットボトルを見かけることがあります。これらの箱は，ペットボトルを捨てるときにより多くの人にキャップを外すことを促すと思います。問4オこれは私たちのナッジであり，人々がそれを使うことによってリサイクルにもっと興味を持ってくれることを願っています。

ご清聴ありがとうございました！みなさんはどう思いますか？（＝What do you think?）

4　【英文の要約】参照。

⑴　「今日の新聞には～と書いてある」＝Today's newspaper says that ～

⑵　⑵　の前後が反対の内容になっているので，However「しかしながら」でつなぐ。

⑶　具体例を２つ挙げること，24語以上の英語で書くことに注意して，デジタル版卒業アルバムの良い点について答える。

【英文の要約】

ある高校がデジタル版の卒業アルバムを作っている⑴ということが今日の新聞に書いてありました（＝Today's newspaper says that）。ご存知の通り，日本の卒業アルバムのほとんどが紙のアルバムです。⑵しかしながら（＝However），デジタル版の卒業アルバムはこれからもっと人気が出ると思います。私たちにできることは２つあります。⑶（例文）まず，アルバムはどこでもインターネットで見ることができます。次に，友達からのボイスメッセージや学校行事の動画を楽しむことができます。

2023 解答例 令和5年度　北海道公立高等学校

《2023　国語　解答例》

一　問一．⑴たぼう　⑵びんわん　⑶のぞ　　問二．⑴半島　⑵誤　⑶拝観　　問三．⑴ウ　⑵イ　　問四．不意に漂ってきた甘い香りに呼び起こされた　　問五．⑴ア　⑵ステージ発表の本番の様子を動画で、準備の様子を紙芝居で紹介しよう。

二　問一．１．ひた　２．ともな　　問二．イ　　問三．ア，イ，オ　　問四．①最初…「意識の内　最後…わりがない　②事柄そのものと私の意識の内面はどこまでも一つ　　問五．⑴ウ，オ　⑵日常描写に科学的描写が「重ね描き」される　　問六．(例文)私の身に着けてきた腕時計が、他の時計にはない使いやすさや愛着があるという「こと」であると同時に、分針や秒針の付いているアナログタイプの時計という「もの」であるというように、「こと」と「もの」は一体になっている。

三　問一．エ　　問二．⑴①赤　②青　⑵③まばら　④晴れている　⑤くもっている　　問三．イ

四　問一．エ　　問二．Ｘ市以外に住んでいる人の方がＸ市に住んでいる人よりも、Ｘ市の方言に対して「味がある」や「親しみやすい」という肯定的なイメージをもつ人が多いことがわかったから。〔別解〕Ｘ市以外に住んでいる人の方がＸ市に住んでいる人よりも、Ｘ市の方言に対して「荒っぽい」という否定的なイメージをもつ人が少ないことが明らかになったから。　　問三．Ｘ市では、方言によるＰＲ動画を公開したことや、特産品に方言でキャッチコピーを付けたことが話題となり、観光客数が前年度よりも増加した。このことから、方言には、地域の魅力を強く印象付けて宣伝する力があると考えた。

《2023　数学　解答例》

1　問１．⑴14　⑵54　⑶$2\sqrt{7}$　　問２．$\frac{4}{9}$　　問３．５　　問４．11

問５．９，15　　問６．右図

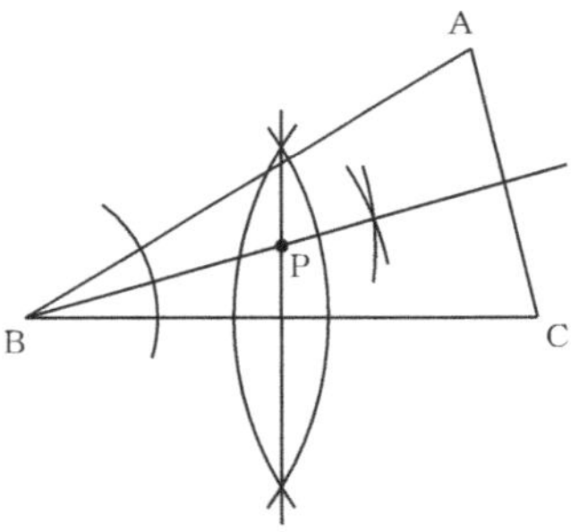

2　問１．ア．１　イ．２　ウ．２　エ．４　オ．９

問２．ア．m(n＋1)　イ．(m＋1)n　ウ．(m＋1)(n＋1)

エ．m　オ．m＋1　カ．n　キ．n＋1　　問３．$x=4$　$y=5$

3　問１．４　※問２．$\frac{1}{4}$　　問３．⑴(－t，－3)

⑵(台形ＰＱＣＡの面積)＝$\{(3-t)+(t+1)\}\times 6\times\frac{1}{2}=12$となる。…①

(台形ＡＢＤＣの面積)＝$(6+2)\times 6\times\frac{1}{2}=24$となる。…②　①，②より，

(台形ＰＱＣＡの面積)＝(台形ＡＢＤＣの面積)$\times\frac{1}{2}$である。したがって，直線ＰＱは台形ＡＢＤＣの面積を２等分する。

4　問１．110　　問２．⑴ア．弧ＡＣ　イ．円周角　ウ．２組の角がそれぞれ等しい

⑵(解答例１)△ＡＢＥと△ＡＤＣにおいて，

仮定より，ＡＢ＝ＡＤ…①　また，仮定より，∠ＢＡＥ＝∠ＤＡＣ…②

弧ＡＢに対する円周角は等しいので，∠ＢＥＡ＝∠ＤＣＡ…㋐

∠ＡＢＥ＝180°－(∠ＢＥＡ＋∠ＢＡＥ)…㋑　∠ＡＤＣ＝180°－(∠ＤＣＡ＋∠ＤＡＣ)…㋒

②，㋐，㋑，㋒より，∠ＡＢＥ＝∠ＡＤＣ…③

①，②，③より，１組の辺とその両端の角がそれぞれ等しいので，△ＡＢＥ≡△ＡＤＣ

(解答例２)△ＡＢＥと△ＡＤＣにおいて，

仮定より，ＡＢ＝ＡＤ…①　また，仮定より，∠ＢＡＥ＝∠ＤＡＣ…②

△ＡＢＤ∽△ＡＥＣから，対応する辺の比は等しいので，ＡＢ：ＡＤ＝ＡＥ：ＡＣ＝１：１　よって，ＡＥ＝ＡＣ…③

①，②，③より，２組の辺とその間の角がそれぞれ等しいので，△ＡＢＥ≡△ＡＤＣ

(解答例３)△ＡＢＥと△ＡＤＣにおいて，

仮定より，ＡＢ＝ＡＤ…①

△ＡＢＤ∽△ＡＥＣから，対応する辺の比は等しいので，ＡＢ：ＡＤ＝ＡＥ：ＡＣ＝１：１　よって，ＡＥ＝ＡＣ…②

△ＡＢＤ∽△ＣＥＤから，対応する辺の比は等しいので，ＡＢ：ＡＤ＝ＣＥ：ＣＤ＝１：１　よって，ＣＤ＝ＣＥ…㋐

仮定より，∠ＢＡＥ＝∠ＥＡＣであるから，弧ＢＥと弧ＣＥの長さが等しいので，∠ＢＣＥ＝∠ＥＢＣ

底角が等しいので，△ＢＥＣは，ＢＥ＝ＣＥの二等辺三角形である。…㋑

㋐，㋑より，ＢＥ＝ＤＣ…③

①，②，③より，３組の辺がそれぞれ等しいので，△ＡＢＥ≡△ＡＤＣ

5　問１．ア．39　イ．43　ウ．4

問２．⑴右グラフ　⑵Ｘ期間とＹ期間では，度数の合計が異なるから。

⑶記号…ウ　説明…２つの度数折れ線が同じような形をしていて，Ｘ期間の方がＹ期間よりも左側にあり，Ｘ期間は，Ｙ期間より夏日の年間日数が少ない傾向にあるといえるから。

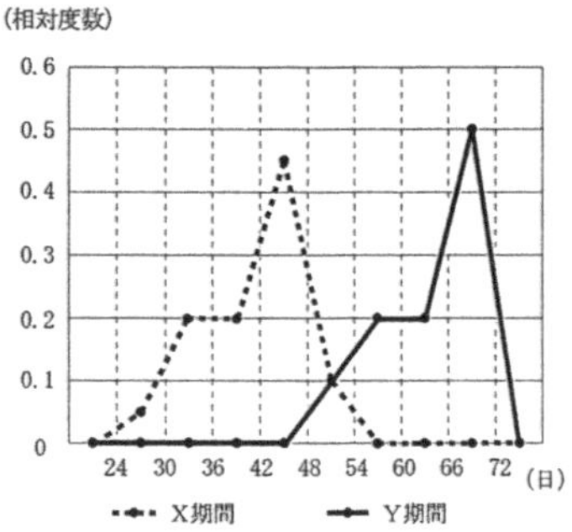

※の計算は解説を参照してください。

《2023　社会　解答例》

1　問１．⑴ウ　⑵①国際連合　②南極　⑶先住民…アボリジニ　位置…㋐　問２．⑴仏教や儒教の教え。(下線部は儒学でもよい)　⑵①フビライ＝ハン　②北条時宗　⑶①イ　②ア　③ウ／Ａ，Ｃ，Ｂ

問３．⑴語句…公共の福祉　記号…イ　⑵①高等　②地方　③簡易　記号…Ｂ，Ｄ，Ｆ　⑶主権

問４．⑴Ｘ．国後　Ｙ．色丹　⑵語句…やませ　おおよその向き…イ　位置…Ｃ　問５．⑴①吉田茂　②日米安全保障　⑵沖縄(県)　問６．⑴語句…金融　①イ　②ア　⑵事業を始めたい人に，無担保で少額の融資を行う制度。(下線部は低金利でもよい)

2　問１．人の名…菅原道真　①イ　②ア　問２．国の名…ポルトガル　記号…ア　内容…ク

問３．記号…イ　①樺太〔別解〕サハリン　②間宮林蔵　問４．①フランス　②ア　③ア　④三国干渉

問５．国際協調が進められ，軍事費がおさえられている。　問６．資料４…ウ　資料５…ア

3　Ａ問１．カ　問２．イ　問３．Ｘ．エ　Ｙ．収入が不安定になる　Ｂ問１．内容…山が多い　記号…ア

問２．[⑴あなたが選んだ発電方式／⑴発電方式の名／⑵]　[Ａ／水力／イ]　[Ｂ／火力／ウ]　[Ｃ／原子力／ア]

問３．降水量の多いところから水を運ぶ香川用水を建設し，農業に必要な水を確保できるようにした。

4　問１．①ク　②キ　問２．ウ　問３．Ｘ．首長　Ｙ．議員　記号…ア　問４．生徒Ａ…オ　生徒Ｂ…エ　生徒Ｃ…ウ　問５．ウ　問６．⑴(例文)1990年と2017年を比べると，2017年の方が所得の再分配前の所得格差は大きくなっているが，所得の再分配後の所得格差には，累進課税などの所得の再分配により，大きな違いがみられなくなっている。　⑵将来の世代に負担を残す

《2023　理科　解答例》

1　問1．(1)瞬間　(2)原子核　(3)側根　(4)堆積　(5)仕事の原理　(6)指示薬　(7)子房　(8)初期微動
問2．9　　問3．5　　問4．A，E　　問5．ウ→ア→イ

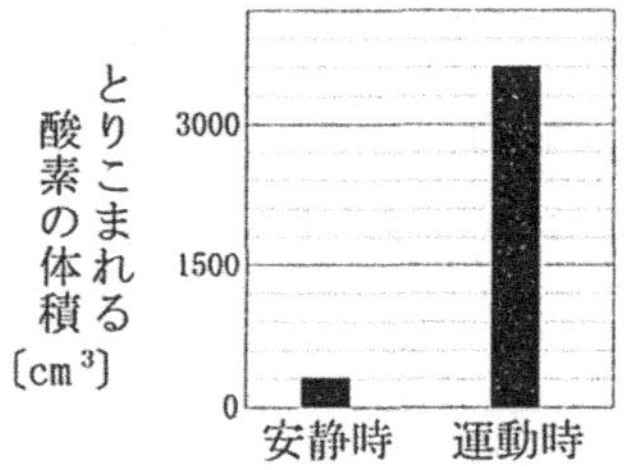

2　問1．酸素と二酸化炭素が交換される　　問2．イ　　問3．右グラフ
問4．ゴム風船の周りの気圧が下がったため。
問5．①横隔膜が上がったり下がったり　②ヘモグロビンと結びつく

3　問1．(1)加熱する回数を増やす。　(2)50　(3)比…3：8　理由…MgO と CuO は，どちらも酸化物中の金属原子と酸素原子の個数の比が1：1であるから。　　問2．(1)右図　(2)①その単体をつくっている元素は酸化物にふくまれている元素より酸素と結びつきやすい　②Mg　③Fe

3問2(1)の図

4　問1．(1)①上下左右　②逆　(2)形が大きく変化し，太陽が沈んでから天体Xが沈むまでの限られた時間にしか観察することができないから。　(3)ウ→イ→ア→エ　　問2．(1)記号…ウ　①同じ　②小さく　③ア　(2)記号…ア，オ，カ　説明…太陽，月，地球の順に並んでいる。／地球から見て，太陽と同じ方向に月がある。などから1つ

5　問1．エ　　問2．(1)右図　(2)焦点距離…10　大きさ…3
問3．①30　②15　③45　④物体から凸レンズまでの距離と凸レンズからスクリーンまでの距離が入れかわる　　問4．物体とほぼ同じ大きさになる。

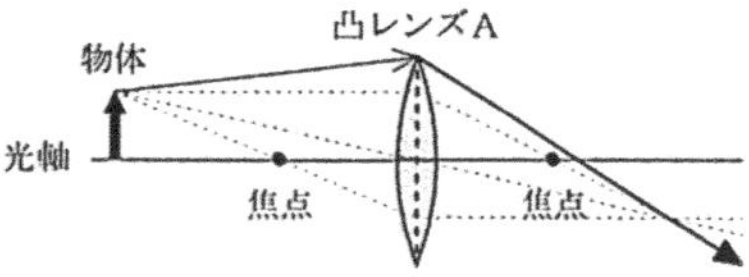

5問2(1)の図

《2023　英語　解答例》

1　問1．No.1．ウ　No.2．イ　No.3．ウ　　問2．No.1．ア　No.2．ウ　No.3．イ　No.4．エ
問3．No.1．エ　No.2．イ　No.3．ア　　問4．(1)winter　(2)enjoy skiing　(3)My hometown is popular among people who love skiing.

2　問1．(1)call　(2)park　　問2．(1)be　(2)mustn't　　問3．(1)I watched TV　(2)Where's my cap

3　A 問1．(1)イ　(2)エ　問2．you should bring foods　　B 問1．イ　問2．ウ　問3．Some students were doing their homework together in a classroom.　　C 問1．エ　問2．ウ　問3．(1)city　(2)nature　問4．イ，オ
問5．cars

4　(1)most high school students have smartphones　　(2)get some information we need　　(3)I think we shouldn't use our smartphones for many hours.　We forget the time easily and don't have enough time to do other things.

《2023　国語　解説》

一 問三(1)　「難しい技を披露した彼」を見た人が感じたことなので、ウの「隅に置けない」（意外に知識・才能・技量などがあって、あなどれない）。「所在ない」は、することがなくて退屈だ、手持ちぶさたであるという意味。「根も葉もない」は、何も根拠がない、でたらめであるという意味。「身もふたもない」は、直接的すぎて、情味も含みもないという意味。　(2)　「板に付いてきた」（経験を積んで、動作や態度がその仕事にしっくり合うようになってきた）に続くので、イが適する。

問四　A「○○は、□□を～した」という形の文を、B「□□は、○○に～された」という形の文にする。

問五(1)　場面①では、三谷さんが「動画で見てもらうのがいいと思うのだけれど、どうかな」と言ったのに対して、中原さんが「いいね」と賛成して「動画だと～どんな雰囲気なのか、よく伝わりそうだね」と具体的なよさにふみこみ、平田さんが「本番だけではなくて、準備の様子も伝えたいな」という意見を言っている。このやりとりに、アが適する。　(2)　「ステージ発表の本番の様子」を「動画」で紹介する、「準備の様子」を「紙芝居」で紹介する、という内容をまとめる。

二 問二　「こと」が、感覚や思いや記憶といったさまざまな意味で満たされていることを、「『こと』には表情がある」と表現しているので、イ「比喩的」だと言える。アの「遠回しに述べる～押し付けないように配慮している」は適さない。また、「表現してもよいと思います」という部分は、ウ「断定的」ではなく、エ「たとえを用いて説明することへのためらいを表している」わけでもない。

問三　――線２は、直前の段落の最後「そうした表情や意味から『こと』は成り立っているのです」の「そうした表情や意味」と同じ。「そうした」が指すもの、つまり、その前までに具体的に述べてきた、「鉄球」の例における「ずっしりと重いという感覚」「しまったという思い」「恐怖」、「万年筆」の例における「独特の書きやすさがあるという感覚」「記憶」などのことである。それらが「こと」を成り立たせるものであるのに対して、「材質」「物体」は「もの」にあたる。

問四　――線３は、直後の「その犬が私の恐怖にじかに関わっている～犬そのものと、私の意識の内面～両者はどこまでも一つです。それこそ事柄の真相である」ということを言うための例である。筆者のそのような考えとは反対の、「『こと』は私たちが意識の内側だけで経験している、つねに移り変わっていくものであり、実在の世界を考えるためには排除されるべきものだという考え」があることをふまえて、「万年筆」と――線３の例を挙げて、排除すべきではない、切り離せないということを述べたのである。つまり、「私たちが実際に経験している色やにおい、音～さまざまな思いがただ単に『意識の内面』に属するものであり、事柄そのものとは関わりがないという考えは、やはりおかしい」ということを言うための例だと言える。

問五(1)　――線４と似た表現のある、２段落前を参照。そこで述べている「科学的なものの見方」をする例、つまり「私たちが具体的な仕方で見ているものを、それぞれの視点に縛られない三次元空間のなかに置き直して見る～分子や原子の世界として説明する」例なので、ウ「燃焼する物質に含まれている銅の量で説明する」、オ「成分表で説明する」が適する。　(2)　【資料】の例でいうと、「向こうに富士山が見えている」ということを、「物理学的、生理学的に」説明することにあたる。つまり、【資料】の後ろから３～４行目「日常描写に科学的描写が『重ね描き』される」ということ。

問六　本文に「私の万年筆は～黒いセルロイド製の物体であると同時に、さまざまな思い出と結びついたものです。

両者(分子や原子からなる「もの」と、さまざまな意味・表情をもつ「こと」)は別々のものではなく、一体になっています」とあるとおり、筆者は、「こと」と「もの」は一体になっている、「共存している」と述べている。自分の感覚や記憶や思いといった「こと」に関する説明と、「もの」としての説明をして、それらが一体となっているということを書く。

三 **問二**　【古文の内容】を参照。

問三　ア.「にほひこよなくて」の「にほひ」は、桜の色つや、つややかな美しさのこと。よって、「香りが強くなり」は誤り。　イ.「大かた山桜といふ中にも、しなじなの有りて、こまかに見れば、一木ごとに、いささかかはれるところ有りて、またく同じきはなきやうなり」と述べていることに合う。　ウ.このようなことは述べていない。　エ.(注)に「同じ木に八重咲きと一重咲きが混じって咲く」とある「桐がやつ」という桜について、「やうかはりて、いとめでたし」とは言っているが、「八重で咲いているのがこの世で最も美しく」とは言っていない。

【古文の内容】

> 花といえば桜。桜といえば、山桜の、葉が赤く照り映えて、細いのが、まばらに混じって、花が多く咲いているのは、他に比べるものもなくて、この世のものとも思えない(ほど美しい)。葉が青くて、花がまばらに咲いているのは、とりわけ劣っている。そもそも山桜というものの中にも、さまざまな種類があって、くわしく見てみると、それぞれの木ごとに、少し違ったところがあって、完全に同じものはないようだ。また今の世で、桐谷《きりがやつ》(八重一重《やえひとえ》)などと呼んでいる品種も、姿が他の桜とは異なっていて、とても見事だ。すっかりくもっている日の空に見上げたのでは、花の色の美しさは際立たない。(くもっている日でも)松か何かが、青々としげっているこちら側に咲いている場合は、花の色があざやかに引き立って、格別に見える。空がすがすがしく晴れている日に、日光が差す方向から見るのは、色つやが格段に美しくて、同じ花とは思えないほどだ。朝日に映える美しさは言うまでもなく、夕方にくっきりと映えて見えるのも(美しい)。

四 **問二**　「観光資源になり得る」要素なので、グラフのうち、「X市以外」に住んでいる人から良いイメージを持たれていることがわかる項目に着目する。「親しみやすい」「味がある」という項目の、「X市以外」に住んでいる人の割合が、X市に住んでいる人の割合よりも高いことから、市外の人がX市の方言に良いイメージを持っていると言える。反対に、「荒っぽい」という項目の、「X市以外」に住んでいる人の割合が、X市に住んでいる人の割合よりも低いことに着目してもよい。

問三　一文目については、話し合いで「もっと具体的に書いた方が～わかりやすい」と言われているので、下書きの「方言を観光ＰＲに活用したことで」の部分を改め、「方言によるＰＲ動画を作成～公開した」ことと「地域の特産品に方言を生かしたキャッチコピーを付けた」ことが「インターネットやテレビなどで話題となった」ということを説明する。また、二文目については、話し合いで「活用例や成果から、自分が考えたことを書く必要があると思うよ」「アンケートの結果～を書くんじゃなくて～『方言のもつ力』について、自分で考えたことを書くといいんじゃないかな」と言われて、高木さんが「地域の魅力と関連付けて書いてみるかな」と言っていることをふまえて、方言にはどのような力があると言えるかをまとめる。

《2023　数学　解説》

1 **問1(1)**　与式$=9+5=$**14**

(2)　与式$=9\times6=$**54**

(3)　与式$=\sqrt{2\times2\times7}=$**$2\sqrt{7}$**

問２　偶数のくじは２，４，６，８の４本あるから，求める確率は$\frac{4}{9}$である。

問３　**【解き方】１次関数の式は$y=ax+b$と表せる（ａ，ｂは定数）。**

$y=ax+b$に$x=-1$，$y=6$を代入すると，$6=-a+b$…①，$x=3$，$y=2$を代入すると，$2=3a+b$…②となる。②－①でｂを消去すると，$2-6=3a+a$　　$4a=-4$　　$a=-1$

①に$a=-1$を代入すると，$6=1+b$　　$b=5$　　$y=-x+5$に$x=0$を代入すると，$y=\mathbf{5}$となる。

問４　**【解き方】円すいの高さをｈcmとして体積について方程式をたてる。**

$\frac{1}{3}\times6^2\pi\times h=132\pi$より，$12\pi h=132\pi$　　$h=11$　　よって，円すいの高さは**11**cmである。

問５　**【解き方】$(x-a)(x-b)=x^2-(a+b)+ab$だから，$ab=14$である。**

$ab=14=1\times14=2\times7$より，ａとｂの組み合わせは，１と14か，２と７である。

求める自然数は$a+b$の値だから，$1+14=\mathbf{15}$か$2+7=\mathbf{9}$である。

問６　$\angle ABC=180°-75°\times2=30°$だから，直線ＢＰは∠ＡＢＣの二等分線となる。

また，△ＰＢＣはＰＢ＝ＰＣの二等辺三角形になるので，Ｐは線分ＢＣの垂直二等分線上にある。

よって，∠ＡＢＣの二等分線と線分ＢＣの垂直二等分線の交点がＰである。

2　問１　ア～エは和が５の倍数にならない数であればいくつでもよい。そのような４つの数の組み合わせは九九の表の中にたくさんある。

問２　**【解き方】「説明」の最後を見て，文字式をどのような形に変形させたいのかを読み取る。**

$a=mn$，$b=m(n+1)$，$c=(m+1)n$，$d=(m+1)(n+1)$だから，

$a+b+c+d=mn+m(n+1)+(m+1)n+(m+1)(n+1)=$

$mn+mn+m+mn+n+mn+m+n+1=4mn+2m+2n+1=2m(2n+1)+(2n+1)=$

$(2m+1)(2n+1)=\{\mathbf{m}+(\mathbf{m}+\mathbf{1})\}\{\mathbf{n}+(\mathbf{n}+\mathbf{1})\}$となる。

問３　**【解き方】問題文から，$p+q+r+s+t+u$は，（かけられる数の和）×（かける数の和）＝**

$\{x+(x+1)\}\{y+(y+1)+(y+2)\}=(2x+1)(3y+3)$になるとわかる。

$(2x+1)(3y+3)=162$より，$3(2x+1)(y+1)=162$　　$(2x+1)(y+1)=54$

$2x+1$と$y+1$は整数だから，54を２つの整数の積で表すと，$54=1\times54=2\times27=3\times18=6\times9$と４通りに表せる。$2x+1$は奇数だから，$2x+1$は１か27か３か９である。

問題の図よりxは１より大きいから，$2x+1$は$2\times1+1=3$より大きいので，１と３は条件に合わない。

$2x+1=27$のとき，$y+1=2$だが，図よりyも１より大きいので条件に合わない。

よって，$2x+1=9$，$y+1=6$であり，$x=\mathbf{4}$，$y=\mathbf{5}$である。

実際に計算してみると，（かけられる数の和）＝$4+5=9$，（かける数の和）＝$5+6+7=18$，$9\times18=162$だから，条件に合う。

3　問１　$y=2x^2$にＡのy座標の$y=8$を代入すると，$8=2x^2$より$x=\pm2$となる。

よって，Ａのx座標が２，Ｂのx座標が－２だから，ＡとＢの距離は，$2-(-2)=\mathbf{4}$

問２　**【解き方】直線$y=x+2$において，変化の割合は常に傾きと等しく１である。**

$y=ax^2$において，$x=1$のとき$y=a\times1^2=a$，$x=3$のとき$y=a\times3^2=9a$だから，xの値が１から３まで増加するときの変化の割合は，$\frac{(y\text{の増加量})}{(x\text{の増加量})}=\frac{9a-a}{3-1}=4a$と表せる。よって，$4a=1$より，$a=\frac{1}{4}$

問３⑴　【解き方】Ｐの座標と直線ＰＱが原点Ｏを通ることから考える。

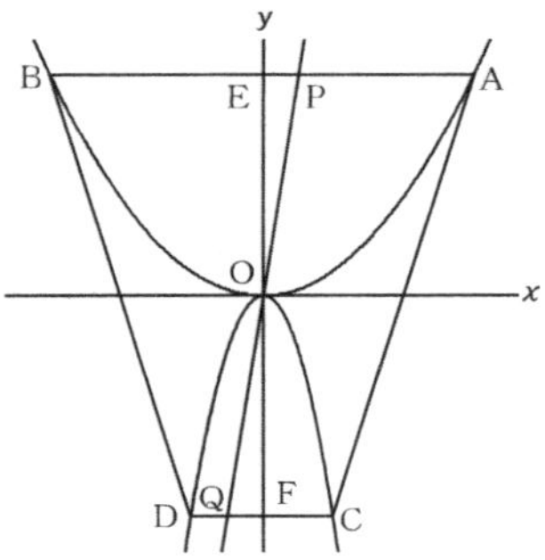

$y=\frac{1}{3}x^2$にＡのx座標の$x=3$を代入すると，$y=\frac{1}{3}\times3^2=3$となるから，

Ａ(３，３)である。Ｂはy軸についてＡと対称だから，Ｂ(－３，３)である。

$y=-3x^2$にＣのx座標の$x=1$を代入すると，$y=-3\times1^2=-3$となるから，

Ｃ(１，－３)である。また，Ｄ(－１，－３)である。

したがって，右図においてＯＥ＝３，ＯＦ＝３だから，△ＯＥＰ≡△ＯＦＱとなる。よって，ＦＱ＝ＥＰ＝ｔなので，**Ｑ(－ｔ，－３)**となる。

⑵　解答例のように台形ＰＱＣＡと台形ＡＢＤＣの面積をそれぞれ求めればよい。

求めるために必要な値や式は，以下のように計算できる。

台形ＰＱＣＡの上底はＡＰ＝(Ａのx座標)－(Ｐのx座標)＝３－ｔ，下底はＣＱ＝(Ｃのx座標)－(Ｑのx座標)＝１－(－ｔ)＝ｔ＋１，高さは，ＥＦ＝(Ｅのy座標)－(Ｆのy座標)＝３－(－３)＝６

台形ＡＢＤＣの上底はＡＢ＝(Ａのx座標)－(Ｂのx座標)＝３－(－３)＝６，下底はＣＤ＝(Ｃのx座標)－(Ｄのx座標)＝１－(－１)＝２，高さは，ＥＦ＝６

４　**問１**　∠ＤＡＣ＝∠ＢＡＤ＝35°　　△ＡＤＣはＡＤ＝ＣＤの二等辺三角形だから，∠ＡＤＣ＝180°－35°×２＝**110°**

問２　まず，問題文の仮定を図にかきこんで，証明のために必要な条件を探そう。条件が足りない場合は，問題の内容に応じて，図形の性質，平行線の同位角・錯角，円周角の定理などからわかることもかきこんでみよう。

５　**問１　【解き方】累積度数が表に示されているので，25℃未満の日数に着目すればよい。**

７～８月の最高気温が25℃未満の日数は，1972年が23日，2021年が19日だから，25℃以上の日数は，1972年が62－23＝**39**(日)，2021年が62－19＝**43**(日)である。その差は43－39＝**４**(日)である。

問２⑴　例えば，Ｙ期間の48日以上54日未満の階級の相対度数は0.1だから，グラフの48と54の中間に0.1の点をとればよい。このように点を打っていき直線で順に結べばよいが，度数折れ線をかくときは，左右の両端に度数が０の階級があるものとする点に注意する。

⑵　相対度数は割合を表すので，度数の合計が異なるデータを比べるときに役に立つ。

⑶　度数折れ線についてＸ期間の方がＹ期間よりも左にあることと，Ｘ期間がＹ期間より夏日の日数が少ないことが書かれていればよい。

《2023　社会　解説》

１　**問１⑴**　ウ　　地図の円の中心が北極点になっていることから考える。　⑵　①国際連合　②南極　　北極を中心とした正距方位図法の地図では，北極の真裏にある南極大陸は円周上に広がって表されることになる。

⑶　アボリジニ／Ⓐ　　先住民族としてオーストラリアのアボリジニ，ニュージーランドのマオリ，日本のアイヌ，カナダのイヌイット，南アメリカ州のインディオは覚えておきたい。Ⓘは南アメリカ大陸，Ⓤはアフリカ大陸。

問２⑴　仏教や儒教の教え　　「和をもって貴しとなし」「詔を承りては必ずつつしめ」には儒教，「あつく三宝を敬え」には仏教の教えが見られる。　⑵　①フビライ＝ハン　②北条時宗　　高麗を従えたフビライは，日本も従えようとして北条時宗に使者を送った。北条時宗が拒否したことから，1274年，元・高麗軍が襲来し，火器と集団戦法を使って鎌倉幕府の御家人を苦しめた(文永の役)。　⑶　①イ　②ア　③ウ　Ａ→Ｃ→Ｂ　　法隆寺は飛鳥時代前半に聖徳太子が建てた。東大寺南大門の金剛力士像は，鎌倉時代に運慶や快慶らが制作した。平安時代後半に流行した浄土の教えの影響を受けた藤原頼通が，京都の宇治に平等院鳳凰堂を建てた。

問3(1)　公共の福祉／イ　　公共の福祉が自由権を制限する場合を考える。他人の名誉を傷つけるような行為＝中傷や批判＝表現，と関連させる。　(2)　①高等　②地方　③簡易　B，D，F　　高等裁判所・地方裁判所・家庭裁判所・簡易裁判所をまとめて下級裁判所と呼ぶ。第二審を求めることが控訴，第三審を求めることが上告である。

(3)　主権　　国家は，領域・国民・主権から成る。

問4(1)　X＝国後島　Y＝色丹島　　(1)北方領土については右図を参照。

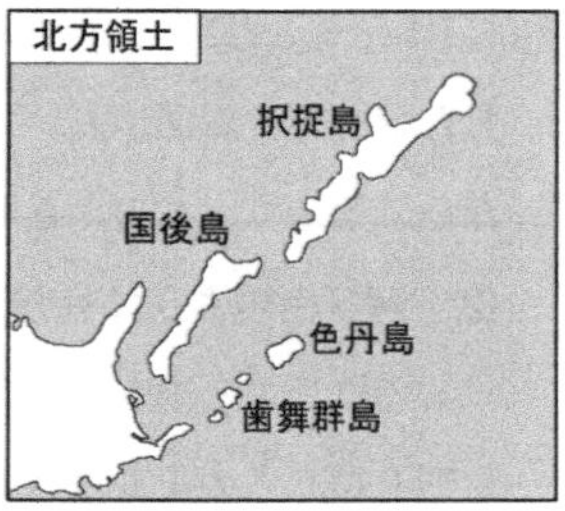

(2)　やませ　　東北地方の夏の太平洋側に吹く冷たく湿った風をやませという。やませが吹くと，気温が上がらず農作物の不作がおきる冷害が発生する。

問5(1)　吉田茂／日米安全保障　　1951年，日本はアメリカをはじめとする48の西側諸国とサンフランシスコ平和条約を結び，独立国となった。同日，吉田茂首相は会場をかえて，アメリカと日米安全保障条約を結んだ。

(2)　沖縄県　　沖縄は1972年までアメリカが統治しており，日本の本土と比べて米軍基地の縮小が進まなかった。

問6(1)　金融　①＝イ　②＝ア　　日本銀行の行う景気対策を金融政策といい，一般に公開市場操作が行われる。不景気のときは，市中銀行が保有する国債を買うことで，社会に出回る通貨の量を増やす「買いオペレーション」，好景気のときは，日本銀行が保有する国債を市中銀行に売ることで，社会に出回る通貨の量を減らす「売りオペレーション」が行われる。　(2)　「無担保で行う少額の融資」がポイント。マイクロクレジットの普及に努めてきたグラミン銀行は，2006年にノーベル平和賞を受賞している。

2　問1　菅原道真　①＝イ　②＝ア　　894年，菅原道真は藤原氏の策略により，長らく派遣されていなかった遣唐使に選ばれ，国外に追いやられようとしていた。そこで道真は，唐の衰退と航海の危険を理由に遣唐使の派遣の延期を宇多天皇に進言し，これが聞き入れられた。そうして都にとどまった道真だったが，後に藤原氏によってあらぬ罪をかけられて大宰府に左遷されてしまい，そこで亡くなった。道真の死後，朝廷で相次いで災厄が起こったことから，道真の祟りだと恐れられ，道真を「天神様」とあがめる風潮ができあがり，現在では学問の神様とされている。　①②　武士として初めて太政大臣の職に就いた平清盛は，兵庫の港(大輪田泊)を修築し，海路の安全を平家の氏神である厳島神社に祈願して，日宋貿易で富を得たと言われている。

問2　ポルトガル，ア，ク　　1543年，種子島に漂着した中国船に乗っていたポルトガル人から鉄砲が伝わった。1517年，ドイツのルターが免罪符の販売を認めたローマ教皇を批判し，聖書に基づいた信仰の大切さを唱えて，宗教改革が始まった。宗教改革を支持する人々はカトリック教会から分離し，プロテスタントと呼ばれた。スペインとポルトガルは，中国産の生糸や絹織物を中心に，鉄砲・火薬・ガラス製品などを日本にもたらし，日本から大量の銀を持ち出す南蛮貿易を進めながら，カトリック教会の布教活動も支援した。

問3　イ　①＝樺太　②＝間宮林蔵　　1804年，ロシアのレザノフは，ラクスマンが江戸幕府から受け取った通行許可証を携えて長崎に入港した。「蝦夷地の北限であるソウヤ(宗谷)の北」「南北に長く，東西に狭い」ことから，樺太と判断する。間宮林蔵は，樺太が島であることを確認した。

問4　①＝フランス　②＝ア　③＝ア　④＝三国干渉　　カードDは，日清戦争(1894年)の風刺画である。日清戦争の講和条約である下関条約では，遼東半島・台湾・澎湖諸島を獲得し，朝鮮の独立を清に認めさせ，3億1千万円の賠償金を手に入れた。その後，ロシア・ドイツ・フランスによる三国干渉を受けて，遼東半島を清に返還した。

問5　1920年代は，国際協調と軍備縮小が進んだ年代である。

問6　資料4＝ウ　資料5＝ア　　資料4．1960年代後半，ベトナム戦争にアメリカが軍事介入すると，アメリカのベトナム戦争の様子がテレビで流され，反戦の気運がアメリカ全土に広まっていった。そのような中でウッドストック・

フェスティバルは開催された。　資料5．1989 年，東西冷戦の象徴であるベルリンの壁の崩壊を伝える報道である。1989 年 12 月，アメリカのブッシュ大統領とソ連のゴルバチョフ書記長がマルタ島で会談し，冷戦の終結を宣言した。

3 **A** **問1**　カ　　A国はアメリカ，B国は中国である。(あ)アメリカのグレートプレーンズ，中国の華中から華北にかけての地域で生産がさかんなことから小麦と判断する。(い)アメリカの中央平原やプレーリー，中国の華北から東北部にかけての地域で生産がさかんなことからとうもろこしと判断する。米は，アメリカでは西海岸や南部，中国では華南から華中にかけて生産される。

問2　イ　　Cの国はUAE(アラブ首長国連邦)であり，資料1に「アジアの国々から多くの労働者が流入しました」とあることから，20 歳～60 歳の働く世代の男性の人口が増えていると考える。

問3　X＝エ　Y＝収入が不安定になる　　Dはザンビア，Eはガーナである。ザンビアは銅，ガーナは金とカカオ豆の輸出に依存したモノカルチャー経済である。モノカルチャー経済は，依存する農産物や資源の価格変動により，収入が安定しないという問題点がある。

B **問1**　山が多い／ア　　東海北陸自動車道は岐阜県や富山県の山が多い地域を通っているため，総距離は名神高速道路とほとんど変わらないが，トンネルの総距離は名神高速道路に比べて極端に長くなっている。

問2(1)　A＝水力　B＝火力　C＝原子力　　発電量の変化が少ないAが水力，発電量が増え続けているBが火力，2010 年から 2015 年にかけて発電量が極端に減っているCが原子力である。2011 年の東日本大震災による福島第一原子力発電所の事故を受けて，全国の原子力発電所は稼働を停止し，厳しい審査基準に合格した原子力発電所だけが稼働している。稼働を停止した原子力発電による電力を補うために，近年の火力発電の割合は急激に増えている。

(2)　A＝イ　B＝ウ　C＝ア　　水力発電所は，河川の上流にダムを建設して発電するため，内陸部に多く建設される。火力発電所は，大都市近くの臨海部に建設される。原子力発電所は，大都市から離れた地域の臨海部に建設される。

問3　瀬戸内海に面する香川県は，1年を通して降水量が少ないため，農業用水を確保する必要がある。そこで吉野川上流が夏の季節風の影響を受けて降水量が増えることに着目し，不足する夏の農業用水を吉野川から取水するために香川用水がつくられたことがわかる。

4 **問1**　檻の中のライオンでは，権力＝ライオン，憲法＝檻に例えている。

問2　ウ　　a．正しい。b．誤り。2015 年の訪日外国人数は約 2000 万人，1995 年の訪日外国人数は約 350 万人だから，8倍以上にはなっていない。c．誤り。1985 年は1ドル＝238.54 円，2005 年は1ドル＝110.22 円だから，1985 年は 2005 年に比べて円安であった。

問3　X＝首長　Y＝議員　ア　　地方自治では，首長も地方議会議員も住民の直接選挙で選ぶ二元代表制をとっている。

問4　A＝オ　B＝エ　C＝ウ　　A．いわゆる一票の格差を解消するために，合区を含む 10 増 10 減案が可決した。B．1つの選挙区から1名を選出する小選挙区では，資料**エ**のように，当選者の得票数より，落選者の得票数の合計の方が多くなることがある。つまり，小選挙区制は死票が多く出るというデメリットがある。C．若者の政治への関心の低さを解消するために，選挙権年齢を 20 歳から 18 歳に引き下げたが，資料**ウ**からわかるように，その投票率は全体より低くなっている。

問5　ウ　　都道府県による地方税収の格差を解消するために，国から配分される依存財源を地方交付税交付金という。人口の多い愛知県は，地方税収が多い分，地方交付税交付金は少なくなり，人口の少ない青森県は，地方税収が少ない分，地方交付税交付金は多くなる。Cは国庫支出金，Dは地方債。

問6　所得格差を縮小するための機能を所得の再分配(富の再分配)機能という。一般に，税制度や社会保障制度に適用され，高所得者がより多くの税金や社会保険料を納めるようになっている。

《2023　理科　解説》

1　問1(2)　マイナスの電気をもつ電子とプラスの電気をもつ陽子の数が等しいので，原子は電気的に中性になっている。　(3)　双子葉類の根が主根と側根からなるのに対し，単子葉類の根はひげ根からなる。　(4)　堆積によって，中流の流れがゆるやかになるところにできる地形が扇状地，河口にできる地形が三角州である。　(5)　滑車やてこなどを利用すると，加える力が小さくなるかわりに動かす距離が大きくなるため，〔仕事(J)＝力の大きさ(N)×力の向きに動いた距離(m)〕で求める仕事の大きさは変わらない。これを仕事の原理という。

(7)　被子植物に対し，子房をもたず，胚珠がむき出しになっている種子植物を裸子植物という。　(8)　はじめの小さなゆれを初期微動，次に続く大きなゆれを主要動という。

問2　図で，力の大きさが 0.2Nのとき，ばねののびが3cmで，ばねののびは力の大きさに比例するので，力の大きさが0.4Nのときのばねののびは$3\times\frac{0.4}{0.2}=6$(cm)，ばねの長さは3＋6＝9(cm)となる。

問3　4％の食塩水 100gに含まれる食塩の質量は 100×0.04＝4(g)だから，〔質量パーセント濃度(％)＝$\frac{溶質の質量(g)}{水溶液の質量(g)}\times100$〕より，$\frac{4}{80}\times100=5$(％)となる。

問4　表のBとFの結果に着目する。丸：しわ＝3：1より，丸が顕性形質，しわが潜性形質とわかる。丸(顕性形質)の純系の種子にどの遺伝子をもつ種子をかけ合わせても，できた種子はすべて丸になるので，B，C，D，Fは丸の純系の種子ではない。表のAとD，BとEのかけ合わせより，丸の純系の種子ではないものとかけ合わせたときに，すべて丸になるAとEが丸の純系の種子である。なお，丸の遺伝子をX，しわの遺伝子をxとすると，AとEはXX，BとCとFはXx，DとGはxxである。

問5　同じ日の南中高度は緯度が低いほど高いので，夏至の那覇市(ウ)の南中高度は夏至の札幌市(ア)よりも高い。また，同じ場所の南中高度は夏至の方が冬至よりも高いので，夏至の札幌市(ア)の南中高度は冬至の札幌市(イ)よりも高い。よって，南中高度が高い順にウ→ア→イとなる。

2　問1　資料の吸う息とはく息を比べると，はく息の方が吸う息よりも酸素が少なく二酸化炭素が多いことがわかる。よって，ヒトの肺では酸素と二酸化炭素が交換されていると考えることができる。

問2　実験1ではA，B，Cの3人のデータを集めているので，ここでの平均値を求める理由は，個体による差の平均をとるためである。

問3　表より，1回の呼吸でとりこまれる酸素の体積は安静時には 500×0.03＝15(㎤)，運動時には 1000×0.06＝60(㎤)とわかる。よって，実験1の結果の表の平均値より，1分間に安静時には 15×20＝300(㎤)，運動時には 60×60＝3600(㎤)の酸素が肺でとりこまれる。

問4　ガラス管は気管，ゴム風船は肺，ゴム膜は横隔膜を表している。

問5　②血液中の赤血球に含まれるヘモグロビンは，酸素の多い肺では酸素と結びつき，酸素が少ない全身の細胞では酸素をはなすので，血液によって全身の細胞に酸素を送り届けることができる。

3　問1(1)　銅の粉末を加熱すると，空気中の酸素と結びついて酸化銅になる。酸化しやすくなるように，粉末をかきまぜながら何回も加熱すれば，図4の数値に近づく。　(2)　図4より，1.60gの銅の粉末がすべて反応すると0.40gの酸素と結びつくことがわかる。表1の銅の粉末1.60gは1.80－1.60＝0.20(g)の酸素と結びついたので，酸化したのは$\frac{0.20}{0.40}\times100=50$(％)である。　(3)　表2より，マグネシウム 0.60gは，酸素 1.00－0.60＝0.40(g)と結びつく。図4より，酸素0.40gと結びつく銅は1.60gだから，(マグネシウム)：(銅)＝0.60：1.60＝3：8となる。また，マグネシウムの酸化の化学反応式は〔$2Mg+O_2\rightarrow2MgO$〕，銅の酸化の化学反応式は〔$2Cu+O_2\rightarrow2CuO$〕であり，いずれも金属の原子2個と酸素分子1個(酸素原子2個)が結びついて酸化物ができるので，銅原子とマグネシウム原子はそれぞれ酸素原子と1：1の個数比で結びつくことがわかる。

問2(1)　反応の前後で原子の種類と数が等しくなるようにする。反応前のマグネシウム(◎)を2個にし，反応後の酸化マグネシウム(◎○)も2個にすれば，すべての原子の種類と数が一致する。なお，この反応を化学反応式で表すと，〔$2Mg+CO_2 \rightarrow 2MgO+C$〕となる。　**(2)**　図5の(1)，(2)の結果からわかったことより，酸素との結びつきやすさはマグネシウム〔Mg〕＞炭素〔C〕＞鉄〔Fe〕とわかる。

4　**問1(2)**　Xは地球の内側を公転する内惑星である。内惑星は満ち欠けが大きく，明け方か夕方の限られた時間にしか観察できない。　**(3)**　地球に対するXの位置とXの満ち欠けを図iのような図を使って考える。表のスケッチより，3月25日から5月10日にかけて欠け方が大きくなっており，5月10日以降もXと地球の距離は近づきながら夕方，西の地平線付近で見られる(ウ)。やがてXが太陽と地球の間を通過する(イ)と，Xは明け方，東の空に見られるようになり，Xは大きく欠けた形(ア)から欠け方が小さくなっていく(エ)。

図i

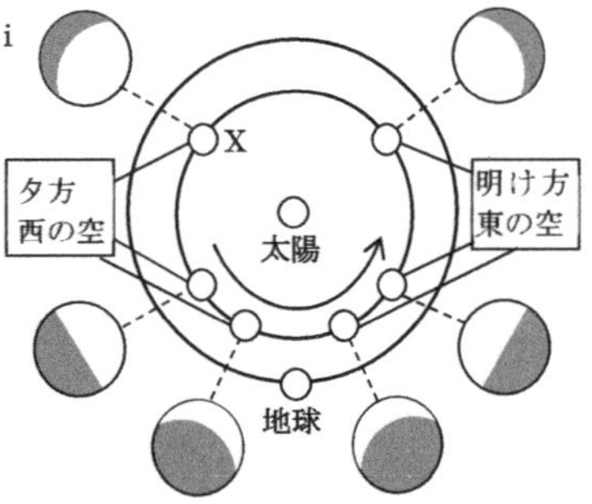

問2(1)　表と図iより，3月28日の金星の位置はウである。　①月の公転の向きは地球の自転の向きと同じだから，月の見かけの動きは1時間に 15°よりも小さくなる。このため，地球から月とXを観察すると，Xが月を追い越すように，月の東側から西側に移動して見える。　**(2)**　(1)のウで，3日前の金星の位置はほぼ変わらないが，月は時計回りに約 36°の位置にあり太陽，月，地球が一直線に並ぶ。このとき常に起こる事象は新月で，図中だけではなく実際に太陽，月，地球が一直線に並ぶと，地球と月の距離が近いときに金環日食，遠いときに皆既日食が起こる。

5　**問1**　Xはレンズ，Yは網膜である。図1の実験でレンズのはたらきをするのはA，網膜のはたらきをするのはスクリーンだから，これらの間の距離を変えない。

問2(1)　図iiのように，物体の先端から出て，①Aの中心を通り直進する光，②光軸に平行に進み，凸レンズで屈折して焦点を通る光，③焦点を通り，凸レンズで屈折して光軸に平行に進む光，のうち2本の光を作図して，物体の先端部分の実像ができるスクリーン上の点を求める。物体の先端から出てAで屈折する光はすべてこの点に集まる。　**(2)**　実験1で，物体からAまでの距離とAからスクリーンまでの距離が等しいとき，それぞれの距離は焦点距離の2倍になり，物体と同じ大きさの実像ができる。図2より，それぞれの距離が20㎝のときにスクリーンに実像ができるから，焦点距離は10㎝である。また，図3よりそのときの像の大きさは3㎝である。

図ii

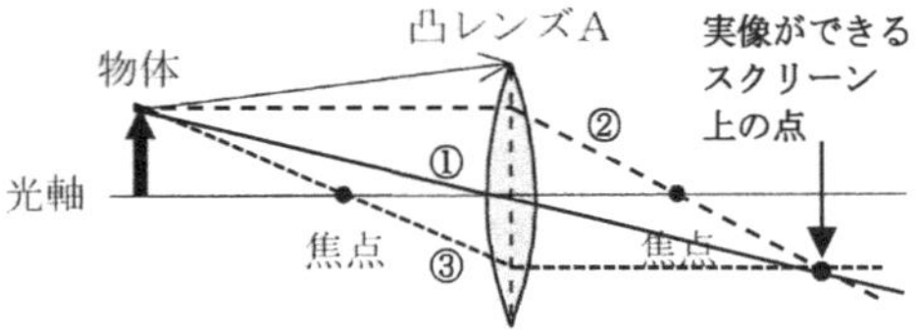

問3　①～③図2より読み取る。物体からAまでの距離が15㎝のとき，Aからスクリーンまでの距離は30㎝である。物体からAまでの距離が30㎝のとき，Aからスクリーンまでの距離は15㎝である。物体からスクリーンまでの距離はどちらも 45 ㎝である。　④. ①，②より，物体からAまでの距離と，Aからスクリーンまでの距離が入れかわっていることがわかる。

問4　実験3では虚像を観察している。凸レンズのふくらみを小さくすると焦点距離が長くなるので，図iiiのように虚像は物体の大きさに近づいていく。

図iii

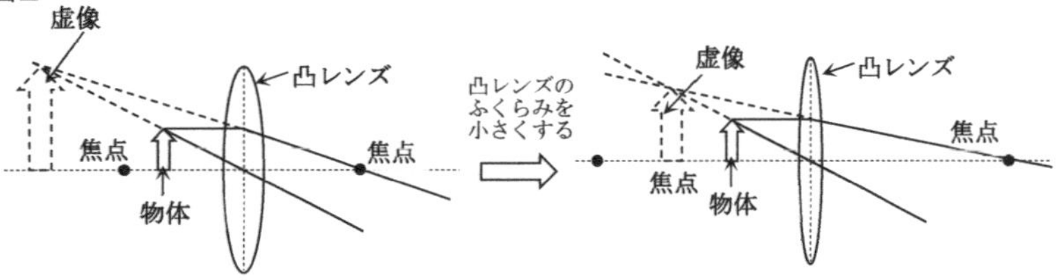

《2023　英語　解説》

1　**問１**　**No.１**　質問「トムは何部に入りたいですか？」…A「部活をやっているの，メグミ？」→B「ええ。私はバレーボール部だよ。トム，何部に入りたいの？」→A「そうだね，僕はサッカーが好きだから，サッカー部に入りたいよ」より，ウが適当。　**No.２**　質問「コンサートホールは何時に開きますか？」…A「コンサートは何時に始まるの，キャシー？」→B「２時に始まるよ，パパ。ホールは１時30分に開くよ」→A「じゃあ，１時に家を出よう」より，イが適当。　**No.３**　質問「グラフで中華料理を示しているのはどれですか？」…A「このグラフを見て。私はクラスメートに『外国の料理は何が好きですか？』と質問したよ」→B「そうだね，イタリア料理が一番人気だね」→A「そうよ。韓国料理もとても人気があるの。私の好きな外国の料理の中華料理よりも人気があるよ。中華料理はアメリカ料理と同じくらい人気があるの」→B「僕はフランス料理が好きだけど，たったの５％だよ！」より，ウが適当。

問２　**No.１**　直子「私はまだ昼食を食べてないよ」→ニック「ああ，君はおなかがすいているね？」→直子「アええ，そうよ」　**No.２**　直子「今から，今日の理科の授業について質問するためにスズキ先生に会うよ」→ニック「僕もいくつか質問があるよ。一緒に行ってもいい？」→直子「ウいいよ，職員室へ行こう」　**No.３**　直子「この黄色いTシャツが気に入ったけど，高すぎるよ！」→ニック「この白いのはどう？安くて素敵だよ」→直子「イいくら？」

No.４　直子「こんにちは，ニック。明日，時間はある？私は体育館でバドミントンをしたいな」→ニック「明日は家族でランチを食べるから，その後一緒にできるよ。３時に会おう」→直子「エわかったわ。体育館で待ち合わせしましょう」

問３　【放送文の要約】参照。

【放送文の要約】

私は日本語の勉強を楽しんでいます。私がよく使う表現は「すみません」です。去年日本に来たときは「ごめんなさい(＝I'm sorry.)」という意味は知っていました。でも，なぜ人々が「すみません」という言葉を何度も言うのかわかりませんでした。No.2イ今では「失礼します(＝Excuse me)」と「ありがとうございます(＝Thank you)」という意味もあることを知っています。これはとても役に立つ表現だと思います。英語でも，そのような便利な表現があります。例えば，私たちはよく「I'm fine(＝私は元気です)」と言います。No.2イこの表現はさまざまな場面で使われます。No.1エもし誰かに「Are you OK?（＝大丈夫ですか？）」と聞かれたら，よく「I'm fine(＝大丈夫です)」と答えます。私たちはこれを「Yes(＝はい)」と言いたいときに使います。また，コンビニでは「Do you need a bag?(＝袋は必要ですか？)」と聞かれます。私たちは「I'm fine(＝いいえ結構です)」を袋が必要ない時に使うことができます。No.2イこのように，「Yes(＝はい)」と言いたい時と「No(＝いいえ)」と言いたい時にこの表現を使うことができます。言語を学ぶことは面白いですよね？No.3ア私はみなさんに役に立つ英語の表現を学んで使おうとしてほしいです。みなさんにとって英語の勉強がもっと面白くなることを願っています。

問４　【放送文の要約】参照。故郷を訪れる外国人観光客に対して，一番いい季節とその理由を答える。(1)には季節が入り，(2)，(3)には理由が入る。(winter の例文)「みなさんこんにちは！私は(1)冬(＝winter)が一番だと思います。(1)冬(＝winter)には，(2)スキーを楽しむ(＝enjoy skiing)ことができます。(3)私の故郷はスキーが大好きな人に人気があります。(＝My hometown is popular among people who love skiing.)ありがとうございました」　「～に人気がある」＝popular among ～

【放送文の要約】

次の授業では，みなさんに短いスピーチをしてもらいます。テーマは「みなさんの故郷を訪れるにはどの季節が一番いいですか？」です。外国から来た観光客に聞かれたら，どう答えますか？スピーチの中で，みなさんにどの季節が一番いいか，なぜその季節を選んだのかを伝えてほしいです。次に，理由についてさらに詳しく伝えてください。

スピーチは，みなさんの好きな季節についてではありません。みなさんの故郷を訪れたい外国人観光客のことを考える必要があります。また，スピーチは日本語を話さない人でも理解できるようにする必要があります。

さて，次の授業が楽しみです！がんばってください！

2 問１(1)　「こんにちは，僕の名前はタクヤです。タクと□」…「ＡをＢと呼ぶ」＝call A B より，call が適当。

(2)　「□に行って，そこでサッカーをしましょう」…park「公園」が適当。library「図書館」，station「駅」，restaurant「レストラン」は不適当。

問２(1)　左側の絵より，「ここでは静かにしてください」という意味にする。「静かにしてください」＝Please be quiet

(2)　右側の絵より，「飲食禁止」という意味にする。「～してはいけない」＝must not ～　短縮形の mustn't が適当。

問３(1)　「昨日夕食後に何をしたの？」→「(例文)テレビを見たよ(＝I watched TV)」…過去形で答えること。

(2)　「電話が見つからないんだ。遅刻しちゃうよ。助けて」→「机の上にあるよ」→「ありがとう。(例文)帽子はどこ(＝Where's my cap)？」→「椅子の下にあるよ」…椅子の下にある帽子に着目する。

3 A問１(1)　「あなたは□で犬と一緒に過ごし，温泉を楽しむことができます」…キャンプ場の情報の Pets「ペット」が○で Hot spring「温泉」に入れるイ Holiday Fun が適当。　(2)　「私たちはキャンプ場の情報から□を知ることができません」…ア「キャンプ場について，利用者が何を言っているか」は Review「感想」に，イ「どのキャンプ場がサーフィンが大好きな人によって頻繁に利用されるか」は Holiday Fun の Review に，ウ「キャンプ場の店は何時に閉まるか」は Shop に書かれている。エ「４つのキャンプ場が最初にオープンしたのはいつか」については書かれていないので，エが適当。

問２　Lake Ezo の Review「このキャンプ場はバーベキューをするのにいいです！しかし，キャンプ場の店ではバーベキューの食べ物を売っていません。そこで，もしバーベキューを楽しみたいなら，(例文)食べ物を持ってくるべきです(＝you should bring foods)」

B【本文の要約】参照。

問１　ア「×アメリカの生徒はほとんどすべての授業で同じクラスメートと一緒に勉強します」　イ○「アメリカの先生はふつう，生徒を教えるために別の教室に行く必要はありません」　ウ×「日本の中学校はアメリカの学校のように清掃スタッフが必要です」…本文にない内容。　エ×「掃除活動によって，生徒たちは教室でクラスメートと一緒により熱心に勉強するようになります」…本文にない内容。

問２　下線部「郷に入れば郷に従え」を表しているのは，スミス先生が日本に来て，日本の先生のように掃除をするようになったことから，ウ「他の場所を訪れたときは，地元の人のやり方を試してみてください」が適当。

問３　「なぜ数日前の放課後にスミス先生は驚いたのですか？」…第２段落５～６行目を引用して答える。スミス先生が驚いたのは，数人の生徒が教室で一緒に宿題をしていたからである。

【本文の要約】

今日は，日本の学校生活について私が学んだ２つのことについてお話しします。

１つ目は，みなさんはほとんどの時間を同じ教室で過ごすことです。普段はクラスの友達と一緒にここで勉強し，先生がここに来て教えます。問１イ私の国アメリカでは，先生はふつう自分の教室を持っていて，生徒が勉強するために異なる教室に行きます。時間割が生徒によって異なるため，生徒はさまざまなクラスメートと一緒に勉強します。また，日本では放課後に教室を使うことが多いです。問3数日前，放課後に教室で生徒を数人見かけました。彼らは一緒に宿題をしていました。私はこれを見て驚きました。アメリカでは，放課後にこのように教室を使いません。

２つ目は，みなさんが自分の教室を掃除することです。生徒たちと一緒に掃除をする先生もいます。最初は，なぜ生徒や先生が学校を掃除するのか理解できませんでした。アメリカでは，学校には通常清掃スタッフがいるので，生徒は教室を掃除しません。実際，アメリカでは学校の掃除は仕事と見なされています。でも，「郷に入れば郷に従え」という言葉をよく耳にするので，私もここの先生のように掃除を始めました。私たちは教室を整理されていてきれいな状態に保とうと努力するので，教室を掃除することはいいことだと思います。

日本の学校生活では，教室が重要な存在だと知って興味深かったです。みなさんも外国の学校生活に興味を持ってくれたらと思います。それぞれの国の学校生活について大事なことが学べるかもしれません。

C【本文の要約】参照。

問１　直前の健太の発言を受けての佐藤先生の言葉。健太は都会の方が店や病院が多くて便利だと言っているので，エ「都会は高齢者にとってより便利だ」が適当。

問２　下線部の直後に都会では医師が多く，田舎では医師が不足しているという調査の内容が書かれているので，ウ「それぞれの地域に何人の医師が働いているか」が適当。

問３⑴　理子の１回目の発言より，理子は田舎では夢がかなえられないと言っているので，city「都会」が適当。

⑵　理子が考える，田舎に住むことの良い点を答える。理子の最後の発言の３行目より，nature「自然」が適当。

問４　ア「健太は，×高齢者は釣りを楽しむために海の近くに住むべきだと信じています」　イ○「理子は高齢者は田舎よりも都会の方がストレスを感じると言いました」　ウ×「健太は理子に都会から田舎に引っ越す高齢者について尋ねました」…本文にない内容。　エ「健太と理子は２人とも，×高齢者の日常生活を助ける方法について話しました」　オ○「佐藤先生はクラスの生徒たちに討論のアイデアを共有するように言いました」

問５　【健太が書いた理子の意見に対する反論の要約】参照。直後の１文「高齢の運転者のことが心配です」より，cars「車」が入る。複数形にすることに注意する。

【本文の要約】

佐藤先生：宿題で今日の題材について考えてきましたね？まずは，ウォームアップとしてみなさんの意見を聞きたいです。健太さんは将来，都会に住みたいですか？田舎に住みたいですか？

健太　　：私は釣りが好きなので，特に海の近くの田舎に住みたいです。

佐藤先生：理子さんはどうですか？

理子　　：問3⑴私は田舎では夢をかなえられそうにないです。私は東京のテレビ局で働きたいです。それが私の夢です。

佐藤先生：なるほど。さまざまな考え方がありますね。次に，高齢者の場合について考えてみましょう。高齢者にとって，都会に住むのと田舎に住むのでは，どちらがいいでしょうか？みなさんはすでに両方の立場でいくつかの理由を考えてきていると思います。さて，健太さん，都会に住む方がいいとしたら，あなたの理由は何ですか？

健太　　：そうですね，都会の方が高齢者は住みやすいと思います。田舎より都会の方が店や病院が多く，買い物に行ったり，医者に診てもらったりしやすいです。

佐藤先生：いいですね。問1エ都会は高齢者にとってより便利だということですね？他にも私たちに伝えることはありますか？

健太　　：はい。調査によると，日本の医師のほとんどは都会で働いているということです。一方で，一部の地域，特に地方では，医師が不足しています。僕はこのことが心配です。

佐藤先生：いい指摘ですね！次に，理子さん，田舎の方がいいとしたら，あなたの理由は何ですか？

理子　　：お年寄りはストレスなく静かな生活を満喫できると思います。都市は騒音であふれていて，バスや電車はいつも混雑しています。都会の人はいつも忙しそうです。また，田舎では，地元の人同士のつながりによって人々は活発でいられます。またお互いをよく知っているので安心できると思います。

佐藤先生：わかりました。田舎に住むことは心の健康にいいということですね？

理子　　：はい。そうです。調査によると，いろいろな理由で都会から田舎に引っ越す人が多いそうです。例えば，たくさんの高齢者が問3(2)自然の多い静かな場所に住みたいと言っています。問4イ都会ではストレスを感じることが多いと思います。

佐藤先生：いいですね，理子さん！健太さんも理子さんも，お年寄りの健康を理由に話してくれました。どちらの考えも，お年寄りにとってより良い場所を考えさせてくれると思います。次の授業では，この題材について議論するので，お互いの考えに反論しなければなりません。そこで練習として，健太さんの考えと理子さんの考えに反論する方法を考えてください。問4オそれでは皆さん，グループを作って考えを共有し始めてください！

【健太が書いた理子の意見に対する反論の要約】

都会では電車やバスが混雑しているので，高齢者はストレスを感じるかもしれないというのはわかります。しかし，田舎では電車やバスが不足しているため，多くの高齢者がスーパーや病院などに行くために車(＝cars)を使わなければなりません。私は高齢の運転者のことが心配です。高齢者にとっては電車やバスを使う方が楽で安全だと思います。

4　【自分の考えの要約】参照。

(1)　資料より，ほとんどの高校生がスマートフォンを持っていることがわかる。

(2)　スマートフォンの利点を答える。コミュニケーションが取れること以外にできることを答える。information「情報」は複数形にならないので注意が必要である。

(3)　スマートフォンを使用するときに注意することを24語以上で答える。「何時間も」＝for many hours　「十分な時間がある」＝have enough time　「他のことをする」＝do other things

【自分の考えの要約】

スマートフォンのようなデバイスは，今日の私たちの生活の一部になっています。実際，(1)(例文)より多くの高校生がスマートフォンを持っています。

このようなデバイスを使って私たちはたくさんのことができるので，それらは非常に便利です。例えば，私たちはそれらを使うことで他の人とコミュニケーションを取ることができ，(2)(例文)必要な情報を得ることができます。

しかし，私たちはそれらを使用するときに注意すべきです。(3)(例文)何時間もスマートフォンを使うべきではありません。私たちは簡単に時間を忘れてしまい，他のことをするための十分な時間がとれません。私たちは上手な使い方を学ぶ必要があります。

2022 解答例 令和4年度　北海道公立高等学校

《2022　国語　解答例》

一　問一．⑴げんいん　⑵けいこ　⑶さ　問二．⑴届　⑵背筋　⑶清潔　問三．みずみずしさ

問四．私はこれま　問五．ア　問六．①フライパンに油をひいて熱くする。　②小さじ一杯のウスターソースを入れる。

二　問一．１．めぐ　２．けいしゃ　問二．１．ア　２．エ　問三．確かな自分の意志　問四．ウ

問五．金色の風景に胸がドキドキし、大樹の緑の香りを嗅ぐたびに幸せな気持ちになり、絵を描きたいという気持ちが突き上げてきたこと。　問六．ア，オ　問七．お母さんが自分のことを大事に思ってくれていることを思い出させ、不安から逃げずにお母さんに自分の夢を伝えて、自分の意志で未来を決めていこうという決意をもたらした。

三　問一．ざらん　問二．イ　問三．エ　問四．（例文１）私は華歆の方が優れていると思います。なぜなら先のことを予測して考えることができる人だからです。　（例文２）私は華歆の方が優れていると思います。なぜなら自分の身に危険が迫っても一度助けた人は見捨てない人だからです。　（例文３）私は王朗の方が優れていると思います。なぜなら目の前で助けを求めている人を助けようとする人だからです。

四　問一．ア　問二．⑴放課後も本の貸し出しをしてほしい　⑵（例文）私たちも放課後は部活動があり放課後も貸し出しをするのは難しいですが、なるべく多くの生徒に本を読んでほしいと考えているので、ボランティアを募集し毎日二名程度の人数が集まれば放課後の貸し出しを行いたいと思います。

《2022　数学　解答例》

1　問１．⑴－32　⑵22　⑶$6\sqrt{5}$　問２．７　問３．（４，０）

問４．$x=3$　$y=2$　問５．$x \leqq 10$　問６．右図

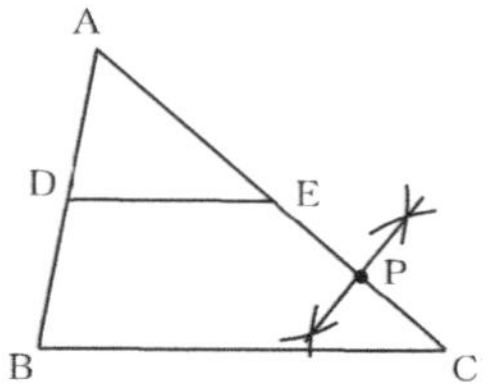

2　問１．⑴8.6　⑵イ　問２．ア．８　イ．７　ウ．Ｂ組

3　問１．３　問２．⑴Ｘ．$\frac{1}{2}$　Ｙ．ウ　Ｚ．１

⑵△ＯＡＢはＯＡ＝ＯＢの直角二等辺三角形である。

また，ＡＢとy軸の交点をＣとすると，△ＯＡＣはＣＯ＝ＣＡの直角二等辺三角形となる。

ここで，点Ａ$(t,\ at^2)$より，$at^2=t$

$t>0$より，$at=1$と表せるので，aとtの積は常に一定であり，一定な値は１である。

4　問１．115　問２．⑴ア．ＢＤＣ　イ．ＢＦＥ　ウ．ＢＣＤ

⑵△ＢＦＥと△ＢＣＤにおいて，

仮定より，∠ＥＢＦ＝∠ＤＢＣ…①

また，△ＢＣＥはＢＣ＝ＢＥの二等辺三角形であり，線分ＢＦは頂角の二等分線であるから，∠ＢＦＥ＝90°…②

②と仮定より，∠ＢＦＥ＝∠ＢＣＤ…③

①，③より，対応する２組の角がそれぞれ等しいので，△ＢＦＥ∽△ＢＣＤ

よって，対応する角はそれぞれ等しいので，∠ＢＥＦ＝∠ＢＤＣ

したがって，２点Ｄ，Ｅが直線ＢＣについて同じ側にあり，∠ＢＥＣ＝∠ＢＤＣとなるので，

４点Ｂ，Ｃ，Ｄ，Ｅが１つの円周上にある。

5　問1．⑴$4\sqrt{3}$　※⑵$2\sqrt{2}$

問2．⑴nの値…2，3，4，6，8，9，10，12　求め方…102を素因数分解すると，$102=2\times3\times17$

$\sqrt{102n}$が$a\sqrt{b}$の形で表すことができるのは，102nが整数の2乗を因数に含むときである。

$2\leqq n\leqq12$より，n＝2，3，4，6，8，9，10，12

⑵$\frac{2}{3}$

※の計算は解説を参照してください。

《2022　社会　解答例》

1　問1．⑴A．ウ　B．ア　C．イ　⑵アジア　問2．⑴文字　⑵語句…応仁の乱　記号…ウ　⑶イ→ア→ウ

問3．⑴記号…イ　国の名…ドイツ　⑵貧富の差が拡大した。〔別解〕経済的な差が広がった。(下線部は格差でもよい)

問4．⑴①ア　②城下　⑵①イ　②ア　③イ　⑶Ⅰ群…イ　Ⅱ群…キ　問5．⑴サンフランシスコ　⑵イ，ウ

問6．⑴組合　⑵ウ　問7．①ア　②イ　語句…均衡

2　問1．⑴ア　⑵イ　問2．住民による自治が行われていた。　問3．⑴イ　⑵ア　内容…交換する比率

問4．a．ロシア　b．アメリカ　記号…ア　問5．⑴ア　⑵ウ　問6．高い小作料に苦しむ小作農が，1920年代には社会運動が活性化したこと，1930年代には昭和恐慌の影響でさらに生活が困窮したことにより，小作争議を増加させた。(下線部は世界でもよい)

3　A問1．カードA…ア　カードB…ウ　カードC…エ　カードD…イ　問2．語句…輸出　記号…ア

問3．エ

B問1．㋑a　㋒c　問2．⑴A．仕事を求めて地方から都市部　B．0歳～14歳の割合が高い　C．高齢者の割合が高くなったこと　⑵ウ

4　問1．⑴イ　⑵生徒A…ア　生徒B…エ　問2．①自由　②ア　③イ　問3．(先進国の立場の例文)発展途上国はCO_2排出量が増加しているので，京都議定書のように先進国にだけ排出削減義務を課すのではなく，発展途上国にも削減義務を課すべきである。　(発展途上国の立場の例文)先進国はこれまでCO_2を多く排出してきたので，京都議定書のように先進国にだけ排出削減義務を課し，先進国は排出削減し続けるべきである。　問4．ア，オ

問5．512

《2022　理科　解答例》

1　問1．(1)屈折　(2)光沢　(3)染色体　(4)黒点　(5)音源　(6)沸点　(7)分離　(8)惑星　　問2．42　　問3．①電子　②イ　　問4．記号…B　名称…がく　　問5．F

2　問1．(1)①ア　②ア　(2)イ　　問2．(1)水が蒸発するのを防ぐ　(2)①ウ　②3.8　(3)グラフ…イ　理由…明るいところでは気孔が開くから。

3　問1．(1)①水素　②イ　(2)①イ　②水に溶けやすい　　問2．(1)Cu　(2)エ
問3．①塩素に漂白作用がある（下線部は脱色でもよい）　②ア
③塩化銅水溶液〔別解〕銅イオン

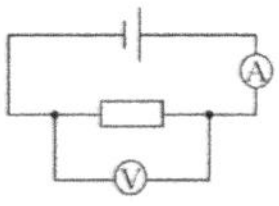

4問1(1)の図

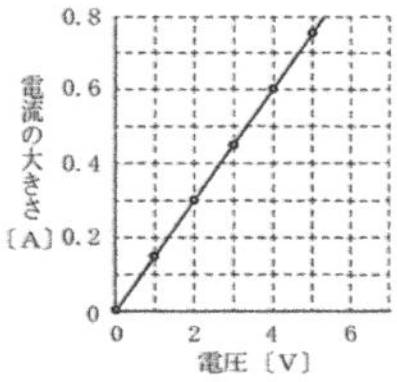

4　問1．(1)右図　(2)2　　問2．(1)右グラフ　(2)エ→ア→イ→ウ
問3．①0.5　②抵抗器を流れる電流がほとんどなくなった

5　問1．(1)①等圧線　②ア　(2)小さく密度が大きくなる　　問2．(1)右図　(2)西高東低の気圧配置により，湿った空気が山脈で雪を降らせ，乾燥して太平洋側にふき下りるため。／北西の季節風が，山脈で雪を降らせて，太平洋側に流れるため。などから1つ　　(3)①2.7　②1.2　③44.1

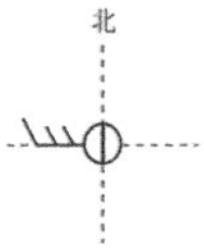

5問2(1)の図

《2022　英語　解答例》

1　問1．№1．ア　№2．ウ　№3．ア　　問2．№1．エ　№2．イ　№3．ア　№4．ウ
問3．№1．イ　№2．ウ　№3．エ　　問4．№1．the lake　№2．cooked fish

2　問1．(1)Nice　(2)Here　　問2．(1)took　(2)showing　　問3．(1)It's July 4.　(2)It's nice.

3　A問1．(1)ア　(2)エ　　問2．I want to use a train because I can eat lunch at a restaurant in Hokkai Station.
B問1．ウ　　問2．ア　　問3．She says that breakfast is the most important to keep him in good health.
C問1．ア　　問2．イ，エ　　問3．(1)new technologies　(2)experience　(3)decide　　問4．play

4　(1)I'm 15 years old.　I'm a junior high school student.　　(2)One day, a little girl was crying in the station, so I looked for her mother with her.　Then, we found her mother quickly.　　(3)was happy

2022 解説 令和4年度 北海道公立高等学校

←解答例は前ページにありますので，そちらをご覧ください。

《2022　国語　解説》

一 **問三**　「○○が重要だ」の形にするために、形容詞「みずみずしい」を名詞化する。形容詞「みずみずしい」の語幹「みずみずし」に接尾語「さ」をつけて、名詞(転成名詞)「みずみずしさ」にする。

問四　③の「その中には～初心者が三人いて」までが「事実を表す」部分で、次の「私は～と思っています」は「考えを表す」部分である。よって「その中には～初心者が三人います。」と「私はこれまでの経験を生かして～と思っています。」の二つの文に分ければよい。

問五　手紙の初めに書く「拝啓」「前略」などの言葉を「頭語」という。頭語の後に書く季節を表す言葉を「時候の挨拶」という。よってアが適する。

問六　まず、祖母の話を「下ごしらえ」「いため方」「味付け」「仕上げ」に区切れば分かりやすい。「下ごしらえ」は「最初に～手を切らないようにね」、「いため方」は「次にフライパンに～しんなりするまでいためるのよ」、「味付け」は「そのとき塩こしょうを～少なくても多くてもだめよ」、「仕上げ」は「最後にご飯を～いためたら完成よ」。①は「フライパンに油をひいて熱くなったら」、②は「小さじ一杯のウスターソースを入れるのが大切」という内容が、作り方のメモには抜けているので、これをそれぞれ一文にする。

二 **問三**　真奈《まな》が「高校卒業したらパンの専門学校に行きたい」と千穂《ちほ》に打ち明けた直後に、「そこには確かな自分の意志があった。真奈って、すごい。～すごいよ、真奈」と千穂がどのような気持ちで受け止めたかが書かれている。真奈に比べて、千穂はまだ「確かな自分の意志」をもって進路について語れない。そんな自分に悔しさを感じたため、「うつむいて、そっと唇を噛《か》んだ」のである。

問四　直後に「とてもいい香りだ～焼きたてのパンとはまた違った芳《かんば》しい匂い」とある。千穂は何の匂いかわからず「立ち止まったまま視線を辺りに(＝匂いのする方に)巡らせた」。すると、「そこには……。大きな樹」と続く。よってウが適する。

問五　「金色の風景だ～そして、緑の香り」「こんな風景を眺めるたびに、胸がドキドキした。この香りを嗅ぐたびに幸せな気持ちになった。そして思ったのだ。あたし、絵を描く人になりたい」からまとめる。

問六　「芸術科のある高校に行きたい。けれど母の美千恵には言い出せなかった。母からは、開業医の父の跡を継ぐために、医系コースのある進学校を受験するように言われていた」「絵描きになりたい？～夢みたいなこと言わないの。そう、一笑に付されるにちがいない」「お母さんはあたしの気持ちなんかわからない。わかろうとしない」より、アとオが適する。

問七　「緑の香り」は、「この樹の下で～お母さんに抱きしめられた」こと、お母さんが自分を大事に思ってくれていることを思い出させ、「ちゃんと伝えられる自信がなくて～お母さんのせいにして逃げていた。そんなこと、もうやめよう。お母さんに、あたしの夢を聞いてもらうんだ。あたしの意志であたしの未来を決めるんだ」という決意をもたらした。

三 **問一**　「朗《ろう》日はく～ざらんと」の「と」は引用を表す。その前までが王朗《おうろう》の言葉である。

問二　「携へし所」は「携」から「所」に、「捨てんと欲す」は「捨」から「欲」に一文字返って読むので、間に「レ点」を打つ。「人を捨てん」は「人」から「捨」に二文字以上返って読むので、「一・二点」を用いる。「人」に「一点」、「捨」に「二点」を打つ。よってイが適する。

問三　①華歆《かきん》が「すなはち之《これ》を難《はば》む」（＝「ひたすらにこれを断った」）とあることから、「乗せようとしなかった」が入る。②王朗が「何為《す》れぞ可ならざらん」（＝「どうして(もう一人乗せることが)できないと言えるだろうか(いや、言えない)」）と言っていることから、「乗せようとした」が入る。③華歆が「寧《な》んぞ急を以て相棄つべけんや」（＝「どうして急に見捨てることができるであろうか(いや、できない)」）とあることから、「降ろそうとしなかった」が入る。④「王携へし所の人を捨てんと欲す」（＝「王朗は（先ほど乗せた）一緒にいる人を見捨てようとした」）とあることから、「降ろそうとした」が入る。よってエが適する。

【漢文の内容】

華歆・王朗は一緒に船に乗って災難から逃れた。（そこに）一人連れて行ってほしいと頼む者がいた。華歆はひたすらにこれを断った。

王朗が言うことには、幸運なことに（船は）まだ広い、どうして（もう一人乗せることが）できないと言えるだろうか（いや、言えない）と。（その人を乗せて）後に、海賊が追い付いてきたところに王朗は（先ほど乗せた）一緒にいる人を見捨てようとした。華歆が言うことには、もともと（連れて行くことを）ためらった理由は、まさにこのことのためなのである。すでにその頼みを引き受けているのに、どうして急に見捨てることができるであろうか（いや、できない）と。とうとう（その人を）連れて行って助けたことは当初の通りであった。世間の人々はこのことから華歆・王朗の優劣を定めた。

四　問一　小野さんは「そうだね、図書委員としては、一人でも多くの人が本を手に取る機会をつくることで、読書をする人を増やしたいよね」と「中西さんの考えに同意した上で」、「なんとか放課後も貸し出しができる方法はないかな」と、「課題の解決策を検討するように呼びかけている」。よってアが適する。

問二(1)（A）の「ある生徒から寄せられた要望」の「要望」にあたる要点をまとめる。　(2)「図書委員の現状」は、「今の図書委員はみんな放課後に部活動があるから、放課後も貸し出しをするのは難しい」状態。「委員会としての考え」は、「放課後の貸し出しを始めたら、今よりも多くの人が読書をしてくれるようになるんじゃないか」「一人でも多くの人が本を手に取る機会をつくることで、読書をする人を増やしたい」という思い。「対応策」は、「図書委員が部活動の休みの日に交代で、放課後の貸し出しを行う」「放課後の貸し出しを手伝ってくれるボランティアを募集する」という案。これらをまとめる。

《2022　数学　解説》

1　問1(2)　与式$=25-3=22$

(3)　与式$=4\sqrt{5}+2\sqrt{5}=6\sqrt{5}$

問2　$a^2+2ab=a(a+2b)$に$a=7$，$b=-3$を代入すると，$7\{7+2\times(-3))=7(7-6)=7$

問3　$y=-2x+8$にAのy座標の$y=0$を代入すると，$0=-2x+8$　　$2x=8$　　$x=4$

よって，A(4，0)である。

問4　与式より，$3x-2y=5$…①，$-x+4y=5$…②とする。

①×2＋②でyを消去すると，$6x-x=10+5$　　$5x=15$　　$x=3$

②に$x=3$を代入すると，$-3+4y=5$　　$4y=8$　　$y=2$

問5　「$x$kgは10kg以下です」を表せばよいので，$x\leqq 10$

問6　DがABの中点でDE//BCだから，中点連結定理より，EはACの中点なので，

$AE=\frac{1}{2}AC$

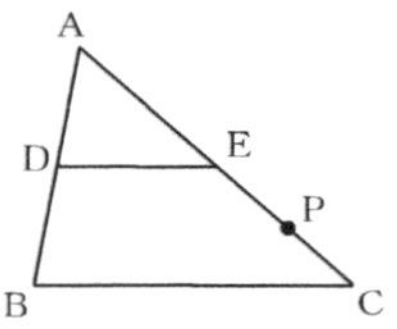

ＡＰ：ＰＣ＝３：１のとき，$\mathrm{AP}=\mathrm{AC}\times\frac{3}{3+1}=\frac{3}{4}\mathrm{AC}$，$\mathrm{PC}=\mathrm{AC}\times\frac{1}{3+1}=\frac{1}{4}\mathrm{AC}$

したがって，$\mathrm{EP}=\mathrm{AP}-\mathrm{AE}=\frac{3}{4}\mathrm{AC}-\frac{1}{2}\mathrm{AC}=\frac{1}{4}\mathrm{AC}$だから，ＥＰ＝ＰＣなので，

ＰはＥＣの中点である。よって，ＥＣの垂直二等分線とＥＣとの交点がＰである。

2 **問１(1)**　箱ひげ図からは，右図のようなことがわかる。

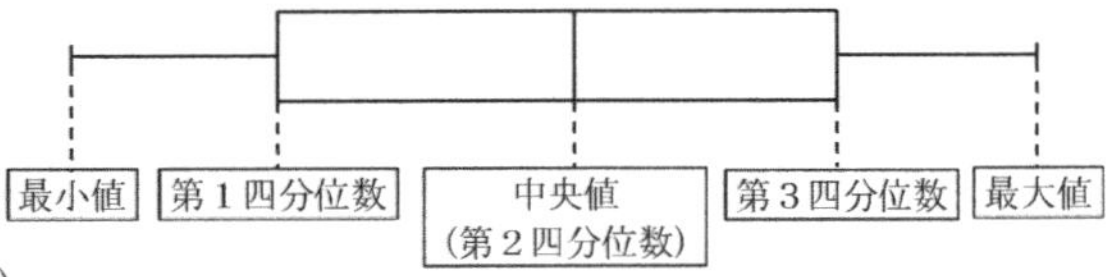

よって，Ｂ組の記録の第３四分位数は8.6秒である。

(2)　ア．(範囲)＝(最大値)－(最小値)だから，

Ａ組は10.3－6.3＝4.0(秒)，Ｂ組は10.5－6.5＝4.0(秒)

なので，適当でない。　　イ．(四分位範囲)＝(第３四分位数)－(第１四分位数)だから，箱の横の長さにあたるので，Ａ組の方が大きい。よって，適当である。　　ウ．箱ひげ図から平均値は読みとれないので，適当でない。

エ．最大値はＢ組の方が大きいので，適当でない。

問２　15人の中央値は，15÷２＝７余り１より，大きさ順に並べたときの８番目の記録である。

Ｂ組では速い方から８番目が7.4秒だから，7.5秒より速い人が少なくとも$_{ア}$8人いる。

Ａ組では速い方から８番目が7.6秒だから，１番目から７番目までの７人は7.6秒以内なので，7.5秒より速い人は最も多くて$_{イ}$7人いる。よって，7.5秒より速い人は$_{ウ}$Ｂ組の方が多いといえる。

3 **問１**　①のグラフはＡを通るから，$y=ax^2$に$x=2$，$y=12$を代入すると，$12=a\times2^2$より，$a=3$

問２(1)(2)　**【解き方】ＡＢとy軸の交点をＣとする。Ａ，Ｂはy軸について対称だから常にＯＡ＝ＯＢとなるので，∠ＡＯＢ＝90°のとき，△ＯＡＢは直角二等辺三角形である。したがって，△ＯＡＣも直角二等辺三角形となり，ＣＯ＝ＣＡとなる。**

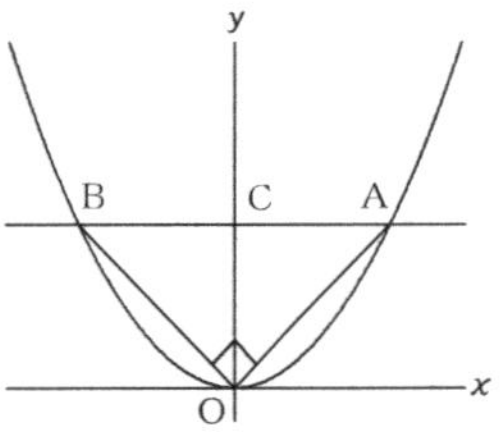

$a=2$のとき，$y=2x^2$にＡのx座標の$x=t$を代入すると，$y=2t^2$となるから，

Ａ$(t,\ 2t^2)$，Ｃ$(0,\ 2t^2)$と表せる。

$\mathrm{CO}=2t^2$，$\mathrm{CA}=t$だから，ＣＯ＝ＣＡより，$2t^2=t$　　$2t^2-t=0$　　$t(2t-1)=0$

$t=0,\ \frac{1}{2}$　　$t>0$より，$t=_{X}\frac{1}{2}$

$y=ax^2$にＡのx座標の$x=t$を代入すると，$y=at^2$となるから，Ａ$(t,\ at^2)$，Ｃ$(0,\ at^2)$と表せる。

$\mathrm{CO}=at^2$，$\mathrm{CA}=t$だから，ＣＯ＝ＣＡより，$at^2=t$　　$at^2-t=0$　　$t(at-1)=0$

$t>0$だから，$t(at-1)=0$が成り立つのは，$at=1$のときである。

よって，ａとｔの$_{Y}$積は常に$_{Z}$1になる。

なお，(2)の説明の最初の２文は以下のようにしてもよい。

円周角の定理の逆より，∠ＡＯＢ＝90°となるのは，ＯがＡＢを直径とする円の円周上にあるときだから，

ＣＯ＝ＣＡのときである。

4 **問１**　△ＡＢＣの内角の和より，∠ＡＢＣ＝180°－90°－40°＝50°　　$\angle\mathrm{DBC}=\frac{1}{2}\angle\mathrm{ABC}=\frac{1}{2}\times50^\circ=25^\circ$

三角形の１つの外角は，これととなり合わない２つの内角の和に等しいから，△ＤＢＣにおいて，

∠ＡＤＢ＝∠ＤＢＣ＋∠ＤＣＢ＝25°＋90°＝115°

問２(1)　$\overset{\frown}{\mathrm{BC}}$に対する円周角と考えて，∠ＢＥＣ＝∠ＢＤＣであれば，円周角の定理の逆が成り立つ。

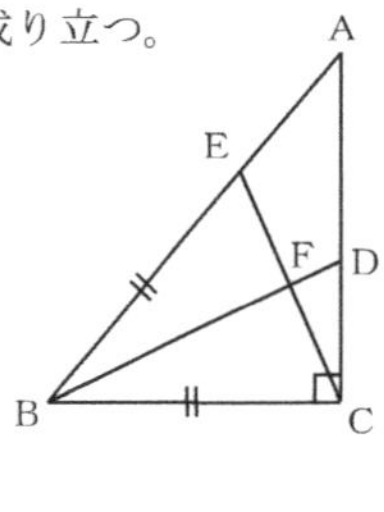

したがって，∠ＢＥＣと∠ＢＤＣをそれぞれ内角に持つ三角形の相似を証明すればよいが，

△ＢＦＥ∽△ＢＣＤとすべきか，△ＢＦＥ∽△ＣＦＤとすべきか悩むところである。

図に等しい角度を表す記号をかきこんでどちらの相似が証明できるかを考えると，

(2)の解答例のようなことがわかるので，△ＢＦＥ∽△ＢＣＤを証明すればよい。

(2)　まず，問題文の仮定を図にかきこんで，証明のために必要な条件を探そう。条件が足りない場合は，問題の内容に応じて，図形の性質，平行線の同位角・錯角，円周角の定理などからわかることもかきこんでみよう。

5　**問1(1)**　三平方の定理より，$AC=\sqrt{OA^2+OC^2}=\sqrt{4^2+(4\sqrt{2})^2}=\sqrt{48}=4\sqrt{3}$(cm)

(2)　**【解き方】長方形ＯＡＢＣと長方形ＯＤＥＢが相似だから，△ＯＡＣ∽△ＯＤＢである。また，長方形の２つの対角線は長さが等しく，互いの中点で交わることを利用する。**

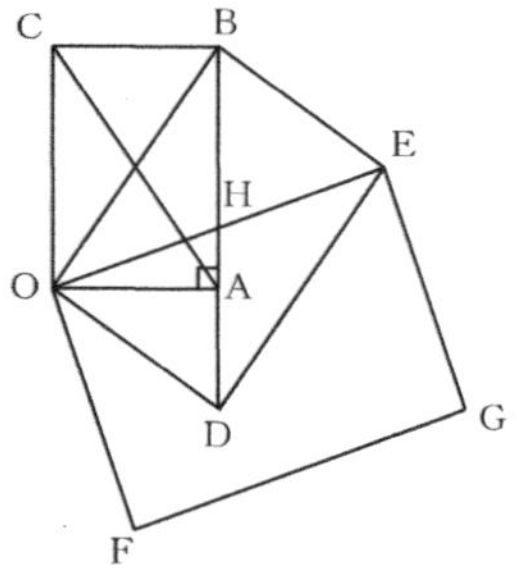

$OB=AC=4\sqrt{3}$cmで，△ＯＡＣ∽△ＯＤＢだから，ＡＣ：ＤＢ＝ＯＣ：ＯＢより，

$4\sqrt{3}:DB=4\sqrt{2}:4\sqrt{3}$　　$DB=\dfrac{4\sqrt{3}\times 4\sqrt{3}}{4\sqrt{2}}=6\sqrt{2}$(cm)

$OH=\dfrac{1}{2}OE=\dfrac{1}{2}DB=\dfrac{1}{2}\times 6\sqrt{2}=3\sqrt{2}$(cm)

三平方の定理より，$AH=\sqrt{OH^2-OA^2}=\sqrt{(3\sqrt{2})^2-4^2}=\sqrt{2}$(cm)

よって，$\triangle OAH=\dfrac{1}{2}\times OA\times AH=\dfrac{1}{2}\times 4\times\sqrt{2}=2\sqrt{2}$(cm²)

問2(1)　**【解き方】$\sqrt{102n}=\sqrt{2\times 3\times 17\times n}$だから，ｎの素因数に２または３または17が含まれているとき，$a\sqrt{b}$の形になる。**

ｎは１＋１＝２以上，６＋６＝12以下の自然数である。

ｎの素因数に２が含まれるとき，ｎ＝２，４，６，８，10，12

ｎの素因数に３が含まれるとき，ｎ＝３，６，９，12　　ｎの素因数に17が含まれることはない。

したがって，求めるｎの値は，ｎ＝２，３，４，６，８，９，10，12

(2)　**【解き方】$\sqrt{102n}=a\sqrt{b}$となる出方の方が多いので，１－($a\sqrt{b}$とならない確率)で求める。**

$\sqrt{102n}=a\sqrt{b}$とならないｎの値は，ｎ＝５，７，11である。ｎがこれらの値となる出方は，右表の○印の12通りである。２つのさいころの目の出方は全部で６×６＝36(通り)あるから，$a\sqrt{b}$とならない確率は，$\dfrac{12}{36}=\dfrac{1}{3}$

よって，$a\sqrt{b}$となる確率は，$1-\dfrac{1}{3}=\dfrac{2}{3}$

		小					
		1	2	3	4	5	6
大	1				○		○
	2			○		○	
	3		○		○		
	4	○		○			
	5		○				○
	6	○				○	

《2022　社会　解説》

1　**問1(1)**　Ａ＝ウ　Ｂ＝ア　Ｃ＝イ　　赤道がアフリカ大陸のビクトリア湖付近，南アメリカ大陸のアマゾン川河口付近を通ることから，Ｂがアフリカ大陸と判断する。そうすれば，北半球に位置するユーラシア大陸，南半球に位置するオーストラリア大陸を導くのは容易である。　**(2)**　アジア　　ヒンドゥー教徒がインドとその周辺諸国にいることから判断できる。また，世界人口の半分以上であることからも，人口１位と２位の中国・インドを含むアジアと判断できる。

問2(1)　文字　　Ａはエジプト文明のヒエログリフ(神聖文字)，Ｂはメソポタミア文明のくさび形文字，Ｃはインダス文明のインダス文字，Ｄは中国文明の甲骨文字。　**(2)**　語句＝応仁の乱　記号＝ウ　　カードの祭りは祇園祭である。応仁の乱によって中断していた祇園祭は，京都の有力な町衆たちによって復活された。

(3)　イ→ア→ウ　　イ(聖徳太子の頃)→ア(唐の成立・618年)→ウ(大化の改新・645年～)　年号は覚えていなくても，聖徳太子らが小野妹子を遣隋使として送ったこと，大化の改新を行った中大兄皇子(天智天皇)が，白村江で唐と戦ったことなどを覚えていれば，イ→ア→ウと判断できる。

問3(1)　記号＝イ　国の名＝ドイツ　　資料１は，世界で初めて生存権(社会権)の保障を定めたワイマール憲法である。ドイツ帝国滅亡後に成立したドイツ共和国(ワイマール共和国)の憲法で，ヴァイマル憲法とも呼ばれる。

(2)　資本主義経済が発達するとともに，経済的格差が生じるようになった。そのため，20世紀になって成立した生存権は，20 世紀的基本権とも呼ばれている。資料から読み取る問題として難易度が高かった。

問4(1)　①ア　②＝城下　　等高線ではなく，河川と道路の曲線のふくらみから判断すればアの方向からとわかる。竹田城は，「天空の城」「日本のマチュピチュ」と呼ばれる山城であった。　(2)　①＝イ　②＝ア　③＝イ　　日本列島・ロッキー山脈・アンデス山脈・ニュージーランドなど，太平洋をとりまく造山帯を環太平洋造山帯と呼ぶ。環太平洋造山帯は，火山活動が活発で地震が多い。河川が山地から平野に出るところに扇状地，河口付近に三角州が形成される。扇状地は水はけがよいので果樹栽培に適し，三角州は水持ちがよいので稲作に適する。

(3)　Ⅰ群＝イ　Ⅱ群＝キ　　河川の土砂や石が豪雨によって下流に押し流されて土石流が発生する。津波は地震，火砕流は火山活動(火山の噴火)などで発生する。よって，地図は山が見られるキを選ぶ。

問5(1)　サンフランシスコ　　サンフランシスコ平和条約に調印するとともに，アメリカとの間に日米安全保障条約に調印し，アメリカ軍が日本に駐留することとなった。

(2)　イ，ウ　　日ソ共同宣言では，平和条約締結後の歯舞群島と色丹島の２島返還に同意したが，日本政府は４島まとめての返還を求めている。アは択捉島，エは国後島であり，４島をまとめて北方領土と言う。

問6(1)　組合　　労働時間などの労働条件の最低基準を定めた労働基準法，労働者が労働組合をつくり，会社と交渉できることを保障した労働組合法，労働者と使用者の間で起きる争いごとの予防と解決を目的とした労働関係調整法の３法を「労働三法(労働基本法)」と言う。労働者には，組合をつくる団結権，組合が会社側と話し合う団体交渉権，組合がストライキなどを起こす団体行動権の労働三権(労働基本権)がある。　(2)　ウ　　アメリカもドイツも「能力を高める機会があること」は 20%を超えている。

問7　①＝ア　②＝イ　語句＝均衡　　需要量(買いたい量)が供給量(売りたい量)を上回ると，品不足が生じるので，価格が高くても買う人が現れる。右図で，価格がDのとき，需要量の方が供給量より多いので品不足が生じて価格は上昇する。逆に価格がCのとき，供給量の方が需要量より多いので売れ残りが生じて価格は下落する。市場では，需要量と供給量のバランスで価格が変動し，時間をかけて均衡価格に近付いていく。

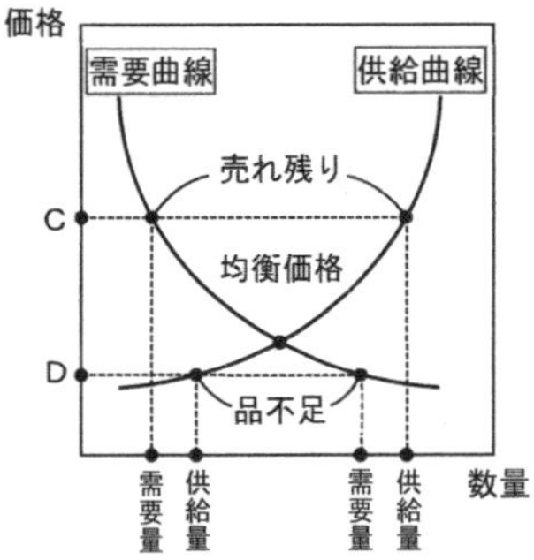

2　**問1**　(1)ア　(2)イ　　源頼朝が源義経探索を理由として，全国に守護と地頭を置くことを朝廷に認めさせた。国ごとに置かれた守護は御家人を統率する軍事と警察を担当し，荘園事に置かれた地頭は土地の管理や年貢の取り立てを担当した。鎌倉時代は女性にも分割相続が行われたため，御家人の領地は相続が行われるたびに細分化し，所領は小さくなっていった。

問2　「村人たちの集まりで議決し」＝惣における寄合での話し合いを読み取り，自治都市堺から，解答例のように書く。自治という語句は必ず盛り込みたい。

問3　(1)イ　(2)ア　内容＝交換する比率　　幕府は財政が苦しくなると，金の含有量が少ない金貨を発行することで，発行量を増やし財政を立て直そうとした。しかし，質の悪い金貨を発行すると，小判の価値が下がることで物価が上昇していった。金と銀の交換比率は，日本が１：５，海外が１：15 であった。日本と海外の金銀の交換比率の違いから，海外の銀を日本に持ち込み，日本で金に両替して金を海外に持ち出し海外で銀に両替するだけで，もとの銀の３倍の銀を得ることができた。そのため，海外の商人が日本に多くの銀を持ちこみ，大量の金が日本から流出した。

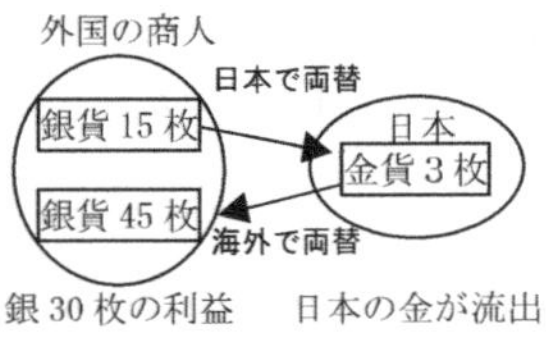

問4　a＝ロシア　b＝アメリカ　記号＝ア　　資料3は日露戦争前の日本とロシアの関係，資料4は日露戦争後のポーツマス条約の締結を表している。ロシアは冬でも凍らない港を求めて領土を南に拡大する南下政策を進めていた。

大陸進出をねらう日本と韓国・満州を争う形となり，1904 年に日露戦争が起きた。アメリカのT．ルーズベルト大統領の仲介で，アメリカ東部のポーツマスで講和条約に調印した。日本が韓国を支配すること・リャオトン半島の租借権・南満州鉄道の権益の日本への譲渡・南樺太の譲渡など，日本に有利な内容であったが，賠償金が取れなかったために，大きな犠牲や増税に耐えて戦争に協力してきた国民にとって強い不満となり，日比谷焼き打ち事件などが起きた。

問5　(1)ア　(2)ウ　　1931 年，奉天(現在の瀋陽)付近の柳条湖で，日本の関東軍が南満州鉄道を爆破する柳条湖事件が起きた。日本軍は中国軍の仕業であるとして攻撃を始め，戦線を広げないという方針を日本政府が表明したにもかかわらず，軍事行動を拡大し，約半年で満州の大部分を占領した(満州事変)。続いて日本軍が清の最後の皇帝溥儀を元首とする満州国を建国すると，多くの移民が日本から満州に渡った(満蒙開拓団)。国際連盟はリットン調査団を満州に派遣し，調査団の報告をもとに，「満州国建国を認めないこと，日本軍の満州からの撤退」を決議した。この決議を受け入れなかった日本は，国際連盟を脱退し，国際社会から孤立していった。

問6　小作とは，土地を持たない農民(小作人)が，地主から土地を借りて耕作をし，小作料を支払う制度。高い小作料と諸費用を除くと手元に残るお金はわずかになるので，小作料の減免を求める小作争議が起きた。世界恐慌の影響を受けたことは必ず盛り込むこと。

3　**A問1**　A＝ア　B＝ウ　C＝エ　D＝イ　　A．「インカ文明」から南アメリカ大陸のペルーあたりと判断する。B．「ヒンドゥー教」からインドと判断する。C．「ブドウ」「キリスト教」から，地中海沿岸と判断する。

D．「13 世紀に大帝国を築いた」＝元からモンゴルと判断する。

問2　語句＝輸出　記号＝ア　　海外へ製品を輸出するためには沿岸部の方がコストがかからないので，海岸部から遠い北部に工場は立地しにくいと判断する。

問3　エ　　表から地熱発電がさかんな国にはすべて火山(▲)のマークがあることを読み取る。そうすれば，ブラジル・イギリス・南アフリカには火山のマークがなく，イタリアにあることからイタリアと判断する。

B問1　い＝a　え＝c　　内陸県は養殖漁業収穫量が少ないので，aとbが埼玉県(い)と滋賀県(う)である。関東内陸工業地域にある埼玉県の方が外国人労働者数は多いからaが埼玉県，bが滋賀県である。残ったcとdのうち，米の収穫量が多いdを岩手県(あ)，少ないcを高知県(え)と判断する。

問2(1)　地方から都市部に人々が移り住み，都市部では過密化，地方では過疎化が進んだ。グラフ1とグラフ2を見比べると，1975 年の千里ニュータウンは，明らかに0歳～14 歳の人口割合が高いこと，2005 年は，65 歳以上の高齢者の割合が高いことが読み取れる。　(2)　ウ　　豊中市の職員の「若い家族も増えた」から，小学校の児童数が 2010 年代に持ち直し始めたウを選ぶ。

4　**問1**(1)　イ　　自由競争が進むと価格は下がる傾向にある。電気を売る企業が大企業だけになったり，一社だけになったりすると，価格競争が起きにくくなり，電気料金は下がりにくくなる。また，新たな企業の参加が見込めないと，価格競争が起きにくくなり，電気料金は下がりにくくなる。　(2)　A＝ア　B＝エ　　効率は「社会全体で無駄を省くこと」だから，生徒Aの意見は効率を重視している。公正には，「手続きの公正(みんなが参加しているか)」「機会の構成(みんなの意見が出されているか)」「結果の公正(利益を受けている人・不利益を受けている人がいないか)」があるから，生徒Bは公正を重視している。

問2　①＝自由　②＝ア　③＝イ　　規制を緩和し貿易を妨げるしくみを取り除いた貿易を自由貿易と言い，規制を強化し関税を引き上げる貿易を保護貿易と言う。ＦＴＡは自由貿易協定，ＮＧＯは非政府組織の略称である。

問3　それぞれの立場に立った時，相手を批判する内容となっていればよい。先進国側は，発展途上国の二酸化炭素排出量が増えてきていること，発展途上国側は，これまで多くの二酸化炭素を先進国が排出してきたことを，批判的にアピールすればよい。京都議定書の内容である，先進国だけに二酸化炭素の排出削減義務が課されたことは必ず盛り込む。

問4　ア，オ　　イは知的財産権(著作権)の保護，ウは環境保全のためのエコマーク，エは発展途上国の生産者と経営者の自立を促すフェアトレード，カは自己決定権に関わるドナーカード。

問5　512 人以上　　有権者が 40 万人未満の場合，条例の制定を請求するために必要な署名数は，有権者の 50 分の 1 以上である。よって，25600÷50＝512(人)以上の署名を集めて，首長に提出する。

《2022　理科　解説》

1 **問2**　５回打点するのに１×$\frac{5}{50}$＝0.1(秒)かかるから，平均の速さは4.2÷0.1＝42(cm/ｓ)である。

問3　化学反応式でかくと，〔$Mg \rightarrow Mg^{2+} + 2e^-$〕となる。

問4　花の外側からＢ(がく)，Ｃ(花弁)，Ａ(おしべ)，Ｄ(めしべ)である。

問5　地層は，ふつう，古いものほど下に堆積している。示準化石であるアンモナイトの化石が見つかった砂岩の層のＢとＩは同じ時代に堆積したと考えられるから，ＣとＪ，ＤとＫ，ＥとＬはそれぞれ同じ時代に堆積したと考えられる。よって，最も古い層は露頭Ｐの最も下にあるＦと考えられる。

2 **問1(1)**　根から吸収した水や水にとけた養分が通る管が道管(Ａ)であり，道管の外側には葉でつくられた栄養分が運ばれる師管(Ｂ)がある。また，道管と師管が集まった束は維管束である。　**(2)**　キクなどの双子葉類の維管束は図２のように輪状に並び，茎を縦に切ると，赤く染まった道管はイのように見える。また，アスパラガスなどの単子葉類の維管束は図１のように散在していて，茎を縦に切ると，赤く染まった道管はアのように見える。

問2(2)　①花の有無だけが異なるＡとＣを比較すればよい。　②花の蒸散量は，ＡとＣの水の減少量の差の2.7－2.2＝0.5(cm^3)である。また，葉の蒸散量は，葉の有無だけが異なるＡとＢの水の減少量の差の2.2－0.3＝1.9(cm^3)だから，葉の蒸散量は花の1.9÷0.5＝3.8(倍)である。

3 **問1**　マッチの火を近づけたときに音を立てて燃える気体は水素である。塩酸の溶質は塩化水素であり，塩化水素は水に溶けると水素イオンと塩化物イオンに電離する〔$HCl \rightarrow H^+ + Cl^-$〕。水素イオンは陽イオンだから，陰極(電極Ａ)に向かって移動し，陰極で電子を１個受けとって水素原子となり，それが２個結びついて水素分子となる〔$2H^+ + 2e^- \rightarrow H_2$〕。これに対し，塩化物イオンは陰イオンだから，陽極(電極Ｂ)に向かって移動し，陽極で電子を１個放出して塩素原子となり，それが２個結びついて塩素分子となる〔$2Cl^- \rightarrow Cl_2 + 2e^-$〕。塩酸の電気分解〔$2HCl \rightarrow H_2 + Cl_2$〕では，生じる水素分子と塩素分子の数(体積)は等しいが，水素は水に溶けにくく，塩素は水に溶けやすいため，集まる気体の体積に差が生じる。

問2(1)　塩化銅は水に溶けると銅イオンと塩化物イオンに電離する〔$CuCl_2 \rightarrow Cu^{2+} + 2Cl^-$〕。銅イオンは陽イオンだから，陰極(電極Ｃ)向かって移動し，陰極で電子を２個受けとって銅原子となる〔$Cu^{2+} + 2e^- \rightarrow Cu$〕。また，陽極(電極Ｄ)では実験１の電極Ｂと同じ反応が起こる。これにより，水溶液中のイオンの数は減っていくが，水溶液の色がうすくなった(無色になっていない)ことから，塩化銅水溶液の青色の原因である銅イオンがまだ残っている状態だと考えられる。

問３　②ＢＴＢ溶液は酸性で黄色，中性で緑色，アルカリ性で青色を示す。　③電極Ｄ付近の水溶液には塩素が溶けているので，Ｑの水溶液でＢＴＢ溶液の色が消えたのと同じように，Ｒの水溶液でもＢＴＢ溶液の色が消えたと考えられる。よって，黄色になった後のうすい青色は塩化銅水溶液の色と考えられる。

4　問１(1)　電熱線に対し，電流計は直列に，電圧計は並列につなぐ。　(2)　図２より，電圧が４Ｖのとき，ａの電流の大きさは0.4Ａ，ｂの電流の大きさは0.2Ａだから，0.4÷0.2＝２(倍)であり，ａの方が抵抗が小さいとわかる。

問２(1)　ａとｂが並列につながれているから，ａとｂに加わる電圧は等しく，電流計の示す値はａとｂのそれぞれに流れる電流の大きさの和である。よって，電圧計の示す値が４Ｖのとき，電流計の示す値は0.4＋0.2＝0.6(Ａ)であり，電流の大きさは電圧に比例するから，(電圧，電流)＝(０Ｖ，０Ａ)，(４Ｖ，0.6Ａ)の２点を通る直線のグラフをかけばよい。　(2)　電源の電圧は同じだから，豆電球と直列つなぎになっている電熱線の抵抗が小さいほど豆電球に加わる電圧が大きくなり，豆電球が明るく点灯する。エでは豆電球と直列つなぎになっている電熱線がない。アではａとｂは並列つなぎになったものと直列つなぎになっていて，２つの電熱線を並列つなぎにしたときの合成抵抗は，それぞれの電熱線の抵抗よりも必ず小さくなる。イではａと，ウではｂと直列つなぎになっていて，ａとｂではａの方が抵抗が小さい。よって，豆電球が明るく点灯する順に，エ→ア→イ→ウとなる。

5　問２(2)　冬になるとシベリア高気圧が発達し，中心から日本に向かって北西の乾いた風がふき出す。この風が日本海上で大量の水蒸気をふくむことで，日本海側に大量の雪を降らせる。太平洋側には水蒸気を失った空気が流れこむので，乾燥した晴れの日が続くことが多い。　(3)　①Ａ市の２時の気温である－７℃のときの飽和水蒸気量は3.0ｇ/㎥であり，このとき湿度は90％だから，空気１㎥中にふくまれている水蒸気量は3.0×0.9＝2.7(ｇ)である。②－16℃のときの飽和水蒸気量は1.5ｇ/㎥だから，空気１㎥あたり2.7－1.5＝1.2(ｇ)の水滴を生じる。　③Ｂ市に移動してきて水滴を生じた後，気温が－５℃まで上昇しても，空気１㎥あたりにふくまれる水蒸気量は1.5ｇのまま変化しない。－５℃のときの飽和水蒸気量は3.4ｇ/㎥だから，湿度は$\frac{1.5}{3.4}\times 100 = 44.11\cdots \rightarrow 44.1$％になる。

《2022　英語　解説》

1　問１　No.１　質問「ジョンはどんな動物が好きですか？」…Ａ「ジョン，動物園にはたくさんの種類の動物がいるわね」→Ｂ「そうだね，メアリー。僕はトラが好きだから，まずトラを見たいよ」→Ａ「わかったわ。そのあと，ゾウを見たいわ」より，アが適当。　No.２　質問「クミは何を作っていますか？」…Ａ「折り紙で何を作っているの，クミ？山みたいだね」→Ｂ「これは昔の日本の帽子の一種だよ，マイク。もっと大きな紙で作れば，頭にかぶることができるよ」→Ａ「それはとても興味深いね！ひとつ作ってみるよ」より，ウが適当。　No.３　質問「ケンの机はどこにありますか？」…Ａ「あなたの机は教室のどこにあるの，ケン？」→Ｂ「今は黒板の近くに座っていて，ミホの隣だよ」→Ａ「自分の場所は気に入ってる？」→Ｂ「うん。机が窓際にあるから，とても明るいよ」より，アが適当。

問２　No.１　真理「デイブ，母の誕生日に何を買えばいいかな？」→デイブ「うーん，このカップはどうかな？素敵だよ」→真理「エそうね。母はそれを気に入ると思うわ」　No.２　真理「今度の日曜日にバスケットボールの試合があるの。試合を見に来ない，デイブ？」→デイブ「もちろん行くよ！試合は何時に始まるの，真理？」→真理「イ10時に始まるわ」が適当。　No.３　真理「これはこの町で一番大きい公園よ。ここでジョギングやスポーツを楽しむことができるわ」→デイブ「すごいね。見て，大きな花壇があるよ。見に行こう」→真理「アいい考えね」　No.４　真理「雨が降りそうね，デイブ。私は今傘を持っていないわ。持ってる？」→デイブ「いや，ないよ。でも，駅まで走れば大丈夫だと思うよ」→真理「ウわかったわ，行きましょう」

問３　【放送文の要約】参照。

【放送文の要約】

今日は私の国のクリスマスについて皆さんにお話しします。

オーストラリアは夏なので，雪のないクリスマスを迎えます。クリスマスはたいていとても暑いので，私たちは屋外で家族とパーティーを開きます。また，No.1 イ「7月のクリスマス」というもう1つのクリスマスもあります。私たちの国では7月は冬なので，冬にもクリスマスを楽しむことができます。

去年は日本でクリスマスを過ごしました。私は家でパーティーを楽しみ，日本のクリスマスとオーストラリアのクリスマスの間にいくつかの違いを発見しました！日本のクリスマスツリーは赤や金のようなカラフルな色をしていましたが，私の国では，ふつう青，白，緑を使います。そして，No.2 ウ日本で食べたクリスマスケーキは私たちのものとは違っていました。私の国のクリスマスケーキはもっとたくさんの果物が入っています。

No.3 エ私たちのクリスマスが日本のクリスマスと違うことを知ってとても興味深いです。私は他のイベントの違いについてもっと知りたいです。

問4　【放送文の要約】参照。

No.1　質問「智也はどこで釣りを楽しみましたか？」…「彼は湖の上の(＝on the lake)テントの中でそれを楽しみました」が適当。　No.2　質問「智也の父は釣りをやめたあと，何をしましたか？」…「彼は魚を調理し(＝cooked fish)，智也と一緒にそれらを食べました」

【放送文の要約】

私の町には大きな湖があります。毎年冬になると，湖の水は凍ります。ある日，私は父と一緒に湖に釣りに行きました。No.1 私たちはそこにテントを張って，テントの中で釣りを始めました。最初は魚が釣れなかったので，父に釣りのやり方を教えてもらいました。すると，私は1匹釣ることができ，父は微笑みました。2時間後，私たちは約30匹捕まえました。No.2 父は釣りをやめてそれらを調理し始めました。魚は美味しく，父と一緒に氷の上で食べるのは格別でした。初めての体験でとても楽しかったです。

また父と釣りに行きたいです！

2　問1(1)　「はじめまして」＝Nice to meet you.　(2)　Here you are.「どうぞ」は相手に何かを手渡すときの表現。

問2(1)　「トムは先週美しい写真を撮りました(＝took)」…文末に last week「先週」があるので，過去の文にする。

(2)　「トムは今，ケンに写真を見せています(＝is showing)」トムがケンに写真を見せている。文末に now「今」があるので，〈be 動詞＋～ing〉「～している」の現在進行形の文にする。

「(人)に(もの)を見せる」＝show＋もの＋to＋人

問3　質問に対して自由に答える問題。1文で答えること。　(1)　「あなたの誕生日はいつ？」…「(例文) 7月4日だよ」　(2)　「この歌をどう思う？」…「(例文)すばらしいね」

3　A問1(1)　「北海駅からスタジアム駅まで電車で約□かかります」…案内図の2 Train ＆ Walking「電車と徒歩」より，全体で 15 分かかる。そのうちホテルから北海駅までとスタジアム駅から北海スタジアムまでそれぞれ徒歩で5分かかるので，電車の時間は約 $15-5\times2=5$ (分)である。　(2)　「□がグループでスタジアムへ行く場合，定額のタクシーを使う方が電車を使うよりも安いです」…案内図の3 Flat Rate Taxi「定額のタクシー」より，定額のタクシー(乗車定員4人)を使ったときの運賃は 750 円である。案内図の2 Train ＆ Walking より，電車の運賃はア $200\times3=600$(円)，イ $200\times2+100\times2=600$(円)，ウ $200\times3+100\times1=700$(円)，エ $200\times4=800$(円)だから，エ「大人4名」の場合は定額のタクシーの方が安い。

問2　「あなたはステーションホテルからスタジアムまでどのようにして行きたいですか？そしてそれはどうしてですか？」…案内図の1～4の中から交通手段を選び，理由を含む1文で答える。(例文)「私は電車を使いたいです。なぜなら，北海駅にあるレストランで昼食を食べることができるからです」

B【本文の要約】参照。

問1　ア×「真司はホームステイをしているとき，毎日ティムの家族と朝食を食べました」…本文にない内容。イ「真司の家族とティムの家族は，普段から朝食に×ほとんど同じものを食べます」　ウ○「ティムのクラスメートは台湾では多くの人が家の外で朝食を食べると言いました」　エ「ティムは真司に×世界中の人々の朝食の違いについて言いました」

問2　本文では，さまざまな国の朝食文化について書かれている。ア「朝のさまざまな文化」が適当。

問3　「真司の母は朝食について，いつも真司に何を言っていますか？」…第2段落2～3行目を引用して答える。me を him に変えること。

【本文の要約】

3年前，私はカナダを訪問し，そこでホームステイをしました。初日，ホストマザーが家族のルールを説明してくれました。私は彼らが普段，家族と一緒に朝食を食べないことに驚きました。ホストブラザーのティムは「僕たちはいつも，果物やオートミールのようなシンプルで栄養のある朝食を自分たち自身で食べるんだ。これはカナダでは一般的なスタイルだと思うよ」と言いました。

日本にいる私の家族では，母がほとんど毎日，私たちに朝食を作ってくれます。私はよく家族と共にご飯や味噌汁，ちょっとしたおかずを食べます。問3母はいつも私が健康でいるためには，朝食が一番大切だと言っています。私は自分の家族のスタイルが普通だと思っていたので，ティムの家族のスタイルがいいとは思いませんでした。

私はその違いに興味があったので，ティムのクラスの台湾出身の女の子に地元の朝食について聞いてみました。そして，また驚きました。問1ウ彼女は私に「台湾では，普段家で朝食を食べないわ。台所すらない家庭もあるの。多くの人が，食品店で朝食を食べるか，何かを買って会社や学校で食べるわ」と言いました。

それがわかってから，世界には朝食のスタイルがたくさんあり，そのスタイルはそれぞれの文化の一部であることに気づきました。今，私は世界中の様々な文化を知りたいと思っています。

C【本文の要約】参照。

問1　直後のルーカスの発言より，アが適当。

問2　ア「ルーカスは×韓国にいる家族と話すために，ウェブ会議システムを使ったことがあります」　イ○「ルーカスは家族からの手書きの絵はがきを読むと心が温かくなります」　ウ「直樹によると，叔父のドローンは×畑に肥料と水を与えるそうです」　エ○「直樹の叔父は畑で問題のある場所を見つけるためにAIを使います」　オ「直樹は，叔父がドローンから得たデータをキャベツの栽培に×使うことはできないと言っています」

問3(1)　「ウェブ会議システム」，「AIやドローン」は new technologies「新しい技術」に含まれる。

(2)　直樹の7回目の発言より，experience が入る。　**(3)**　直樹の最後の発言より，decide が入る。

問4　【ルーカスが書いた日記の一部の要約】参照。ルーカスはギターを買いたいと思っている。インターネットではできないこと，実際に店に行かないとできないことを考えて答える。「弾く」＝play が入る。

【本文の要約】

直樹　　：やあ，ルーカス。今日の英語の授業は面白かったね。ウェブ会議システムを利用するのは初めてだったけど，とても面白かったよ。

ルーカス：そうだね。問1ア僕は韓国の生徒とインターネットで話をするのが楽しかったよ。

直樹　　：このウェブ会議システムを使えば，お互いに話したり顔を見たりすることができる。この情報技術は，僕らが良いコミュニケーションを取るのに役立つね。

ルーカス：そうだね。僕はシンガポールの家族と話すのに時々このシステムを使うよ。

直樹　　：わあ，君はもう日常生活でもこのシステムを使っていたんだね。

ルーカス：そうだよ。とても便利だよね。でも問2イ家族は時々シンガポールの写真が入った手書きの絵はがきを送ってくれるよ。絵はがきはいつも僕の心を温かくし，自分の国を思い出させてくれるよ。だから，新しい技術も伝統的なものも僕にとって大切だよ。

直樹　　：君の言っていることはわかるよ。君の話を聞くと叔父の仕事を思い出すんだ。彼は農家で，長い間，自分の広い畑でキャベツを育ててきた。彼の重要な仕事のひとつは，問題のある場所を見つけるために全ての畑を自分でチェックすることだけど，それにはとても時間がかかるんだ。そこで彼は今，新しい技術を導入しようとしている。彼はドローンとＡＩを使っているんだ。彼のドローンは畑の写真を撮るために使われ，データはＡＩに送信される。次に，問2エＡＩがデータを利用して，どの場所に問題があるかを見つけるんだ。

ルーカス：わあ，すごいね。彼は問題のある場所だけをチェックするから，仕事が楽になってきているね。

直樹　　：僕もそう思うよ。でも叔父は，なぜその場所に問題があるのかを示すことができないという点で，ＡＩは十分ではないと言っているよ。

ルーカス：どういうこと？

直樹　　：ＡＩによって，いくつかの場所でキャベツが小さくなるなどの共通の問題があることがわかったとしても，その問題の原因は場所によって異なることがあるんだ。肥料がもっと必要な場所もあれば，水がもっと必要な場所もある。

ルーカス：そうなの？じゃあ，叔父さんはその理由をどうやって知るの？

直樹　　：彼は問題のある場所に行き，過去の問3(2)経験(＝experience)から得た知識でその理由を探すんだ。彼は過去の畑での同じような状況を覚えているよ。

ルーカス：おお，それは興味深いね！

直樹　　：そうだね。僕は彼が新しい技術と自分の知識を効果的に使っていると思うよ。

ルーカス：その通りだね。どちらも叔父さんの仕事に役に立つものだね。だから，それらのどちらがよりいいのか考える必要はないよ。

直樹　　：そうだね。僕たちにとって，新しい技術や伝統的なものをいつ，どのように使うかを問3(2)判断する(＝decide)ことが大切だね。

【ルーカスが書いた日記の一部の要約】

直樹と話をしたあと，別の話を思い出しました。僕は新しいギターを探していて，インターネットでいいギターをいくつか見つけました。しかし，買う決心ができませんでした。なぜならインターネットでは弾く(＝play)ことができないからです。そこでそれらを弾く(＝play)ためにお店に行きました。店員がアドバイスをしてくれました。最終的に一番いいものを買うことができました。

4　【放送内容の一部の要約】参照。

(1)　自己紹介の英文を２文で答える。主語と動詞を含む文にすること。

(2)　①～③の内容を含む 24 語以上の英文で答える。無理に難しい表現は使わなくてもいいので，文法・単語のミスがないこと，そして内容が一貫していることに注意しながら文を書こう。書き終わった後に見直しをすれば，ミスは少なくなる。

(3)　(2)の出来事を受けての自分の気持ちを答える。

【放送内容の一部の要約】

番組の次のコーナーは『あなたはいいことをしましたね！』です。このコーナーではみなさんが日常生活でした他人への親切な行動を読みあげます。今日はワサビさんからのお話です。では，読みます！

こんにちは，私はワサビです。(1)(例文) 私は15歳です。私は中学生です。

私のお話を紹介します。(2)(例文)ある日，駅で幼い女の子が泣いていたので，私は彼女と一緒に彼女の母親を探しました。すると，すぐに母親が見つかりました。

私は(3)(例文)うれしかったです。

ワサビさんありがとうございました。いいことをしましたね。オリジナルステッカーをさしあげます！

■ ご使用にあたってのお願い・ご注意

（1）問題文等の非掲載

著作権上の都合により，問題文や図表などの一部を掲載できない場合があります。

誠に申し訳ございませんが，ご了承くださいますようお願いいたします。

（2）過去問における時事性

過去問題集は，学習指導要領の改訂や社会状況の変化，新たな発見などにより，現在とは異なる表記や解説になっている場合があります。過去問の特性上，出題当時のままで出版していますので，あらかじめご了承ください。

（3）配点

学校等から配点が公表されている場合は，記載しています。公表されていない場合は，記載していません。

独自の予想配点は，出題者の意図と異なる場合があり，お客様が学習するうえで誤った判断をしてしまう恐れがあるため記載していません。

（4）無断複製等の禁止

購入された個人のお客様が，ご家庭でご自身またはご家族の学習のためにコピーをすることは可能ですが，それ以外の目的でコピー，スキャン，転載（ブログ，ＳＮＳなどでの公開を含みます）などをすることは法律により禁止されています。学校や学習塾などで，児童生徒のためにコピーをして使用することも法律により禁止されています。

ご不明な点や，違法な疑いのある行為を確認された場合は，弊社までご連絡ください。

（5）けがに注意

この問題集は針を外して使用します。針を外すときは，けがをしないように注意してください。また，表紙カバーや問題用紙の端で手指を傷つけないように十分注意してください。

（6）正誤

制作には万全を期しておりますが，万が一誤りなどがございましたら，弊社までご連絡ください。

なお，誤りが判明した場合は，弊社ウェブサイトの「ご購入者様のページ」に掲載しておりますので，そちらもご確認ください。

■ お問い合わせ

解答例，解説，印刷，製本など，問題集発行におけるすべての責任は弊社にあります。

ご不明な点がございましたら，弊社ウェブサイトの「お問い合わせ」フォームよりご連絡ください。迅速に対応いたしますが，営業日の都合で回答に数日を要する場合があります。

ご入力いただいたメールアドレス宛に自動返信メールをお送りしています。自動返信メールが届かない場合は，「よくある質問」の「メールの問い合わせに対し返信がありません。」の項目をご確認ください。

また弊社営業日（平日）は，午前９時から午後５時まで，電話でのお問い合わせも受け付けています。

2025 春

株式会社教英出版
〒422-8054　静岡県静岡市駿河区南安倍３丁目 12-28
TEL　054-288-2131　　FAX　054-288-2133
URL　https://kyoei-syuppan.net/
MAIL　siteform@kyoei-syuppan.net

教英出版　2025年春受験用　高校入試問題集

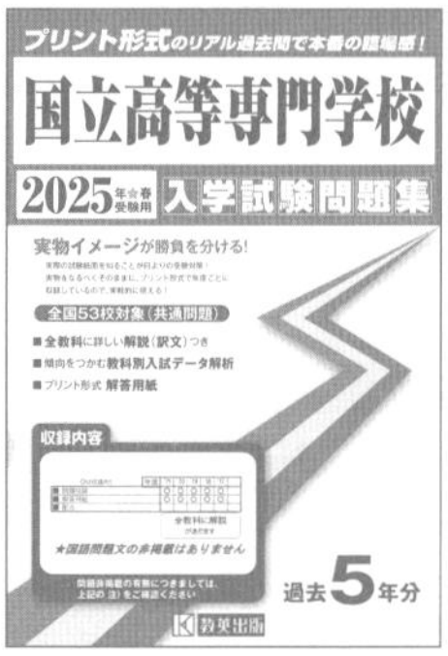

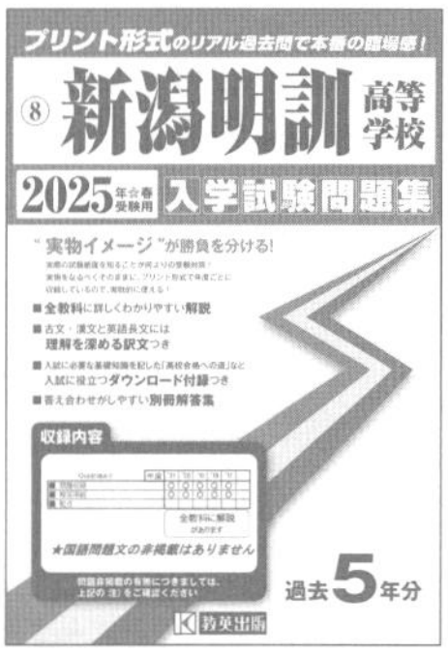

公立高等学校問題集

北海道公立高等学校
青森県公立高等学校
宮城県公立高等学校
秋田県公立高等学校
山形県公立高等学校
福島県公立高等学校
茨城県公立高等学校
埼玉県公立高等学校
千葉県公立高等学校
東京都立高等学校
神奈川県公立高等学校
新潟県公立高等学校
富山県公立高等学校
石川県公立高等学校
長野県公立高等学校
岐阜県公立高等学校
静岡県公立高等学校
愛知県公立高等学校
三重県公立高等学校(前期選抜)
三重県公立高等学校(後期選抜)
京都府公立高等学校(前期選抜)
京都府公立高等学校(中期選抜)
大阪府公立高等学校
兵庫県公立高等学校
島根県公立高等学校
岡山県公立高等学校
広島県公立高等学校
山口県公立高等学校
香川県公立高等学校
愛媛県公立高等学校
福岡県公立高等学校
佐賀県公立高等学校
長崎県公立高等学校
熊本県公立高等学校
大分県公立高等学校
宮崎県公立高等学校
鹿児島県公立高等学校
沖縄県公立高等学校

公立高 教科別8年分問題集

(2024年～2017年)

北海道(国·社·数·理·英)
宮城県(国·社·数·理·英)
山形県(国·社·数·理·英)
新潟県(国·社·数·理·英)
富山県(国·社·数·理·英)
長野県(国·社·数·理·英)
岐阜県(国·社·数·理·英)
静岡県(国·社·数·理·英)
愛知県(国·社·数·理·英)
兵庫県(国·社·数·理·英)
岡山県(国·社·数·理·英)
広島県(国·社·数·理·英)
山口県(国·社·数·理·英)
福岡県(国·社·数·理·英)

国立高等専門学校 最新5年分問題集

(2024年～2020年·全国共通)

対象の高等専門学校

釧路工業·旭川工業·
苫小牧工業·函館工業·
八戸工業·一関工業·仙台·
秋田工業·鶴岡工業·福島工業·
茨城工業·小山工業·群馬工業·
木更津工業·東京工業·
長岡工業·富山·石川工業·
福井工業·長野工業·岐阜工業·
沼津工業·豊田工業·鈴鹿工業·
鳥羽商船·舞鶴工業·
大阪府立大学工業·明石工業·
神戸市立工業·奈良工業·
和歌山工業·米子工業·
松江工業·津山工業·呉工業·
広島商船·徳山工業·宇部工業·
大島商船·阿南工業·香川·
新居浜工業·弓削商船·
高知工業·北九州工業·
久留米工業·有明工業·
佐世保工業·熊本·大分工業·
都城工業·鹿児島工業·
沖縄工業

高専 教科別10年分問題集

もっと過去問シリーズ
教科別
数学·理科·英語
(2019年～2010年)

学校別問題集

北海道

①札幌北斗高等学校
②北星学園大学附属高等学校
③東海大学付属札幌高等学校
④立命館慶祥高等学校
⑤北海高等学校
⑥北見藤高等学校
⑦札幌光星高等学校
⑧函館ラ・サール高等学校
⑨札幌大谷高等学校
⑩北海道科学大学高等学校
⑪遺愛女子高等学校
⑫札幌龍谷学園高等学校
⑬札幌日本大学高等学校
⑭札幌第一高等学校
⑮旭川実業高等学校
⑯北海学園札幌高等学校

青森県

①八戸工業大学第二高等学校

宮城県

①聖和学園高等学校（A日程）
②聖和学園高等学校（B日程）
③東北学院高等学校（A日程）
④東北学院高等学校（B日程）
⑤仙台大学附属明成高等学校
⑥仙台城南高等学校
⑦東北学院榴ケ岡高等学校
⑧古川学園高等学校
⑨仙台育英学園高等学校（A日程）
⑩仙台育英学園高等学校（B日程）
⑪聖ウルスラ学院英智高等学校
⑫宮城学院高等学校
⑬東北生活文化大学高等学校
⑭東北高等学校
⑮常盤木学園高等学校
⑯仙台白百合学園高等学校
⑰尚絅学院高等学校（A日程）
⑱尚絅学院高等学校（B日程）

山形県

①日本大学山形高等学校
②惺山高等学校
③東北文教大学山形城北高等学校
④東海大学山形高等学校
⑤山形学院高等学校

福島県

①日本大学東北高等学校

新潟県

①中越高等学校
②新潟第一高等学校
③東京学館新潟高等学校
④日本文理高等学校
⑤新潟青陵高等学校
⑥帝京長岡高等学校
⑦北越高等学校
⑧新潟明訓高等学校

富山県

①高岡第一高等学校
②富山第一高等学校

石川県

①金沢高等学校
②金沢学院大学附属高等学校
③遊学館高等学校
④星稜高等学校
⑤鵬学園高等学校

山梨県

①駿台甲府高等学校
②山梨学院高等学校（特進）
③山梨学院高等学校（進学）
④山梨英和高等学校

岐阜県

①鶯谷高等学校
②富田高等学校
③岐阜東高等学校
④岐阜聖徳学園高等学校
⑤大垣日本大学高等学校
⑥美濃加茂高等学校
⑦済美高等学校

静岡県

①御殿場西高等学校
②知徳高等学校
③日本大学三島高等学校
④沼津中央高等学校
⑤飛龍高等学校
⑥桐陽高等学校
⑦加藤学園高等学校
⑧加藤学園暁秀高等学校
⑨誠恵高等学校
⑩星陵高等学校
⑪静岡県富士見高等学校
⑫清水国際高等学校
⑬静岡サレジオ高等学校
⑭東海大学付属静岡翔洋高等学校
⑮静岡大成高等学校
⑯静岡英和女学院高等学校
⑰城南静岡高等学校
⑱静岡女子高等学校
⑲常葉大学附属常葉高等学校
常葉大学附属橘高等学校
常葉大学附属菊川高等学校
⑳静岡北高等学校
㉑静岡学園高等学校
㉒焼津高等学校
㉓藤枝明誠高等学校
㉔静清高等学校
㉕磐田東高等学校
㉖浜松学院高等学校
㉗浜松修学舎高等学校
㉘浜松開誠館高等学校
㉙浜松学芸高等学校
㉚浜松聖星高等学校
㉛浜松日体高等学校
㉜聖隷クリストファー高等学校
㉝浜松啓陽高等学校
㉞オイスカ浜松国際高等学校

愛知県

①［国立］愛知教育大学附属高等学校
②愛知高等学校
③名古屋経済大学市邨高等学校
④名古屋経済大学高蔵高等学校
⑤名古屋大谷高等学校
⑥享栄高等学校
⑦椙山女学園高等学校
⑧大同大学大同高等学校
⑨日本福祉大学付属高等学校
⑩中京大学附属中京高等学校
⑪至学館高等学校
⑫東海高等学校
⑬名古屋たちばな高等学校
⑭東邦高等学校
⑮名古屋高等学校
⑯名古屋工業高等学校
⑰名古屋葵大学高等学校
（名古屋女子大学高等学校）
⑱中部大学第一高等学校
⑲桜花学園高等学校
⑳愛知工業大学名電高等学校
㉑愛知みずほ大学瑞穂高等学校
㉒名城大学附属高等学校
㉓修文学院高等学校
㉔愛知啓成高等学校
㉕聖カピタニオ女子高等学校
㉖滝高等学校
㉗中部大学春日丘高等学校
㉘清林館高等学校
㉙愛知黎明高等学校
㉚岡崎城西高等学校
㉛人間環境大学附属岡崎高等学校
㉜桜丘高等学校

㉝光ヶ丘女子高等学校
㉞藤ノ花女子高等学校
㉟栄徳高等学校
㊱同朋高等学校
㊲星城高等学校
㊳安城学園高等学校
㊴愛知産業大学三河高等学校
㊵大成高等学校
㊶豊田大谷高等学校
㊷東海学園高等学校
㊸名古屋国際高等学校
㊹啓明学館高等学校
㊺聖霊高等学校
㊻誠信高等学校
㊼誉高等学校
㊽杜若高等学校
㊾菊華高等学校
㊿豊川高等学校

三重県

①暁高等学校(3年制)
②暁高等学校(6年制)
③海星高等学校
④四日市メリノール学院高等学校
⑤鈴鹿高等学校
⑥高田高等学校
⑦三重高等学校
⑧皇學館高等学校
⑨伊勢学園高等学校
⑩津田学園高等学校

滋賀県

①近江高等学校

大阪府

①上宮高等学校
②大阪高等学校
③興國高等学校
④清風高等学校
⑤早稲田大阪高等学校
(早稲田摂陵高等学校)
⑥大商学園高等学校
⑦浪速高等学校
⑧大阪夕陽丘学園高等学校
⑨大阪成蹊女子高等学校
⑩四天王寺高等学校
⑪梅花高等学校
⑫追手門学院高等学校
⑬大阪学院大学高等学校
⑭大阪学芸高等学校
⑮常翔学園高等学校
⑯大阪桐蔭高等学校
⑰関西大倉高等学校
⑱近畿大学附属高等学校
⑲金光大阪高等学校
⑳星翔高等学校
㉑阪南大学高等学校
㉒箕面自由学園高等学校
㉓桃山学院高等学校
㉔関西大学北陽高等学校

兵庫県

①雲雀丘学園高等学校
②園田学園高等学校
③関西学院高等部
④灘高等学校
⑤神戸龍谷高等学校
⑥神戸第一高等学校
⑦神港学園高等学校
⑧神戸学院大学附属高等学校
⑨神戸弘陵学園高等学校
⑩彩星工科高等学校
⑪神戸野田高等学校
⑫滝川高等学校
⑬須磨学園高等学校
⑭神戸星城高等学校
⑮啓明学院高等学校
⑯神戸国際大学附属高等学校
⑰滝川第二高等学校
⑱三田松聖高等学校
⑲姫路女学院高等学校
⑳東洋大学附属姫路高等学校
㉑日ノ本学園高等学校
㉒市川高等学校
㉓近畿大学附属豊岡高等学校
㉔夙川高等学校
㉕仁川学院高等学校
㉖育英高等学校

奈良県

①西大和学園高等学校

岡山県

①[県立]岡山朝日高等学校
②清心女子高等学校
③就実高等学校
(特別進学コース〈ハイグレード・アドバンス〉)
④就実高等学校
(特別進学チャレンジコース・総合進学コース)
⑤岡山白陵高等学校
⑥山陽学園高等学校
⑦関西高等学校
⑧おかやま山陽高等学校
⑨岡山商科大学附属高等学校
⑩倉敷高等学校
⑪岡山学芸館高等学校(1期1日目)
⑫岡山学芸館高等学校(1期2日目)
⑬倉敷翠松高等学校
⑭岡山理科大学附属高等学校
⑮創志学園高等学校
⑯明誠学院高等学校
⑰岡山龍谷高等学校

広島県

①[国立]広島大学附属高等学校
②[国立]広島大学附属福山高等学校
③修道高等学校
④崇徳高等学校
⑤広島修道大学ひろしま協創高等学校
⑥比治山女子高等学校
⑦呉港高等学校
⑧清水ヶ丘高等学校
⑨盈進高等学校
⑩尾道高等学校
⑪如水館高等学校
⑫広島新庄高等学校
⑬広島文教大学附属高等学校
⑭銀河学院高等学校
⑮安田女子高等学校
⑯山陽高等学校
⑰広島工業大学高等学校
⑱広陵高等学校
⑲近畿大学附属広島高等学校福山校
⑳武田高等学校
㉑広島県瀬戸内高等学校(特別進学)
㉒広島県瀬戸内高等学校(一般)
㉓広島国際学院高等学校
㉔近畿大学附属広島高等学校東広島校
㉕広島桜が丘高等学校

山口県

①高水高等学校
②野田学園高等学校
③宇部フロンティア大学付属香川高等学校
(普通科〈特進・進学コース〉)
④宇部フロンティア大学付属香川高等学校
(生活デザイン・食物調理・保育科)
⑤宇部鴻城高等学校

徳島県

①徳島文理高等学校

香川県

①香川誠陵高等学校
②大手前高松高等学校

愛媛県

①愛光高等学校
②済美高等学校
③FC今治高等学校
④新田高等学校
⑤聖カタリナ学園高等学校

福岡県

①福岡大学附属若葉高等学校
②精華女子高等学校（専願試験）
③精華女子高等学校（前期試験）
④西南学院高等学校
⑤筑紫女学園高等学校
⑥中村学園女子高等学校（専願入試）
⑦中村学園女子高等学校（前期入試）
⑧博多女子高等学校
⑨博多高等学校
⑩東福岡高等学校
⑪福岡大学附属大濠高等学校
⑫自由ケ丘高等学校
⑬常磐高等学校
⑭東筑紫学園高等学校
⑮敬愛高等学校
⑯久留米大学附設高等学校
⑰久留米信愛高等学校
⑱福岡海星女子学院高等学校
⑲誠修高等学校
⑳筑陽学園高等学校（専願入試）
㉑筑陽学園高等学校（前期入試）
㉒真颯館高等学校
㉓筑紫台高等学校
㉔純真高等学校
㉕福岡舞鶴高等学校
㉖折尾愛真高等学校
㉗九州国際大学付属高等学校
㉘祐誠高等学校
㉙西日本短期大学附属高等学校
㉚東海大学付属福岡高等学校
㉛慶成高等学校
㉜高稜高等学校
㉝中村学園三陽高等学校
㉞柳川高等学校
㉟沖学園高等学校
㊱福岡常葉高等学校
㊲九州産業大学付属九州高等学校
㊳近畿大学附属福岡高等学校
㊴大牟田高等学校
㊵久留米学園高等学校
㊶福岡工業大学附属城東高等学校
（専願入試）
㊷福岡工業大学附属城東高等学校
（前期入試）
㊸八女学院高等学校
㊹星琳高等学校
㊺九州産業大学付属九州産業高等学校
㊻福岡雙葉高等学校

佐賀県

①龍谷高等学校
②佐賀学園高等学校
③佐賀女子短期大学付属佐賀女子高等学校
④弘学館高等学校
⑤東明館高等学校
⑥佐賀清和高等学校
⑦早稲田佐賀高等学校

長崎県

①海星高等学校（奨学生試験）
②海星高等学校（一般入試）
③活水高等学校
④純心女子高等学校
⑤長崎南山高等学校
⑥長崎日本大学高等学校（特別入試）
⑦長崎日本大学高等学校（一次入試）
⑧青雲高等学校
⑨向陽高等学校
⑩創成館高等学校
⑪鎮西学院高等学校

熊本県

①真和高等学校
②九州学院高等学校
（奨学生・専願生）
③九州学院高等学校
（一般生）
④ルーテル学院高等学校
（専願入試・奨学入試）
⑤ルーテル学院高等学校
（一般入試）
⑥熊本信愛女学院高等学校
⑦熊本学園大学付属高等学校
（奨学生試験・専願生試験）
⑧熊本学園大学付属高等学校
（一般生試験）
⑨熊本中央高等学校
⑩尚絅高等学校
⑪文徳高等学校
⑫熊本マリスト学園高等学校
⑬慶誠高等学校

大分県

①大分高等学校

宮崎県

①鵬翔高等学校
②宮崎日本大学高等学校
③宮崎学園高等学校
④日向学院高等学校
⑤宮崎第一高等学校
（文理科）
⑥宮崎第一高等学校
（普通科·国際マルチメディア科·電気科）

鹿児島県

①鹿児島高等学校
②鹿児島実業高等学校
③樟南高等学校
④れいめい高等学校
⑤ラ・サール高等学校

新刊
もっと過去問シリーズ

愛知県

愛知高等学校
7年分（数学・英語）

中京大学附属中京高等学校
7年分（数学・英語）

東海高等学校
7年分（数学・英語）

名古屋高等学校
7年分（数学・英語）

愛知工業大学名電高等学校
7年分（数学・英語）

名城大学附属高等学校
7年分（数学・英語）

滝高等学校
7年分（数学・英語）

※もっと過去問シリーズは入学試験の実施教科に関わらず、数学と英語のみの収録となります。

教英出版
〒422-8054
静岡県静岡市駿河区南安倍3丁目12−28
TEL 054-288-2131
FAX 054-288-2133
詳しくは教英出版で検索
教英出版 検索
URL https://kyoei-syuppan.net/

令和六年度
高等学校入学者選抜学力検査問題

北海道公立高等学校

第一部

国語

（50分）

注意

1 問題は、一から四まであり、11ページまで印刷してあります。

2 答えは、すべて別紙の解答用紙に記入し、解答用紙だけ提出しなさい。

3 問いのうち、「……選びなさい。」と示されているものについては、問いで指示されている記号で答えなさい。

4 問いのうち、字数が指示されているものについては、句読点や符号も字数に含めて答えなさい。

一

次の問いに答えなさい。（配点　25）

問一　(1)、(2)の――線部の読みを書きなさい。

(1)　チームの勝利に貢献する。

(2)　母は諭すように言った。

問二　(1)、(2)の――線部を漢字で書きなさい。

(1)　歴史上の人物にそんけいの念を抱く。

(2)　兄は地元の会社にしゅうしょくした。

問三　次の俳句を読んで、(1)、(2)に答えなさい。

てらてらと石に日の照《てる》枯野《かれの》かな　　与謝　蕪村

(1)　この句で表現されている季節と同じ季節を詠《よ》んだ俳句はどれですか。最も適当なものを、**ア**～**エ**から選びなさい。

ア　大蛍ゆらりゆらりと通りけり

イ　学問のさびしさに堪へ炭をつぐ

ウ　行水の捨てどころなし虫の声

エ　花の雲鐘は上野か浅草か

(2)　――線部の表現の技法をⅠ群の**ア**～**エ**から選び、その表現の技法を使っているものをⅡ群の**カ**～**ケ**から一つ選びなさい。

［Ⅰ　群］

ア　擬人法

イ　擬態語

ウ　擬声語

エ　直喩

［Ⅱ　群］

カ　ダイヤモンドのように輝く。

キ　小鳥が美しい声で歌っている。

ク　木の葉がかさこそと鳴る。

ケ　一日中ごろごろして過ごす。

問四　次は、中学生の加藤さん、宮本さん、上田さんの会話です。これを読んで、(1)～(3)に答えなさい。

加藤さん　上田さんの体験学習のまとめ新聞、とても読みやすかったよ。

宮本さん　私もそう思った。文章は分かりやすいし、字もきれいだよね。

加藤さん　今度の生徒会選挙に立候補したらいいんじゃない？書記とか、いいと思うけれど。

上田さん　そうかな。役不足じゃないかな。

加藤さん　え？会長にする？

上田さん　いやいや。そもそも生徒会役員なんて、私には無理だと思う。

宮本さん　そんなことないよ。上田さん、体験学習のときもグループをまとめてくれていたし……上田さんにとっては、書記だと役不足かもしれないね。会長が合っていると思う。

上田さん　私には役不足なのに書記より会長？

宮本さん　そうだよ。会長がぴったり！

加藤さん　ちょっと待って。二人の会話、かみ合っていないよ。宮本さんは、「役不足」という言葉を「本人の能力に対して役目が［①］」という本来の意味で使っているけれど、上田さんは「本人の能力に対して役目が［②］」という意味で使っているんじゃない？

上田さん　役不足って、そういう意味だったんだ。私に生徒会役員なんてできるのか、心配で……。

宮本さん　上田さん、生徒会の役員になることが不安だったんだね。私は上田さんが、話し合いの人数に関わらず、そこに参加しているみんなの意見のよいところを上手にまとめてくれるから、上田さんがリーダーだと安心するんだ。

加藤さん　そうだね。しっかり意見を聞いた上で、みんなが納得するようにまとめることは、なかなかできることではないよね。

上田さん　二人がそんなに勧めてくれるなら、会長立候補、ちょっと考えてみようかな。

(1)　会話の内容を踏まえ、［①］、［②］に当てはまる表現をそれぞれ書きなさい。

(2)　──線「二人の会話、かみ合っていないよ」とありますが、上田さんの意図を正しく伝えるためには、上田さんは══線部でどのような言葉を使うとよいですか。次の□に当てはまる漢字一字を書きなさい。

□不足

(3)　会話の［　］で囲んだ宮本さんの発言について説明したものとして最も適当なものを、**ア**～**エ**から選びなさい。

ア　相手の考えに同意しながら、課題の解決策を検討するように呼びかけている。

イ　相手の考えに反対しながら、自分の考えとの違いについて説明している。

ウ　相手の気持ちを受容しながら、自分の考えを具体的な理由を示して伝えている。

エ　相手の気持ちを確認しながら、目の前にある問題点について的確に指摘している。

二　次の文章を読んで、問いに答えなさい。（配点　40）

（これは、江戸時代に本屋を営む「私」が、医者である佐野淇一《きいち》（先生）のところへ、同じく医者の西島晴順が無断で持ち出した口訣《くけつ》集を、西島から頼まれて返しに行ったときの話です。）

「実は、この前、先生がお話しくださった西島晴順のことで、折り入ってお伝えしたいことがございまして」

「ほお」

先生は覚えてくれていて、「じゃあ……」と言った。

「そこの川縁にでも座って話しましょうか」

時候は九月も末だけれど、その日はよく晴れ渡って風もなく、おまけに午が間もなくとあって、野に咲く花こそ秋の花だったものの、春とまちがうほどに暖かだった。川は子供の水遊びには頃合いの四間ばかりの幅で、流れも緩く、川縁に腰を着けると快くて眠気を誘われそうだ。

私は柔らかな陽《ひ》と川の流れと野の匂いに助けられて、西島晴順から聞いた話を語り出した。心がけたのは、話になにも足さず、なにも引かないことだった。とにかく、いま、傍《かたわ》らに西島晴順が居て耳を傾けていたとしても、なんら臆することがないように語り通した。そうして最後に、脇に置いた風呂敷《ふろしき》包みから五冊の口訣集を取り出した。

私が話しているあいだ、先生は一つとして問いを挟まなかった。ひたすら、耳に気を集めつづけていた。そして、私が語り終えると、「たいへん、ご苦労をおかけしました」と言ってから、言葉を足した。

「さぞ、お疲れになったでしょう。それだけ正しく伝えようとしつづけるには、並大抵ではない根気が要ります。あなたは西島晴順のために、たいへん素晴らしい務めを果たされました」

伝え終えた途端、どっと疲れが押し寄せたのは事実だった。先生の労《ねぎら》いで、その甲斐《かい》はあったのかと期待したのだが、しかし、先生は五冊の口訣集を目にすると言った。

「せっかく遠いところを持ってきていただいたのに申し訳ありませんが、これは持ち帰ってください」

引きかけた疲れが、またじわっと広がった。

「やはり、受け取っていただけませんか」

西島晴順がしきりに気にかけていた「汚点」という言葉が思い出された。

「いや、そういうことではありません」

流れに目を預けたまま、先生は言った。

「それは、西島晴順が持っていたほうが、世の中の役に立つからです」

「世の中の役に立つ……」

「称東堂では、門人たちにいくらでも口訣集を写していいと言っています。ですから、諳《そら》んじようとしているのでしょう、写経のように、何回も写す者も少なくありません。ですから、称東堂には口訣集が溢《あふ》れ返っています。いくらでもあるのです」

そう、なのか。門外不出の、秘伝ではないのか。

「西島晴順には可哀想なことをしました。言って持って帰れば、なんの問題もなかったのに、盗んだと思わせ、返さねばならぬのに返さないと思わせてしまった。その間、己れをずっと傷めつづけたことでしょう。己れで己れを罰しつづけたことでしょう。この口訣集を西島晴順に戻すのは、もう、このことで自分を貶《おとし》める必要はないという徴《しるし》です。佐野淇一がそう言っていたと、よおく伝えてください」

4私は唖然《あぜん》としていた。世の中に、こんな人物が存在しているのが信じられなくて、穴の開くほど先生の横顔を見つめた。そして、俗人丸出しの、問いを投げかけた。

「しかし、先生」

こういうことは、丸ごとわかるか、まるでわからないか、だ。半端《はんぱ》はいけない。わかったような気でいてはならない。

「口訣というのは秘伝ではないのですか。先生なら、淇平《きへい》先生にしか伝えないものではないのですか」

「そんなことは、ぜんぜんありませんよ！」

先生には珍しく、話にもならないという調子で言った。

「いましがた話したように、称東堂の門人はいくらでも口訣集を写していいのです。修行を終えたら、それを持ち帰って構わないし、持ち帰ったら、仲間の医者に見せて回るのも自由です。縛りはなんにもない。秘伝なんて、とんでもありません」

私はさらに驚く。

「なんで、それほどに守らないのでしょう。苦心を重ねて辿《たど》り着いた成果でしょう。真似《まね》されないように、盗まれないように、堅固な壁を張り巡らせるのが常道ではないでしょうか」

「それをしたら医は進歩しません。患者は救われません」

きっぱりと、先生は言った。

「医は一人では前へ進めません。みんなが技を高めて、全体の水準が上がって、初めて、その先へ踏み出す者が出るのです。そのためには、みんなが最新の成果を明らかにして、みんなで試して、互いに認め合い、互いに叩《たた》き合わなければなりません。それを繰り返しているうちに、気がつくと、みんなで、遥《はる》か彼方《かなた》に見えた高みに居て、ふと、上を見上げると、もう何人かは、それよりさらに高いところに居ることになるのです。一人で成果を抱え込むのではなく、俺はここまで来た、いや、俺はそこよりもっと先に居ると、みんなで自慢し合わなければ駄目なのです」

目から鱗《うろこ》、なんてものではない。もの凄《すご》い。この国のありのままとは、あまりにかけ離れているけれど、そうなるといい。

「残念ながら、この国では、一子相伝とか、なんとか伝授とか、なになにの奥義《おうぎ》とか、そういう仕組みが根を下ろしています。しかし、それは参加を制限し、競い合いを排除することによって進歩を止め、限られた者たちで過去の利益を分け合うということなのです。それでも、稽古事くらいならば害は限られるかもしれませんが、医はそうはいかぬのです。生きるか死ぬかであり、生かすか殺すかなのです。進歩しないわけにはいかんのです。西島晴順にも言ってください。そんなことよりも、医の進歩に力を振り向けろ、と言ってください」

「ならば、先生」

私は先生の話を聴きながら、ずっと胸底で温めていた企てを言うことにした。

「先生のお話からすると、この口訣集を私が本にして、広めてもいいことになりますね」

「もちろんです！」

即座に、先生は答えた。

5「願ったりです」

（青山文平「本売る日々」文藝春秋刊による。）

（注）　口訣集――ここでは、口で言い伝えられた医術を集めたもの。

称東堂――佐野淇一が医術を教えているところ。　淇平――佐野淇一の息子。

問一 ═══線1、2の読みを書きなさい。

問二 ━━線1「折り入って」とありますが、ここでの意味として最も適当なものを、**ア**〜**エ**から選びなさい。

ア できることなら
イ ぜひとも
ウ こっそりと
エ 時間をかけて

問三 ━━線2「午」について、干支《えと》では「うま」と読みますが、ここでは時間帯を表す読み方として、どのように読むとよいですか。次の資料を参考にして、平仮名二字で書きなさい。

問四 ━━線3「引きかけた疲れが、またじわっと広がった」とありますが、「私」がこのように感じたことについて、次のようにまとめるとき、[①]、[②]に当てはまる表現を、それぞれ十五字程度で書きなさい。

> 西島晴順から聞いた話を先生に[①]緊張による疲れが、先生のねぎらいにより一度引きかけたが、先生に[②]と分かったことで、再び疲れが広がった。

問五 ━━線4「私は唖然としていた」とありますが、その理由として最も適当なものを、**ア**〜**エ**から選びなさい。

ア 口訣集は、他の一門に知られてはいけない秘伝であり、直ちに返す必要があると思っていたのに、持ち出した本人が直接返すのでなければ受け取らないと言われたから。
イ 口訣集は、研究の成果が詰まったものであり、誰でも手に入れたくなるものであると思っていたのに、門人たちは持ち帰ろうとせずに、ひたすら書き写していると言われたから。
ウ 口訣集は、門人たちが医術を修得するまでは、他の医者に伝えてはいけないと思っていたのに、持ち出したことを責めるどころか、先生自身にも非があると言われたから。
エ 口訣集は、自分の息子にしか伝承しないほど大切に守るべきものだと思っていたのに、勝手に持ち出したことをとがめるどころか、返さなくてもよいと言われたから。

問六　――線5「願ったりです」とありますが、先生がこのように言ったのは、「私」が口訣集を本にして広めることが、先生のどのような願いを実現することにつながるからですか。先生が、医術とはどのようなものであると考えているかに触れ、七十五字程度で書きなさい。

問七　……線「この口訣集を私が本にして、広めてもいいことになりますね」とありますが、このせりふに興味を持った中学生の本間さんと黒田さんが、江戸時代の本について調べました。次は、二人がそれぞれ調べたことを報告し合っている会話の一部です。これを参考に、本に関して、現代と共通するところと、異なるところを、身近な例を用いてそれぞれ書きなさい。

本間さん　江戸時代には、本がどのように出版されているのか調べたら、手で書き写された「写本」と、印刷された「版本」があることが分かったよ。

黒田さん　印刷はどうしていたの？

本間さん　全部手作業だよ。一度に大量に印刷できないから本は貴重だったんだって。それに高価だから、庶民は本を買うのではなくて、お金を払って貸本屋から借りて読んでいたんだって。

黒田さん　そうなんだ。私が読んだ本には、江戸時代初期の学者である貝原益軒《えきけん》という人が、「書物を読むには、まず手を洗い、心を慎み、姿勢を正しくし、机のほこりを払い、書物を正しく机の上に置き、ひざまずいて読め。」と説いている文章があったよ。

本間さん　ずいぶん厳格だったんだね。

黒田さん　でもね、庶民が詠《よ》んでいるこんな句も見つけたよ。

　読みながらつれづれ草や肘枕《ひじまくら》

　幾度も源氏はあかぬ《飽きることのない》書物にて

本間さん　おもしろいね。

左の枠は、下書きに使って構いません。解答は必ず解答用紙に書くこと。

160　140　120　100　80　60　40　20

三　次の文章を読んで、問いに答えなさい。（配点　15）

伯牙《はくが》善く琴を鼓《ひ》き、鍾子期《しょうしき》善く聴く。伯牙琴を鼓き、志、高山に在り《高い山を心に思い浮かべる》。〈①　子期曰《いは》く、「善きかな、峩峩乎《ががこ》《高くそびえ》として泰山のごとし。」と。〈②　志、流水に在り《流れる水を心に思い浮かべる》。子期曰く、「善きかな、洋洋兮《やうやうけい》《広々として》として江河のごとし。」と。〈③　伯牙念ずる所、子期必ず之《これ》を得たり。

呂氏春秋《りょししゅんじう》に曰く、〈④　鍾子期死し、伯牙琴を破り絃《げん》を絶ち、終身復《ま》た琴を鼓かず。以為《おも》えらく《思ったことには》為《ため》に鼓くに足る《価値がある》者無し、と。

（「蒙求」による）

（注）泰山――中国の高い山の名前。　江河――中国の大きな川の名前。
呂氏春秋――中国の古い書物の名前。

問一　この文章に次の語句を補うとしたら、どこに入れるのが最も適当ですか。①～④から選びなさい。

伯牙琴を鼓き、

問二　――線「伯牙念ずる所、子期必ず之を得たり」とありますが、これは、どのようなことを述べていますか。最も適当なものを、**ア**～**エ**から選びなさい。

ア　伯牙が心の中で我慢していることに、鍾子期はいつも感心したということ。
イ　伯牙が心の中で祈ったことを、鍾子期はいつも実現させたということ。
ウ　伯牙が心の中で希望したものを、鍾子期はいつも手に入れたということ。
エ　伯牙が心の中で想像したことを、鍾子期はいつも悟ったということ。

問三　次は、ある生徒が、この文章のできごとから生まれた故事成語についてまとめたものです。これを読んで、⑴、⑵に答えなさい。

> 「断琴の交わり」…とても親密な友情・交際のこと。
>
> ⇒　それほどまでに鍾子期のことを大切な存在として認めていた。
>
> 伯牙は、［　　　　　　　　］。

⑴　「断琴の交わり」の「断琴」と熟語の構成が同じものを、**ア**～**オ**から一つ選びなさい。

ア　植樹
イ　呼応
ウ　安穏
エ　予知
オ　官製

⑵　「断琴の交わり」が、とても親密な友情・交際を表すことになった由来について、［　　　］に当てはまる表現を、二十字程度で書きなさい。

四

次は、K中学校の美術部の安田さんが、学校祭で企画展をするために作成した【チラシ】と参考にした【ウェブページ】の一つです。これらを読んで、問いに答えなさい。（配点　20）

【チラシ】（表）

2023K中祭

美術部企画展

アート
×
渦

【チラシ】（裏）

セカイハ渦デアフレテイル

（企画担当：美術部３年　安田）

　そこで、この企画展では「渦」の芸術作品を集めました。芸術家は、「渦」に何を見て、「渦」で何を表現したのでしょうか。アートから、人間と「渦」との関わりを想像してみませんか。

イサム・ノグチ（1904 - 1988）
「ブラック・スライド・マントラ」

（参考　https://moerenumapark.jp）

葛飾《かつしか》北斎（1760 - 1849）
「怒涛《どとう》図」

　長野県にある北斎館に所蔵されている。「怒涛図」は二点で一つの作品であり、左はそのうちの一点である。

（参考　https://hokusai-kan.com）

【ウェブページ】

滑り台でもあるこの彫刻は、《ブラック・スライド・マントラ》と名づけられています。フロリダ州マイアミ市に設置されている《スライド・マントラ》（高さ2.8m、重量60t、白大理石）シリーズのひとつです。インドの遺跡ジャンタル・マンタルの天体観測所に影響を受けて制作されたと言われています。札幌市を視察している際に、大通公園に強い関心を持ったノグチが、子どもたちの遊び場をより楽しいものにすることを考え、雪の白と対照的な黒御影《みかげ》石を素材に選び、ひとまわり大きなスケール（高さ3.6m、重量80t）として、この空間に置くことを決定しました。

（モエレ沼公園ウェブページ「イサム・ノグチ」より作成）

問一　【チラシ】（表）の表現の工夫について説明したものとして最も適当なものを、**ア**～**エ**から選びなさい。

ア　好奇心を高めるために、文字の配置によって企画内容を説明する工夫。
イ　企画内容を想像させるために、展示作品の一部を画像で見せる工夫。
ウ　関心を持たせるために、最小限の言葉で展示テーマを示す工夫。
エ　興味を持たせるために、展示作品の作者紹介を載せる工夫。

問二　安田さんは、【チラシ】（裏）に、「セカイハ渦デアフレテイル」というタイトルで、企画展の紹介文を書きました。□に当てはまるように、**ア**～**ウ**の文を適当な順に並べなさい。

ア　人間が創り出すものにも、「渦」はあふれています。
イ　自然界には、多くの形や構造、動きが存在します。
ウ　そのなかでも巻き貝や水流に見られるような「渦」に注目しました。

問三　【チラシ】（裏）の□に当てはまる文章を、【ウェブページ】の情報をもとに、解答欄に示した表現に続けて、三十五字程度で書きなさい。その際、作品の素材、鑑賞以外の用途、設置場所に触れて書くこと。

問四　次の資料は「怒涛図」について書かれた文章です。資料を参考にして、【チラシ】（裏）の「怒涛図」について、あなたが感じたことや考えたことを、次の条件1、2にしたがって書きなさい。
条件1　解答欄のAには、資料から自分の着目したところを抜き出すこと。
条件2　解答欄のBには、解答欄のAに抜き出したところを踏まえ、あなたが「怒涛図」を見て感じたことや考えたことを六十字以上、八十字以内で書くこと。

資料

絵の前にじっと佇《たたず》むと、見えてくるものがある。らせん状に逆巻く水流がそのエネルギーを失うことなく、次のらせんに手渡され、連綿と引き継がれていくこと。北斎は知っていた。これこそが生命の本質であり、生きることの実相なのだと。渦は左右心房の特殊な形状から生まれる。発生した血流の渦はそのらせんのエネルギーを保ったまま、どんどん進む。らせんの切っ先はあらゆる分岐路、いかなる隘路《あいろ》にでも次々に飛び込んでいく。かくして私たちの身体は潤され、生かされている。

（福岡伸一「芸術と科学のあいだ」による）

（注）　実相――実際の有様。
　　　心房――心臓の上半部にあって血を送り出すところ。
　　　隘路――進むのに難しい場所。

左の枠は、下書きに使って構いません。解答は必ず解答用紙に書くこと。

20 40 60 80 100 120 140 160 180 200 220 240

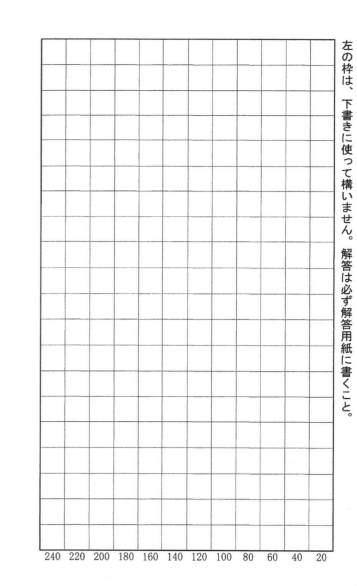

令和６年度
高等学校入学者選抜学力検査問題

第　２　部

数　学

（50分）

注　　意

1　問題は，1 から 5 まであり，10ページまで印刷してあります。

2　答えは，すべて別紙の解答用紙に記入し，解答用紙だけ提出しなさい。

3　3 の問１(2)，問２，5 の問２は，途中の計算も解答用紙に書きなさい。それ以外の計算は，問題用紙のあいているところを利用しなさい。

4　問いのうち，「……選びなさい。」と示されているものについては，問いで指示されている記号で答えなさい。

1 次の問いに答えなさい。(配点　35)

問１　⑴〜⑶の計算をしなさい。

⑴　$(-1)+(-5)$

⑵　$7+18\div(-3)$

⑶　$\sqrt{6}\times\sqrt{3}-\sqrt{2}$

問２　70を素因数分解しなさい。

問３　１mあたりの重さが30gの針金があります。この針金 x mの重さが y gであるとき，y を x の式で表しなさい。

問４　右の図のような関数　$y=ax+b$　のグラフがあります。点Oは原点とします。a と b の値について，次のように説明するとき，①，②の｛　　　｝に当てはまるものを，それぞれ**ア**〜**ウ**から選びなさい。

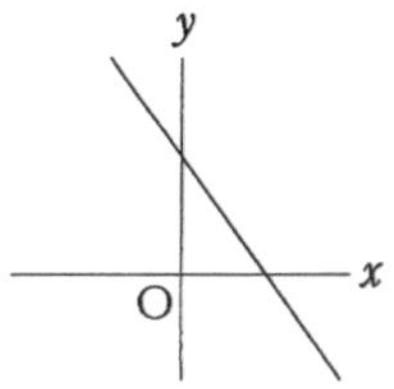

（説明）

a の値は①｛**ア**　正の数　　**イ**　0　　**ウ**　負の数｝であり，
b の値は②｛**ア**　正の数　　**イ**　0　　**ウ**　負の数｝である。

問５　下の①～④のヒストグラムは，それぞれ**ア**～**エ**のいずれかの箱ひげ図と同じデータを使ってまとめたものです。①，②のヒストグラムは，どの箱ひげ図と同じデータを使ってまとめたものですか。最も適当なものを，それぞれ**ア**～**エ**から選びなさい。

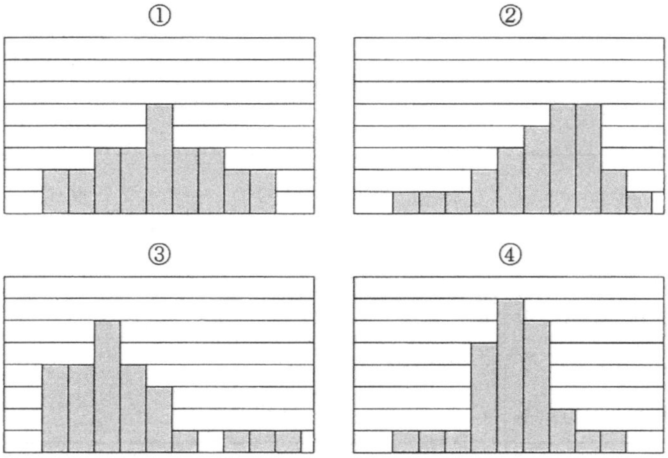

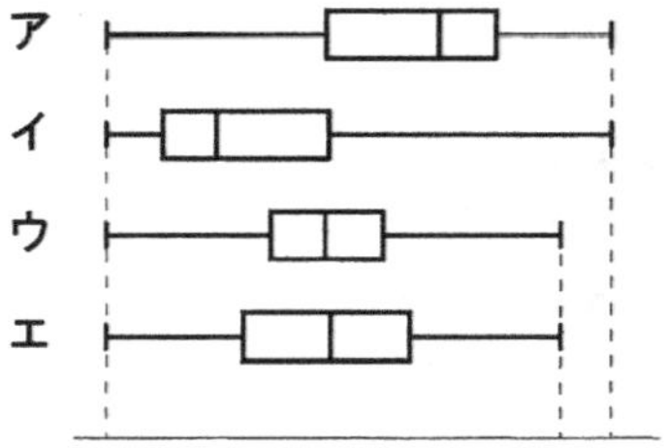

問６　下の図のような△ＡＢＣがあります。辺ＢＣ上に点Ｐを，△ＡＢＰと△ＡＣＰの面積が等しくなるようにとります。点Ｐを定規とコンパスを使って作図しなさい。

ただし，点を示す記号Ｐをかき入れ，作図に用いた線は消さないこと。

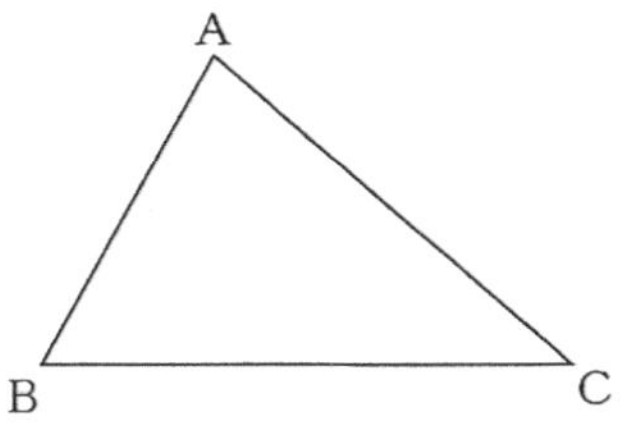

2 勇太さんは，自宅の花だんに，赤色と白色のチューリップを植えることにしました。花だんの形が長方形であることから，勇太さんは，右の図のように，条件にしたがってチューリップを等間隔に並べたいと考えています。

次の問いに答えなさい。（配点　15）

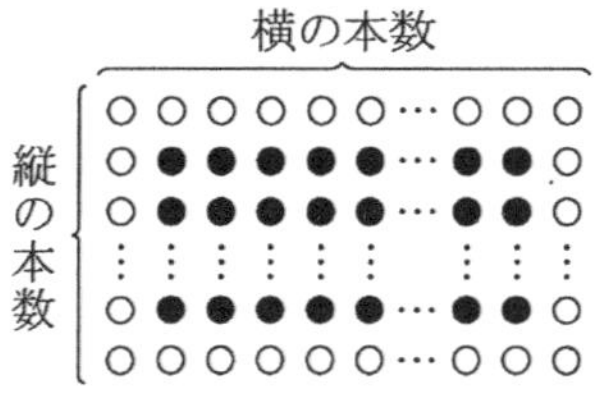

（条件）

- 赤色のチューリップの周囲に１列で白色のチューリップを並べる。
- 白色のチューリップの横の本数が，縦の本数の２倍となるように並べる。

問１　勇太さんは，白色のチューリップの本数の求め方について，ノートにまとめました。次の⑴，⑵に答えなさい。

（勇太さんのノート）

図

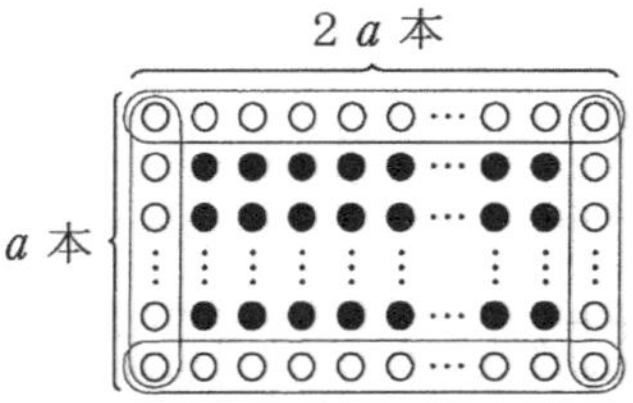

白色のチューリップの本数の求め方を表す式

$a \times 2 + 2a \times 2 - 4$

説明

白色のチューリップの縦の本数を a 本とする。図のように，白色のチューリップを線で囲むと，１つの縦の囲みに a 本，１つの横の囲みに２ a 本ある。縦，横の囲みは２つずつあるから，この４つの囲みの中の本数の合計は，$a \times 2 + 2a \times 2$ で表される。

このとき，２回数えている白色のチューリップが４本あるので，$a \times 2 + 2a \times 2$ から４をひく。

⑴　白色のチューリップの縦の本数が６本のとき，白色のチューリップの本数を求めなさい。

⑵　白色のチューリップの縦の本数を a 本として，勇太さんとは異なる求め方で白色のチューリップの本数を求めるとき，解答用紙の図に囲みをかき入れ，その囲みをもとにして，白色のチューリップの本数の求め方を表す式を，下線部～～～のように，a を用いて書きなさい。

問２　勇太さんが，条件にしたがってチューリップを植えたところ，チューリップは全部で242本になりました。このときの赤色のチューリップの本数を求めなさい。

3 ユキさんたちのクラスでは，数学の授業で，関数のグラフについてコンピュータを使って学習をしています。

次の問いに答えなさい。(配点　16)

問１　先生が提示した画面１には，関数　$y = x^2$　のグラフと，このグラフ上の２点A，Bを通る直線が表示されています。点Aのx座標は３，点Bのx座標は－２です。点Oは原点とします。

画面１

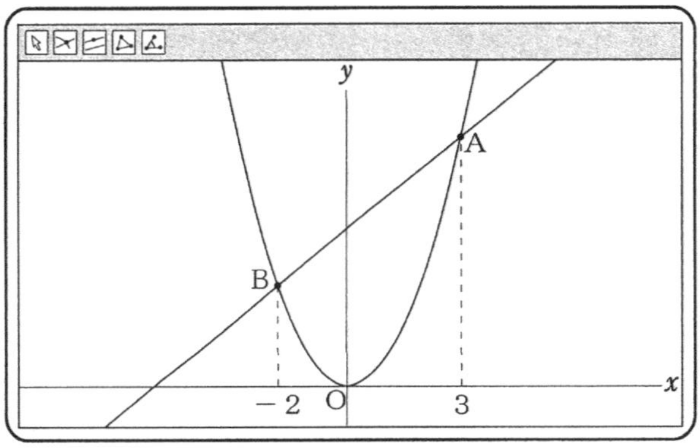

ユキさんは，画面１を見て，２点A，Bを通る直線の式を求めたいと考え，求め方について，次のような見通しを立てています。

(ユキさんの見通し)

２点A，Bを通る直線の式を求めるには，２点A，Bの座標がわかればよい。

次の⑴，⑵に答えなさい。

⑴　点Aのy座標を求めなさい。

⑵　ユキさんの見通しを用いて，２点A，Bを通る直線の式を求めなさい。

問２　先生が提示した画面２には，２つの関数 $y=2x^2$……①，$y=\dfrac{1}{2}x^2$……② のグラフが表示されています。①のグラフ上に点Ｐがあり，点Ｐの x 座標は t です。点Ｑは，点Ｐと y 軸について対称な点です。また，点Ｒは，点Ｐを通り，y 軸に平行な直線と②のグラフとの交点です。点Ｏは原点とし，$t>0$ とします。

画面２

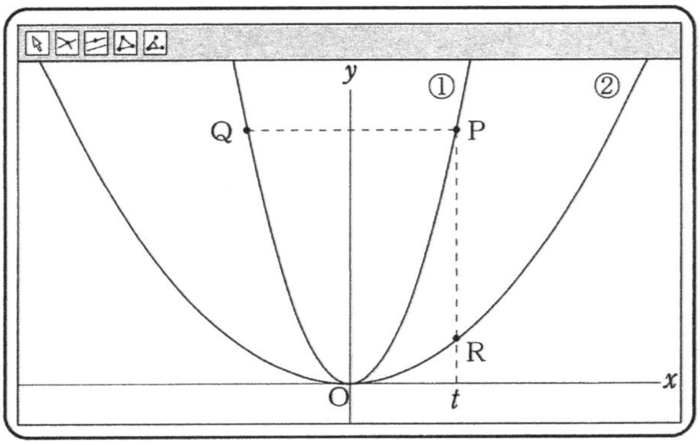

ユキさんたちは，点Ｐを①のグラフ上で動かすことで，△ＰＱＲがどのように変化するかについて，話し合っています。

ユキさん　「点Ｐを動かすと，点Ｑと点Ｒも同時に動くね。」
ルイさん　「このとき，△ＰＱＲはいつでも直角三角形になるね。」
ユキさん　「…あれ？△ＰＱＲが直角二等辺三角形に見えるときがあるよ。」
ルイさん　「本当に直角二等辺三角形になるときがあるのかな。」
ユキさん　「じゃあ，△ＰＱＲが直角二等辺三角形になるときの点Ｐの座標を求めてみようか。」
ルイさん　「点Ｐの座標を求めるには，t の値がわかればいいね。」

△ＰＱＲが直角二等辺三角形になるときの t の値を求めなさい。

４　図１のように，四角形ＡＢＣＤがあり，辺ＡＢ，ＢＣ，ＣＤ，ＤＡ上の点をそれぞれＰ，Ｑ，Ｒ，Ｓとします。亜季さんたちは，「４点Ｐ，Ｑ，Ｒ，Ｓが各辺の中点であるとき，四角形ＰＱＲＳは，いつでも平行四辺形になる」ということを授業で学習しました。

次の問いに答えなさい。(配点　16)

図１

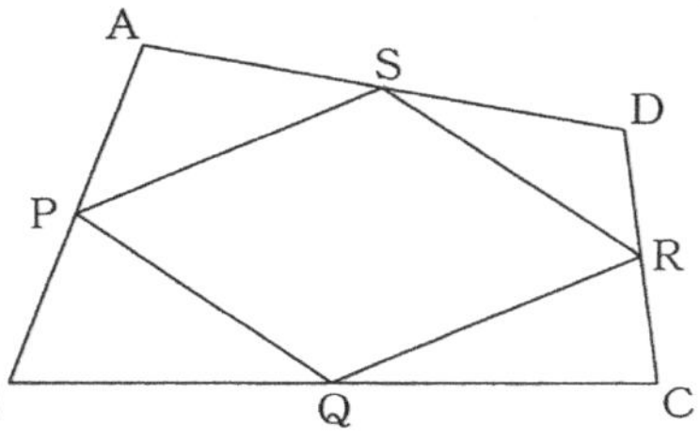

問１　亜季さんは，４点Ｐ，Ｑ，Ｒ，Ｓを各辺の中点としたまま，四角形ＡＢＣＤがいろいろなひし形となるように，コンピュータを使って四角形ＡＢＣＤの形を変え，四角形ＰＱＲＳの形を調べたところ，次のことがらに気づき，ノートにまとめました。

(亜季さんのノート)

> 四角形ＡＢＣＤがひし形ならば，四角形ＰＱＲＳは，いつでも □ である。

□ に言葉を当てはめるとき，このことがらが成り立たないものを，**ア**～**ウ**からすべて選びなさい。

ア　正方形

イ　長方形

ウ　ひし形

問２　大地さんは，四角形ＡＢＣＤの各辺における４点Ｐ，Ｑ，Ｒ，Ｓのとり方に着目し，コンピュータを使って，図２のように，この４点を各辺の辺上で動かしました。

大地さんは，「ＡＰ：ＰＢ＝ＣＱ：ＱＢ＝ＣＲ：ＲＤ＝ＡＳ：ＳＤ＝１：３のとき，四角形ＰＱＲＳは平行四辺形である」と予想しました。

次の(1)，(2)に答えなさい。

図２

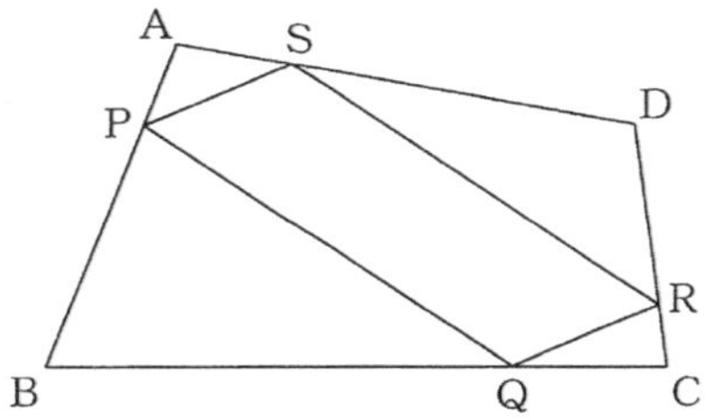

(1)　大地さんの予想が成り立つことを証明しなさい。

(2)　四角形ＡＢＣＤの対角線ＢＤと，線分ＰＱ，ＲＳとの交点をそれぞれM，Ｎとします。
△ＡＰＳの面積が３ cm^2 であるとき，四角形ＰMＮＳの面積を求めなさい。
ただし，四角形ＰＱＲＳは平行四辺形であることがわかっています。

5 図１のような頂角が120°の二等辺三角形があります。
次の問いに答えなさい。(配点　18)

図１

問１　図２のように，円Ｏの円周を６等分する点Ａ，Ｂ，Ｃ，Ｄ，Ｅ，Ｆがあり，図１と合同な二等辺三角形①～⑫を，それぞれの三角形の最も長い辺が円Ｏの半径となるように並べます。

次の⑴，⑵に答えなさい。

図２

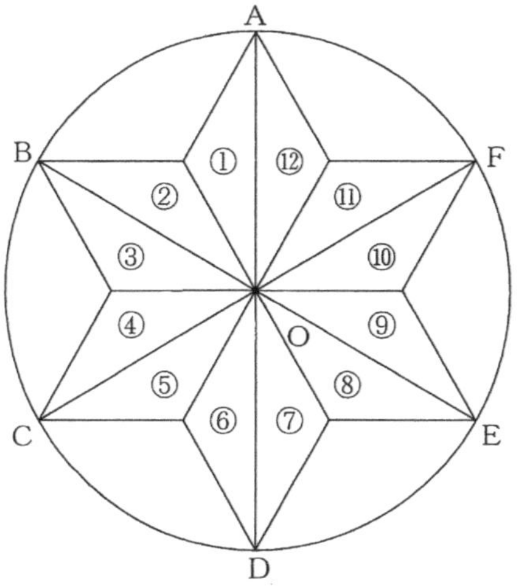

⑴　①を，点Ｏを中心として時計回りに回転移動して，⑨に初めてぴったり重なったのは，何度回転移動したときですか。その角度を求めなさい。

⑵　種類の異なる３枚の硬貨Ｘ，Ｙ，Ｚがあります。硬貨Ｘ，Ｙ，Ｚを同時に投げ，表と裏の出かたに応じて，①に，次の**1**～**3**の操作を順に行い，最後に①～⑫のどの三角形に重なるかを調べます。

> **1**　硬貨Ｘが表のときは線分ＡＤを対称の軸として対称移動させ，裏のときは移動させない。
> **2**　硬貨Ｙが表のときは点Ｏを回転の中心として180°回転移動させ，裏のときは移動させない。
> **3**　硬貨Ｚが表のときは平行移動してぴったりと重なる三角形に移動させ，裏のときは移動させない。

３枚の硬貨Ｘ，Ｙ，Ｚを同時に投げるとき，①が最後に重なる三角形が⑦となる確率を求めなさい。

問２　図３は，図１の二等辺三角形を底面とする三角柱で，ＧＨ＝ＧＩ＝４㎝としたものです。
　△ＧＫＬが正三角形であるとき，この三角柱の体積を求めなさい。

図３

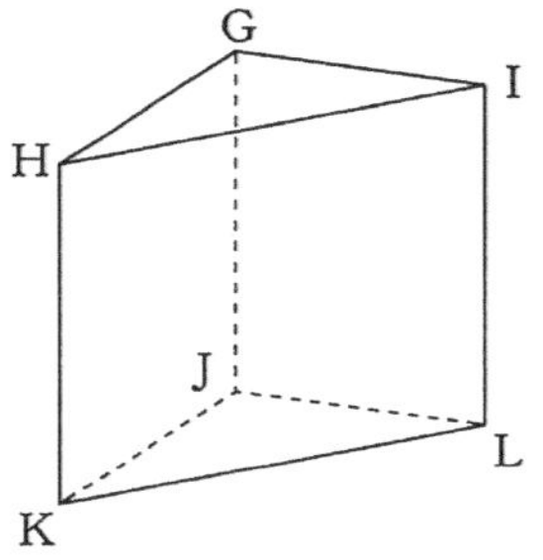

令和６年度
高等学校入学者選抜学力検査問題

第　3　部

社　会

（50分）

注　　意

1　問題は，1 から 4 まであり，15ページまで印刷してあります。

2　答えは，すべて別紙の解答用紙に記入し，解答用紙だけ提出しなさい。

3　問いのうち，「……選びなさい。」と示されているものについては，問いで指示されている記号で答えなさい。

4　問いのうち，字数が指示されているものについては，句読点や符号も字数に含めて答えなさい。

1　次の問いに答えなさい。(配点　34)

問１　生徒Ａと生徒Ｂとの次の会話を読んで，(1)，(2)に答えなさい。

生徒Ａ：家族で祖母の家に行った時に，写真１の看板を見たよ。

写真１

生徒Ｂ：略地図１によると，看板のミルウォーキーは札幌の東で，マルセイユは札幌の西なんだね。

生徒Ａ：方位は，略地図２のように，中心からの距離と方位が正しい地図で調べないとわからないよ。

生徒Ｂ：そうか。マルセイユは，札幌の［①］の方位にあるんだね。

略地図１

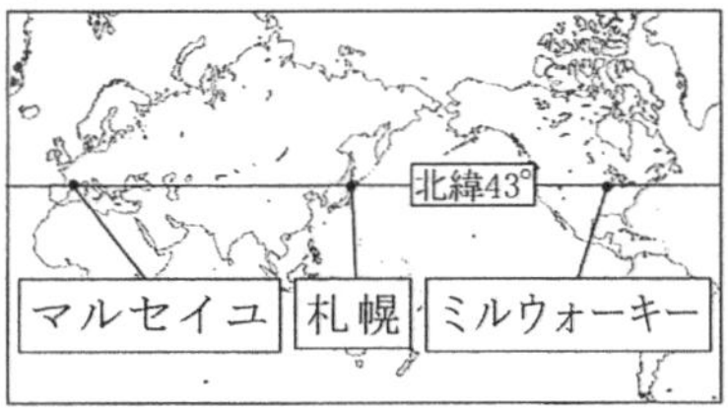

略地図２

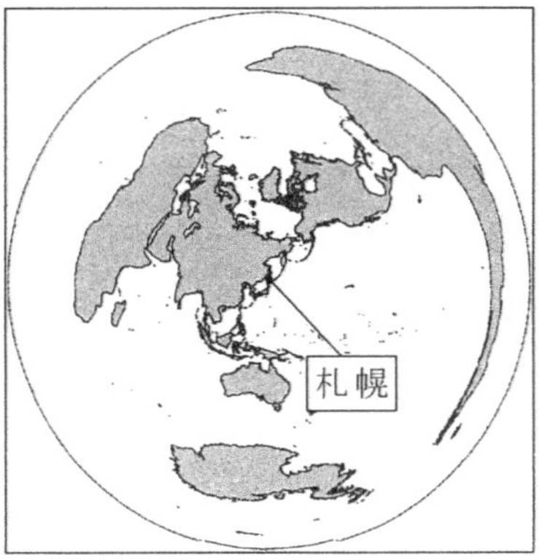

生徒Ａ：そうだね。

生徒Ｂ：略地図１によると，３つの都市は緯度がほぼ同じなので，ミルウォーキーとマルセイユは，札幌のように冬は寒そうだね。

生徒Ａ：グラフ１を見ると，そうでもないよ。ヨーロッパ州のマルセイユは，暖流である［②］海流の上空を，偏西風が吹いている影響で，他の２つの都市より冬は寒くないんだ。

生徒Ｂ：だからマルセイユは，札幌とミルウォーキーより冬は温暖なんだね。

グラフ１

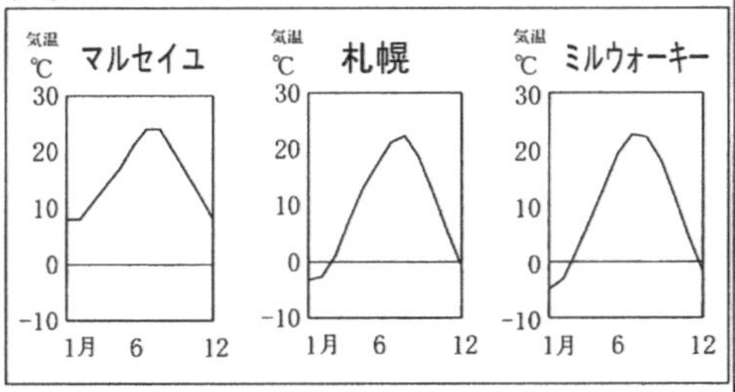

(1)　［①］に当てはまるおおよその方位を，８方位で書きなさい。

(2)　［②］に当てはまる語句を書きなさい。

問２　次の(1)，(2)に答えなさい。

(1)　次の文の①，②の｛　　　｝に当てはまるものを，**ア**，**イ**からそれぞれ選びなさい。

わが国の重工業の発展を支えた八幡製鉄所は，近くにある炭田の石炭を利用できるため，略地図３の①｛**ア**　X　　**イ**　Y｝の場所に②｛**ア**　日清戦争　　**イ**　日露戦争｝の賠償金をもとに建設された。

略地図３

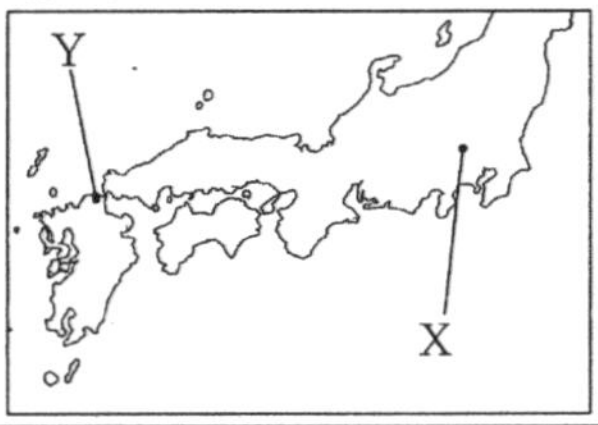

(2)　カードA～Cは，歴史上，わが国で出された法令の一部です。カードA～Cを年代の古い順に並べなさい。

カードA

諸国の守護の職務は，国内の御家人を京都の御所の警備にあたらせること，謀反や殺人などの犯罪人を取りしまることである。

カードB

口分田の支給は，男子には二段，女子にはその三分の一を減らして支給すること。五歳以下の者には与えない。班田は，六年に一回行う。

カードC

一　日本人は，異国へ行ってはならない。
一　異国に住んでいる日本人が帰国すれば，死罪にする。

※　カードA～Cの法令は，現代語訳し，要約したもの

問３　次の(1)～(3)に答えなさい。

(1)　次の［　　］に共通して当てはまる語句を書きなさい。

資料１

（政府広報オンラインより作成）

資料１は，６名の［　　］と，３名の裁判官が審理を行い，有罪か無罪かを決める［　　］裁判の様子です。この裁判は，地方裁判所の第一審で行われる刑事裁判です。

(2)　内閣の仕事として正しいものを，**ア**～**カ**からすべて選びなさい。

ア　政令の制定　　**イ**　条約の締結（条約を結ぶこと）　　**ウ**　憲法改正の発議
エ　内閣総理大臣の指名　　**オ**　最高裁判所長官の指名　　**カ**　法律の違憲審査

(3)　資料２，３は，中学生が２つの企業のホームページを見て，それぞれまとめたものです。これらの企業が資料２，３の活動を行っている目的は何か，簡単に書きなさい。

資料２

スマートフォンや携帯電話の利用に関連した危険やトラブルを未然に防ぐために，スマホ・ケータイ安全教室を無料で実施している。
延べ受講者数：1,486万人

資料３

リユース・リサイクル活動で回収した衣料を，世界の難民などへ寄贈している。
衣料を寄贈した国と地域：79
衣料を寄贈した総数：約4,619万点

問４　次の略地図４，５を見て，⑴，⑵に答えなさい。

略地図４

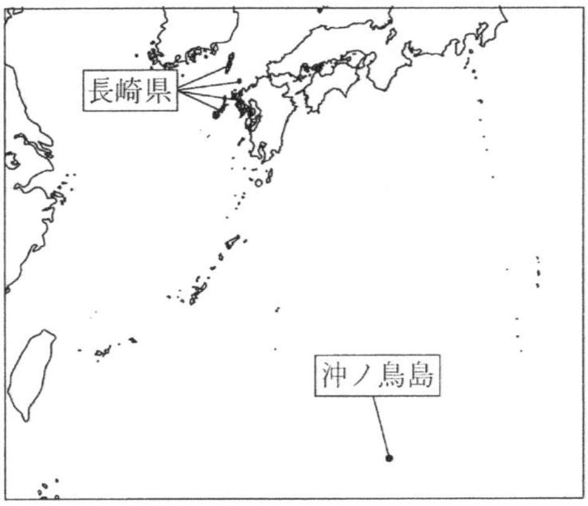

略地図５

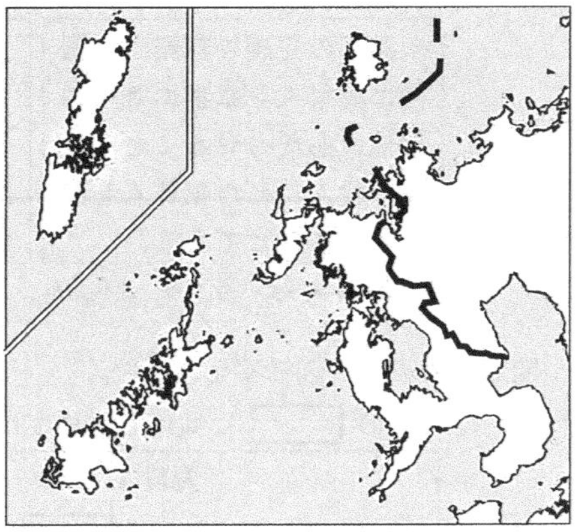

⑴　次の文の ＿＿ に当てはまる語句を書きなさい。

日本政府は，沖ノ鳥島を波の浸食から守るために，大規模な護岸工事を行った。このような離島があることで，領海の外側に沿岸から200海里まで広がり，水産資源や鉱産資源を独占的に利用できる ＿＿ は広大な面積になっている。

⑵　次の文の ＿＿ に当てはまる内容を簡単に書きなさい。

表について，北海道と長崎県の面積が大きく違うにもかかわらず，海岸線の長さが大きく変わらないのは，表と長崎県を示した略地図５から，長崎県は島が多いことと，＿＿ ことが理由だと考えられる。

表

項目／道県	面積(km²)	海岸線の長さ(km)	島の数
北海道	83,424	4,402	508
長崎県	4,131	4,196	971

(「理科年表2022」より作成)

問５　写真２は，略地図６のＸ地点から矢印の方向に撮影されたものです。この写真に写っている島の名を，**ア**～**エ**から選びなさい。

ア　歯舞群島　　**イ**　色丹島

ウ　国後島　　**エ**　択捉島

写真２

略地図６

問６　次の⑴～⑶に答えなさい。

⑴　次の文の｛　　　｝に当てはまる語句を，**ア**，**イ**から選びなさい。また，＿＿ に当てはまる語句を書きなさい。

バスチーユ牢獄の襲撃をきっかけに起こったフランス革命では，自由・平等の権利などを唱えた｛**ア**　権利の章典　　**イ**　人権宣言｝が発表された。その後，フランスの皇帝となった ＿＿ によって，ヨーロッパの大部分が征服される中で，自由・平等という革命の理念も広がった。

(2) 次の文の［　　　］に当てはまる語句を書きなさい。また，{　　　} に当てはまる語句を，**ア**，**イ**から選びなさい。

> インドでは，第一次世界大戦後，［　　　］の指導によって，非暴力・不服従の抵抗運動が起こった。そして，第二次世界大戦後，インドをはじめ，独立を果たした国々の多くが，{**ア**　ワシントン会議　　**イ**　アジア・アフリカ会議} に集まり，平和共存を訴えた。

(3) グラフ２は，わが国の自作地と小作地の割合の変化を示したものです。1939年と1949年を比較すると，どのような変化が見られるのか，その理由となった政策にふれて，簡単に書きなさい。

グラフ２

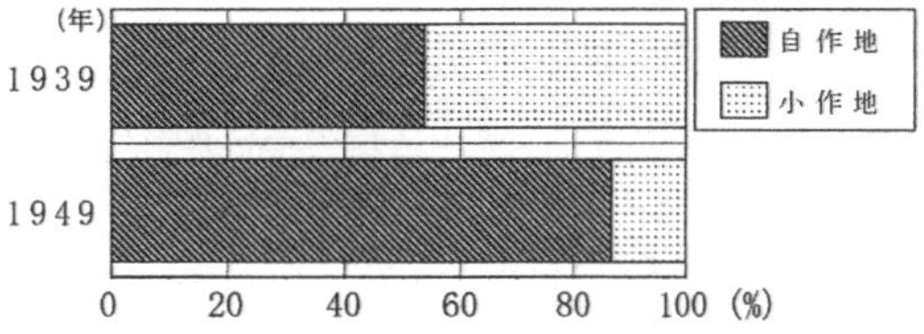

(「改訂日本農業基礎統計」より作成)

問７　次の(1)，(2)に答えなさい。

(1) 地方公共団体の仕事に当てはまるものを，**ア**～**カ**からすべて選びなさい。

ア

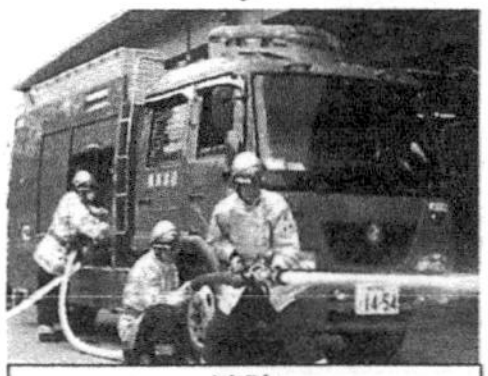
消防

イ

外交

ウ

ごみの収集

エ

警察

オ

上下水道の整備

カ

郵便物の取り集め

(2) 次の［　①　］に共通して当てはまる語句と，［　②　］に当てはまる語句をそれぞれ書きなさい。

> 売る側と買う側で，商品と代金を交換する約束をかわすことを，［　①　］という。
>
> また，一度結んだ［　①　］でも，訪問販売などで商品を購入した場合，資料４のような通知書によって解除することができる。これを［　②　］制度という。

資料４

［①］解除通知書
● 申込年月日　○○年○月○日
● 販売会社　○○会社
● 担当者名　○○　○○
● 商品名　○○○○一式
● ［①］金額　○○○，○○○円
右の［①］を解除いたします。
○○年○月○日
住所
氏名

2　次の略年表を見て，問いに答えなさい。(配点　22)

略年表

	日本のできごと	世界のできごと
～紀元前3世紀	(あ)大陸から稲作が伝わり，縄文時代から弥生時代に移り変わっていった	
618年		隋がほろび，唐がおこる
X　960年		宋（北宋）がおこる
1206年		モンゴル帝国が築かれる
1573年	(い)織田信長が足利義昭を京都から追放する	
18世紀後半		イギリスで(う)産業革命が始まる
1868年	五箇条の御誓文で(え)新たな政治の方針が示される	
1871年		ドイツが統一される
1939年	(お)第二次世界大戦が始まる	
1941年	(か)アジア・太平洋戦争が始まる	

問１　下線部(あ)について，２つの時代を比較した次の文の［　　　　］に当てはまる内容を，表１と図から読みとれることを手がかりに，15字程度で書きなさい。

縄文時代と弥生時代の違いとして，弥生時代には［　　　　］ことが考えられる。

表１　縄文時代と弥生時代の出土人骨に占める受傷人骨（傷を受けた人骨）の割合

	出土人骨数（体）	受傷人骨数（体）	受傷人骨の割合（%）
縄文時代	1,269	23	1.8
弥生時代	2,395	96	4.0

（「文化進化の考古学」より作成）

図　遺構図（かつてその場所で暮らした人々の住居や溝の跡などの図）

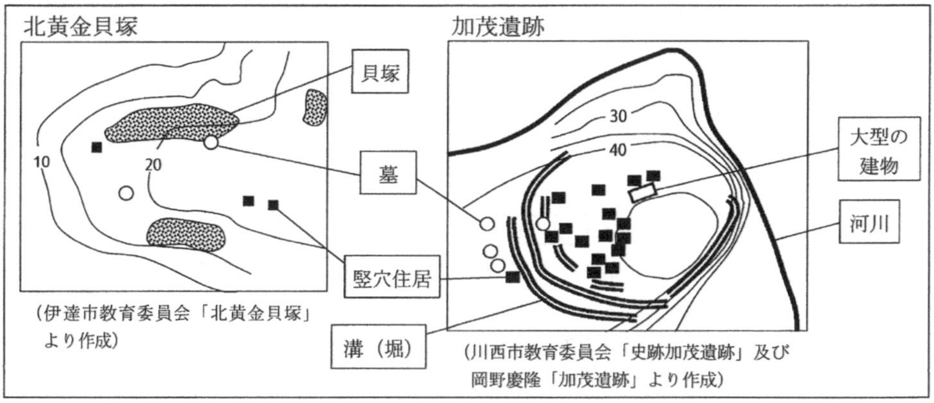

（伊達市教育委員会「北黄金貝塚」より作成）
（川西市教育委員会「史跡加茂遺跡」及び岡野慶隆「加茂遺跡」より作成）

問２　Ｘの時期におけるわが国の様子を述べた文として正しいものを，**ア**～**エ**から選びなさい。

ア　日本最大の古墳である大仙古墳が，略地図の①の場所につくられた。

イ　白村江の戦いの後に，山城や水城が，略地図の②の場所につくられた。

ウ　桓武天皇が蝦夷を降伏させた後に，支配拠点となる城を，略地図の③の場所につくった。

エ　源義家が，略地図の④の場所でおこった有力者の勢力争いをしずめた。

略地図

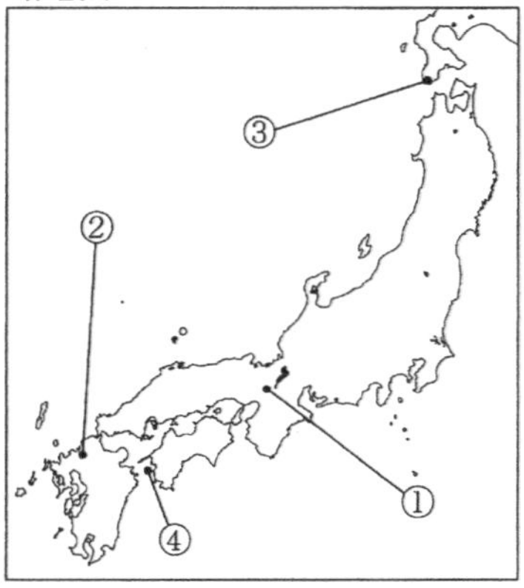

問３　下線部(い)の政策について，資料１は，生徒Ａが「織田信長の政策は成功したのか失敗したのか」というタイトルでレポートを作成するために収集したものです。

資料1

この市に移住するものは自由に領内を往来してよい。また，楽市楽座であることを承知した上で，商売を行うこと。

（「円徳寺所蔵文書」を現代語訳し一部要約したもの）

彼の統治前には道路に高い税を課し，これを納めさせたが彼は一切免除し税を払わせなかった。

（「日本史」を現代語訳し一部要約したもの）

収集した資料について，生徒Ａと生徒Ｂが議論をした際に，生徒Ｂは次のような意見を生徒Ａに述べました。

生徒Ｂの意見

政策の内容の資料だけを収集するのではなく，結果がわかる資料を加えることで，政策の内容と結果のつながりを考えることができると思うよ。

生徒Ｂの意見をもとに，生徒Ａが追加した資料として最も適当なものを，**ア**～**エ**から選びなさい。

ア　思いがけない結果であった。永遠に栄えるはずの京の都が，狐や狼のすみかとなるとは。また，わずかに焼け残っていた東寺や北野神社まで，灰になってしまうとは。

イ　大山崎の油を扱う座の商人たちの税を免除すること，また，各地で許しなく荏胡麻《えごま》を売買している者たちの油を絞る道具を破壊することを将軍が命令した。

ウ　新田開発が進み，皆がお金を出して肥料を買うようになったので，昔は干鰯が金一両で五十俵は買えたが，今は七，八俵しか買えないのが相場となってしまった。

エ　岐阜の町に着くと人々の出入りが騒がしく，各国の商人が塩布などの商品を馬に付けて集まり，混み合って何も聞こえず，売買や荷造りをする者が昼夜絶えることがない。

問４　下線部(う)に関して，メモは，中学生が産業革命と欧米諸国の海外進出についてまとめたものです。表２の①～③には，オランダ，イギリス，ドイツのいずれかの国が，また，Ａ，Ｂには，アジア，アフリカのいずれかの地域が当てはまります。メモを参考にし，表２の①～③に当てはまる国の名と，Ａ，Ｂに当てはまる地域をそれぞれ書きなさい。

メモ

１７世紀～　オランダがアジア進出に乗り出す→貿易や農園開発を進める

18世紀後半～　イギリスで産業革命が始まる→大量に生産した工業製品を世界中に輸出

【その後の世界の動き】

イギリスから技術を導入し，製品を生産する国	イギリスから製品を購入し，原材料を輸出する国

２つのタイプに分かれる

19世紀末～　イギリス・フランスにドイツ・アメリカなどを加えた列強が，植民地を求めアジアやアフリカなどへ進出

表２　欧米諸国の植民地領有面積

植民地とした地域／国名	Ａ		Ｂ		その他		合計	
	1876年	1900年	1876年	1900年	1876年	1900年	1876年	1900年
①	3,765	5,224	707	9,201	18,004	18,288	22,476	32,713
フランス	160	664	700	10,211	105	110	965	10,985
②	―	0.5	―	2,352	―	244.5	―	2,597
③	1,521	1,521	―	―	524	525	2,045	2,046
アメリカ	―	296	―	―	1,553	1,580	1,553	1,876

※　単位は千㎢。（「近代国際経済要覧」より作成）

問５　下線部(え)に関して，資料２を読み，［　　　］に当てはまる語句を書きなさい。また，資料２について説明した文として適当なものをａ～ｆから２つ選んだとき，組み合わせとして正しいものを，**ア～ケ**から選びなさい。

資料２

七月十四日，［　　　］の令を発せられ，各旧藩主は妻子とともに東京に在住することを令せられた。鹿児島県参事（後の県令）には大山綱良が任命された。島津久光公（薩摩藩元藩主の父）は，この令が当時の急務であることはわかっておられたが，突然の命令については，全て西郷と大久保の独断から行われたものであったことなどの不満に堪えられず，命令の知らせが鹿児島に達した夜に，家来の侍たちに命じ，邸中に花火を打ち上げさせ，憤気を漏らされた。（「忠義公史料七巻」所収『市来四郎君自叙伝十』より作成）

ａ　「この令」の目的は，政府の収入を増やすことである。

ｂ　「この令」の目的は，中央集権国家の建設を進めることである。

ｃ　「この令」の目的は，地方分権を進めることである。

ｄ　「この令」が出された後，「久光公」と子の元藩主は，身分制の廃止により平民となった。

ｅ　「この令」が出された後，「西郷」と「大久保」は，征韓論をめぐり対立した。

ｆ　「この令」が出された後，「侍たち」の身分の人々のみで全国統一の軍隊がつくられた。

ア a, d　　イ a, e　　ウ a, f　　エ b, d　　オ b, e
カ b, f　　キ c, d　　ク c, e　　ケ c, f

問6　下線部㋔, ㋕について, 中学生が作成したレポートの [　　　　] に当てはまる内容を, 語群から適当な語句を2つ選んで使い, 書きなさい。

レポート

1　問い

アメリカと日本が戦争の目的として主張したことは何だったのか。

2　方法

戦争中は, 政治的意図をもった主義・思想などの宣伝が行われていた。そこで戦争中に, 政府の主張が反映された国民向けの書籍を収集し, それを読みとることで, 戦争の目的がつかめると考えた。

3　収集した資料

①アメリカの漫画の表紙
(1942年発行)

(「Superman Vol 1 #17」)

②日本の絵本の記載
(1944年発行)

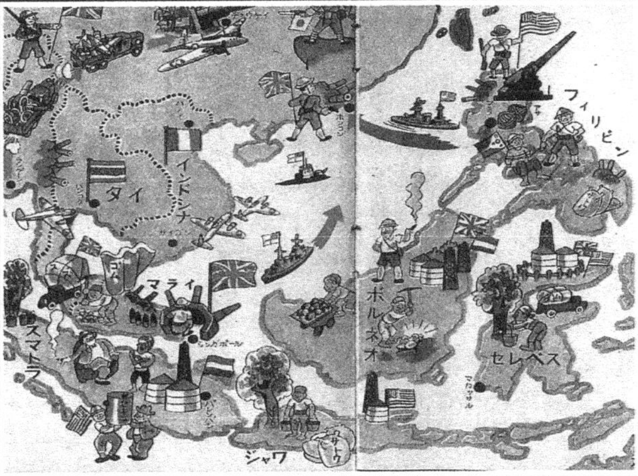

ゴラン　ナサイ。アメリカ　ヤ　イギリス　ヤ　オランダ　ハ,
ダイトウア　ノ　私タチヲ, グンタイ　ノ　チカラ　デ　オサエツケ,
コンナ　ニ　ワルイ　コトヲ　シテ　イタ　ノ　デス。

(「ダイトウアキョウドウセンゲン」より作成)

4　考察（アメリカと日本が戦争の目的として主張したこと）

[　　　　]

5　新たな疑問

・政府が主張したことは, 本当の目的なのか, 異なる目的はなかったのか。
・実態はどうだったのか。
・国民は政府の主張をどのように受け止めたのか。

語群

シベリア出兵	大西洋憲章	ポツダム宣言	大東亜共栄圏	冷戦

3　次の**A**，**B**に答えなさい。（配点　22）

A　略地図を見て，次の問いに答えなさい。

略地図

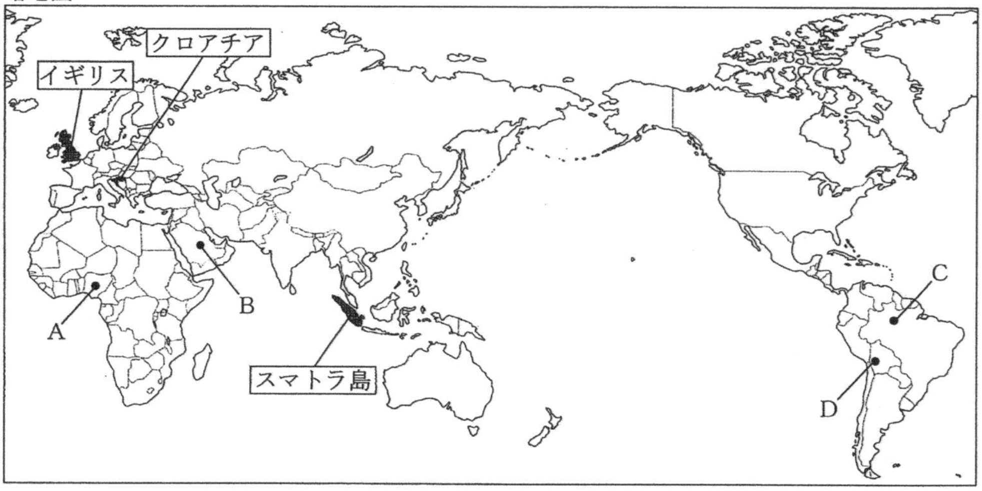

問１　次の文は，ある都市を訪れる際の注意事項をまとめたものです。｛　　｝に当てはまる語句を，**ア**，**イ**から選びなさい。また，この都市の位置を，略地図のＡ～Ｄから選びなさい。

> この都市の年平均気温は約９℃です。月平均気温は一年をとおしてほとんど変わりませんが，朝晩と日中は気温差が大きいため，調整ができる重ね着をおすすめします。
> また，この都市は，標高が｛**ア**　高い　　**イ**　低い｝ため，旅行者の約半数が，酸素吸入等の処置を受けています。旅行の際には，体調にお気をつけください。

問２　略地図のスマトラ島について，生徒と先生との次の会話を読んで，[　　　　]に当てはまる内容を簡単に書きなさい。

> 生徒：先日，資料１の文章を目にしました。なぜ，スマトラ島では，このような問題が起きているのでしょうか？
> 先生：その問題を，グラフと資料２から考えてみましょう。グラフは，インドネシアにおけるパーム油の生産量の推移を示しています。このグラフと関連付けて考えると，資料２のスマトラ島の地図から，どのようなことが起きているかわかりますか？
> 生徒：スマトラ島では，[　　　　]が起こっているのではないでしょうか。
> 先生：そのとおりです。遠い国のことのようですが，インドネシア産のパーム油は日本にも輸入されており，私たちの口にも入っているんですよ。

資料１

スマトラ島には，アジアゾウの生息場所としては東南アジアで最大級の熱帯雨林（熱帯林）があります。現在，ここでは，人間とゾウの深刻な衝突が起きています。ゾウの群れは地域の住民のプランテーションを荒らし，住民はそのゾウを毒殺する，という悲劇が繰り返されています。さらに，住民がゾウやトラに襲われて命を落とす事故もあとを絶ちません。

（WWFジャパンのホームページより作成）

グラフ

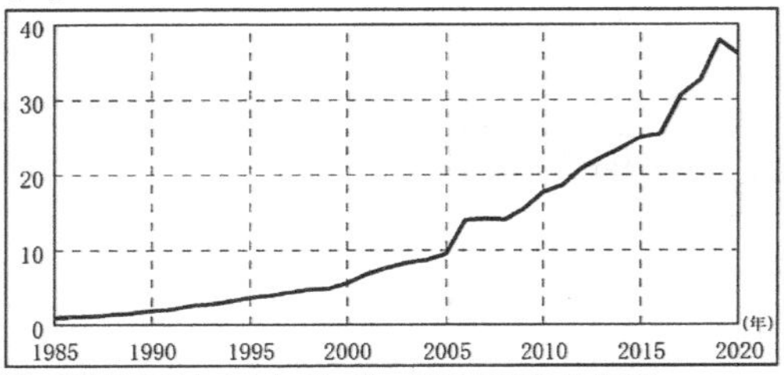
40
30
20
10
0
1985
1990
1995
2000
2005
2010
2015
2020
(年)

※ 1985年の値を１としている。（FAO STATより作成）

資料２

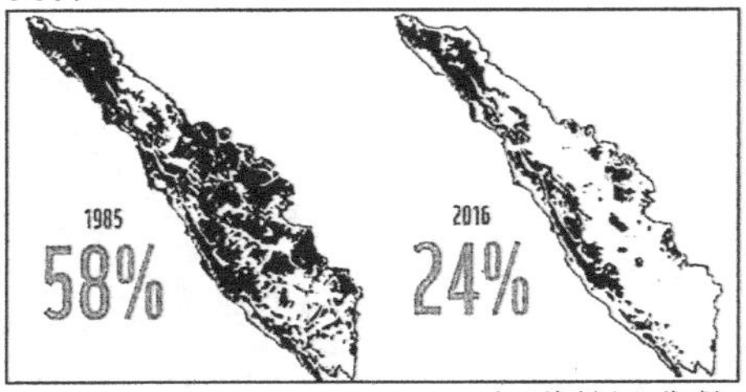
1985
58%
2016
24%

（WWF資料より作成）

問３　資料３は，略地図のイギリスとクロアチアで，ＥＵへの加盟もしくはＥＵからの離脱を決める国民投票を実施した際の代表的な意見を示したものです。資料３のＸ国，Ｙ国について説明した文として適当なものをａ～ｆから３つ選んだとき，組み合わせとして正しいものを，**ア**～**ク**から選びなさい。

資料３

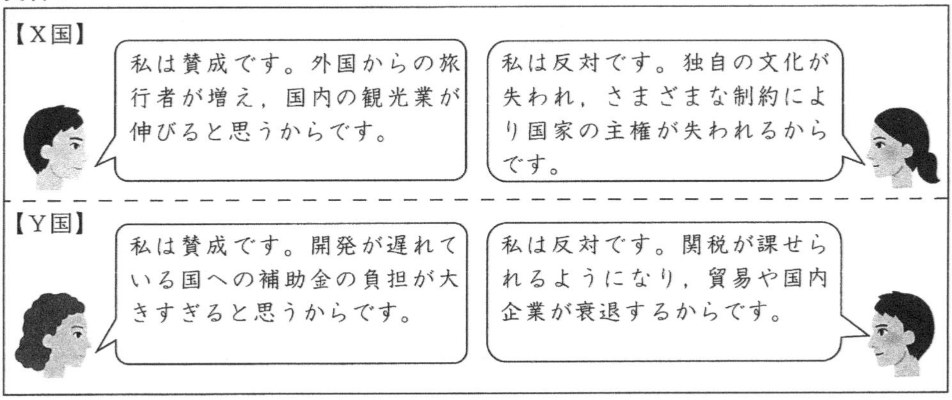
【Ｘ国】
私は賛成です。外国からの旅行者が増え，国内の観光業が伸びると思うからです。
私は反対です。独自の文化が失われ，さまざまな制約により国家の主権が失われるからです。
【Ｙ国】
私は賛成です。開発が遅れている国への補助金の負担が大きすぎると思うからです。
私は反対です。関税が課せられるようになり，貿易や国内企業が衰退するからです。

ａ　Ｘ国はイギリス，Ｙ国はクロアチアである。
ｂ　Ｘ国はクロアチア，Ｙ国はイギリスである。
ｃ　Ｘ国の賛成論には，独自の経済政策を実施しやすくなるという意見も多くあった。
ｄ　Ｘ国の反対論には，優秀な人材が外国に流出してしまうという意見も多くあった。
ｅ　Ｙ国の賛成論には，国境の管理を厳しくすることができるという意見も多くあった。
ｆ　Ｙ国の反対論には，他国からの労働者が増加してしまうという意見も多くあった。

ア　ａ，ｃ，ｅ　　**イ**　ａ，ｃ，ｆ　　**ウ**　ａ，ｄ，ｅ　　**エ**　ａ，ｄ，ｆ
オ　ｂ，ｃ，ｅ　　**カ**　ｂ，ｃ，ｆ　　**キ**　ｂ，ｄ，ｅ　　**ク**　ｂ，ｄ，ｆ

B 略地図を見て，次の問いに答えなさい。

略地図

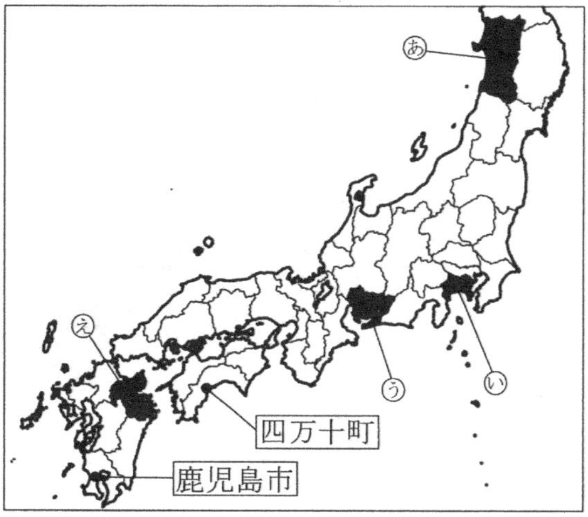

問１　表のａ～ｄには，略地図のあ～えの県のいずれかが当てはまります。いとえの県が当てはまるものを，ａ～ｄからそれぞれ選びなさい。

表

項目＼県	a	b	c	d
年齢別人口の割合（%）（0-14／15-64／65-）	13.1／61.8／25.1	9.8／53.0／37.2	11.9／62.8／25.3	12.2／54.9／32.9
食料自給率(%)	11	190	2	47
昼間人口（万人）	759	102	832	117
夜間人口（万人）	748	102	913	117

※　食料自給率はカロリーベース。データは，年齢別人口の割合は2019年，食料自給率は2018年度，昼間人口及び夜間人口は2015年。（「データでみる県勢2021」より作成）

問２　略地図の鹿児島市に住んでいるＡさんと四万十町に住んでいるＢさんのオンラインでの会話を読んで，［①］，［②］に当てはまる語句をそれぞれ書きなさい。また，写真２の施設が設置されている位置を，地形図上のＸ～Ｚから選びなさい。

Ａさん：私が住む鹿児島市では，［①］による噴石等の被害が想定されており，写真１は，［①］が発生した際に避難する施設です。

Ｂさん：私が住む四万十町では，大地震による被害が想定されており，写真２は，大地震に伴う［②］が発生した際に避難する施設です。

Ａさん：その土地に応じた避難施設がつくられているんですね。

写真１

写真２

地形図

問3　資料1は，中学生Cさんが「工場が置かれている場所」というテーマで発表したときに使用したものです。そして，Cさんの発表を聞いたDさんは，発表内容から抱いた疑問を考察するために，資料2を作成しました。資料2の［　　　　　］に当てはまる内容を，「輸送」と「原料」という2つの語句を使い，書きなさい。

資料1

問い　工場はどのような場所に置かれるのだろうか。

考察するための資料

①熊本県益城町の工場群　　②神奈川県横浜市の工場群

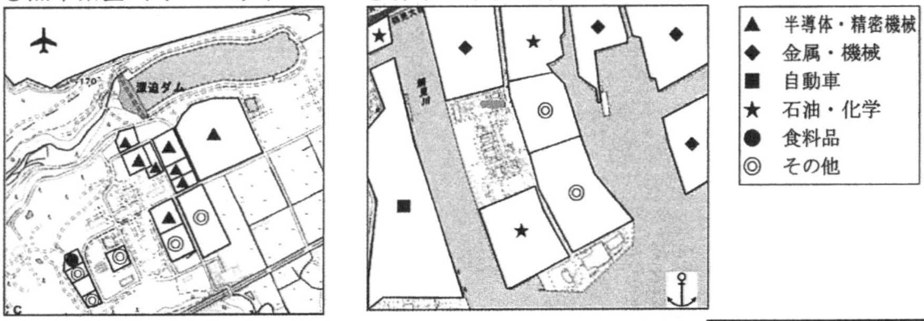

考察

①半導体，精密機械などの製品が，空港の近くで生産されている。

②金属，機械，自動車などの製品が，港の近くで生産されている。

→ 工場は製品の輸送に適した，空港や港の近くに置かれている。

資料2

Cさんの発表から抱いた疑問　資料の㋐のセメント工場は，近くに空港も港もないのに，どうしてそこに置かれているのだろうか。

考察するための資料

㋐山口県美祢市のセメント工場とその周辺

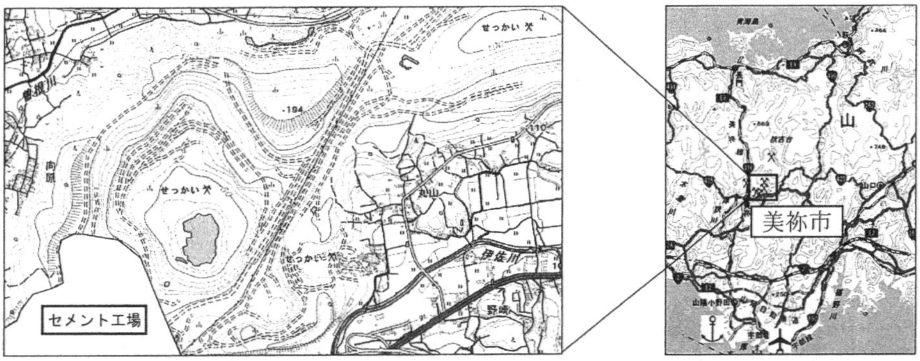

㋑セメントの製造工程

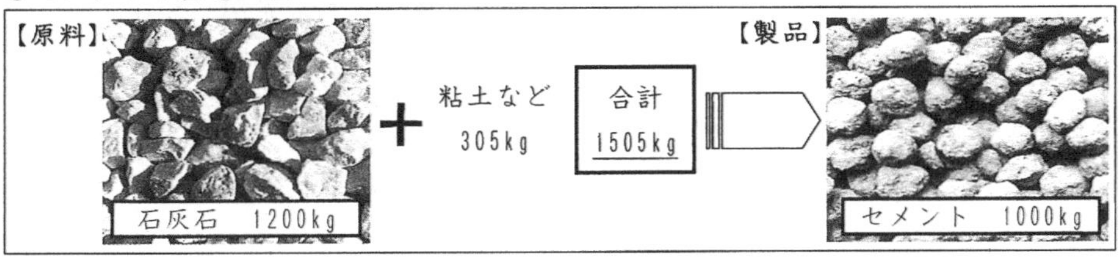

考察　資料の㋐，㋑から，この工場は，［　　　　　］に置かれていることがわかった。製品によっては，空港や港の近くに工場が置かれていないこともある。

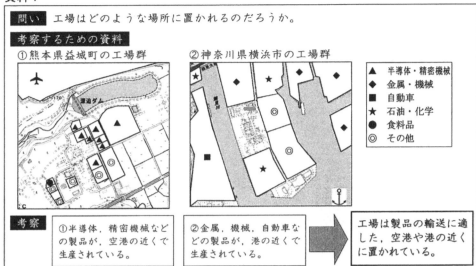

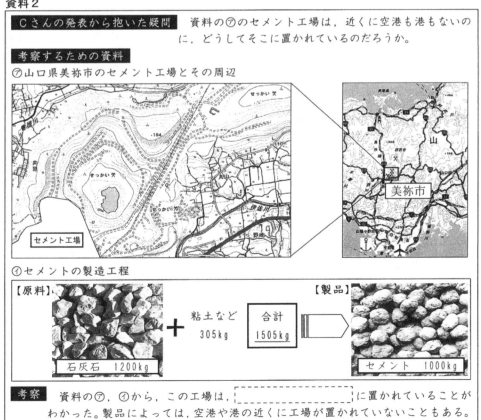

4　資料１は，ある中学校の社会科の授業で，生徒たちが探究するために設定した課題をまとめたものの一部です。これを見て，次の問いに答えなさい。（配点　22）

資料１

生徒Ａ　私たちの身近な生活と(あ)基本的人権には，どのような関係があるだろうか？
生徒Ｂ　(い)国際社会の課題には，どのようなものがあるだろうか？
生徒Ｃ　日本銀行は，(う)物価の安定にどのような役割を果たしているのだろうか？
生徒Ｄ　(え)国会議員は，どのような仕事をしているのだろうか？
生徒Ｅ　(お)国際連合が国際平和に果たす役割には，どのようなものがあるだろうか？
生徒Ｆ　(か)ＳＤＧｓ（持続可能な開発目標）達成に向け，私たちができることは何だろうか？

問１　下線部(あ)について，資料２は，生徒Ａが集めた新聞記事の見出しを示したものです。記事１～４にかかわりの深い国民の権利として最も適当なものを，**ア**～**オ**からそれぞれ選びなさい。

資料２

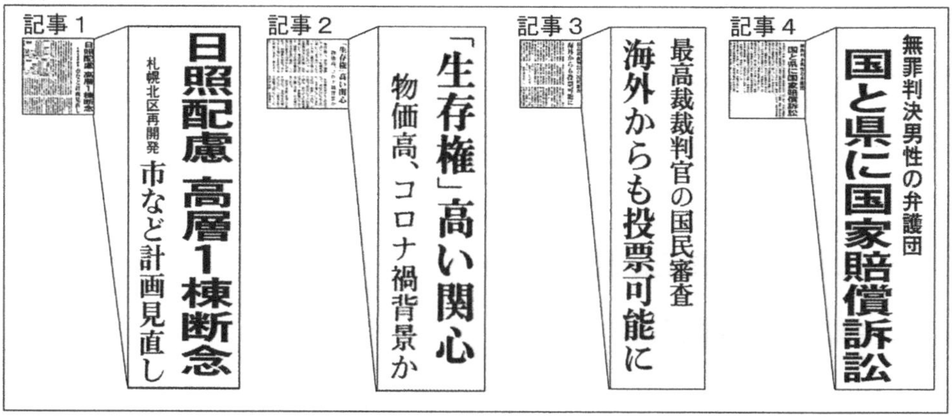
記事１
日照配慮 高層１棟断念
札幌北区再開発 市など計画見直し

記事２
「生存権」高い関心
物価高、コロナ禍背景か

記事３
最高裁裁判官の国民審査
海外からも投票可能に

記事４
無罪判決男性の弁護団
国と県に国家賠償訴訟

ア　社会権　　**イ**　平等権　　**ウ**　参政権　　**エ**　請求権　　**オ**　環境権

問２　資料３は，生徒Ｂが下線部(い)について収集したものです。資料３から読みとれる経済的な問題を何といいますか，書きなさい。また，その問題の内容を，簡単に説明しなさい。

資料３　国内総生産（ＧＤＰ）に応じて各国の面積を変更した地図

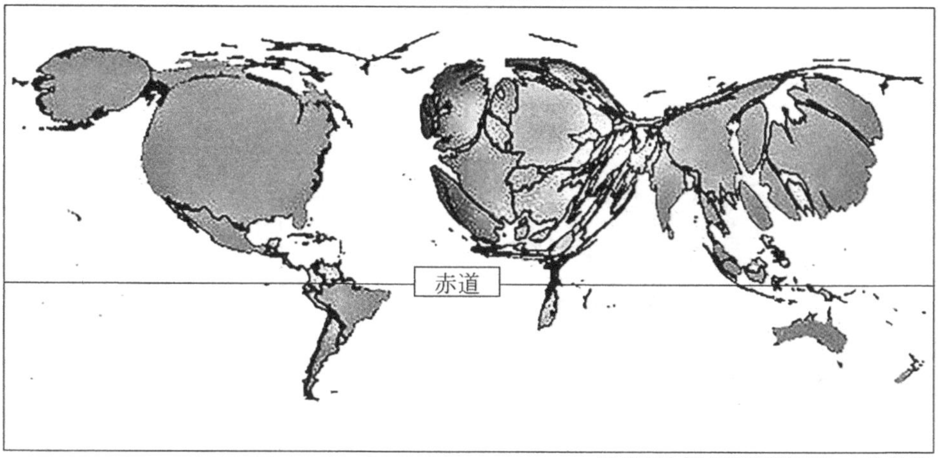

（世界銀行「世界開発報告2009」より作成）

問3　下線部⑤について，次の先生と生徒Cの会話を読んで，①～④の｛　　　｝に当てはまる語句を，ア，イからそれぞれ選びなさい。なお，資料5の ③ ， ④ には，③，④の｛　　　｝と同じ語句が入ります。

先　生：物価についての資料を見てみましょう。資料4は，何をあらわしていますか？

生徒C：資料4は，①｛ア　インフレーション　　イ　デフレーション｝をあらわしていると思います。

先　生：そのとおりです。それでは，資料5は，何をあらわしていますか？

生徒C：資料5は，一般的に②｛ア　インフレーション　　イ　デフレーション｝の際に行われる金融政策をとった時の動きだと思います。

先　生：そのとおりですね。この場合，金利が上がるため，企業や個人などが銀行からお金を③｛ア　借りやすく　　イ　借りにくく｝なります。

生徒C：資料5であらわしている金融政策は，景気が④｛ア　活発になり　イ　おさえられ｝，物価が安定した状態になることを目的に実施されますよね。

先　生：そのとおりです。学習の成果がしっかりあらわれていますね。

資料4

資料5

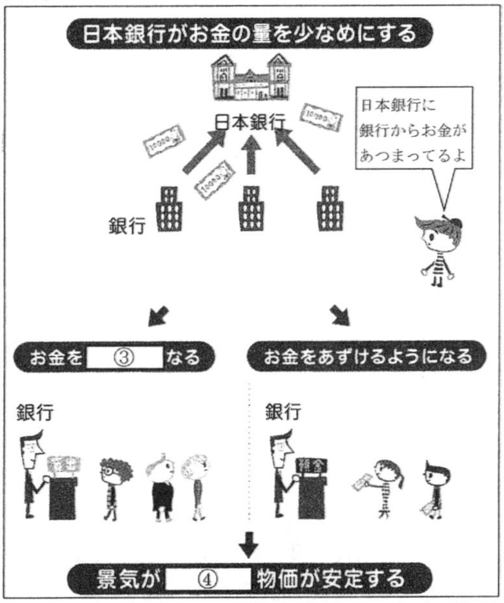

（「にちぎん☆キッズ」より作成）

問4　下線部㋒について，ア～ウは，生徒Dが3人の国会議員にインタビューした内容をまとめたものの一部です。 ① ， ② に当てはまる語句をそれぞれ書きなさい。また，初当選が，衆議院議員だった国会議員のものを，ア～ウからすべて選びなさい。

ア	イ	ウ
国会議員Xさん	国会議員Yさん	国会議員Zさん
○初当選時の年齢　45歳	○初当選時の年齢　33歳	○初当選時の年齢　28歳
○1つの選挙区で1人を選ぶ ① 制で当選	○全国を1つの単位として実施される ② 制で当選	○全国を11のブロックに分けて行われる ② 制で当選
○初当選のときの在職期間 2009年8月～2012年12月	○初当選のときの在職期間 2013年7月～2019年7月	○初当選のときの在職期間 2017年10月～2021年10月

問５　ノートは，生徒Ｅが下線部㋔について調べ，まとめたものです。［①］，［②］に当てはまる語句を，それぞれ書きなさい。

ノート

１　国際平和に向けた国際連合の活動について
　写真は，紛争が起こった地域で選挙の監視を行っている様子である。これは，［①］と呼ばれる国連の活動の１つであり，1992年以降，日本も参加している。

写真

２　国際平和に向けた国際連合の役割について
　国連の最大の役割は，世界の平和と安全の維持である。図は，侵略などをした国に制裁を加えることができるとする国連の考え方や制度を示したものである。こうした考え方や制度を［②］という。

図

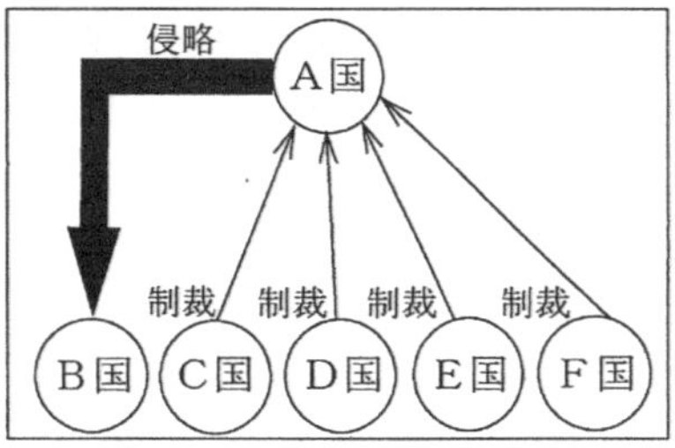

問６　下線部㋕について，資料６の写真は，2023年に札幌で開催されたＧ７気候・エネルギー・環境大臣会合の様子です。地球規模の環境課題の解決に向けて，あなたなら授業でどのような提案をするか，次の条件１～３にしたがって説明しなさい。

条件１　取り上げる地球規模の環境課題は，資料６をふまえること。
条件２　あなたが提案することは，資料７をふまえ，具体的に書くこと。
条件３　あなたの提案によって，課題の解決に向けて期待できる効果を書くこと。

資料６

この会合では，われわれ人類が直面する地球規模の環境課題について話し合われました。特にパリ協定をふまえ，Ｇ７が様々な行動を実施していくことが確認されました。

（「Ｇ７気候・エネルギー・環境大臣会合コミュニケ」より作成）

資料７

ひとりひとりができること
ゼロカーボンアクション30

「移動」を「エコ」に。
smart move

各地で異常気象が発生する中，地球規模の環境課題の解決に向け，日本は「ゼロカーボンアクション30」に取り組んでいます。そのうちの「スマートムーブ」は，日常生活の様々な移動手段を工夫する取り組みであり，環境にやさしい移動を推奨しています。

（政府広報オンライン及び環境省ホームページより作成）

令和６年度
高等学校入学者選抜学力検査問題

第　４　部

理　科

（50分）

注　　意

1　問題は，1 から 5 まであり，10ページまで印刷してあります。

2　答えは，すべて別紙の解答用紙に記入し，解答用紙だけ提出しなさい。

3　問いのうち，「……選びなさい。」と示されているものについては，問いで指示されている記号で答えなさい。

1 次の問いに答えなさい。(配点　28)

問１　次の文の ① ～ ⑧ に当てはまる語句を書きなさい。

(1)　力を表す三つの要素には，力のはたらく点，力の向き，力の ① がある。

(2)　１種類の元素からできている物質を ② という。

(3)　ムラサキツユクサなどの葉の表皮には，２つの三日月形の細胞で囲まれたすきまがある。このすきまを ③ という。

(4)　火山岩や深成岩は，長石（チョウ石）などの無色の ④ と，黒雲母（クロウンモ）などの有色の ④ の種類やその割合によって，さらに分類することができる。

(5)　太陽や電灯のように，自ら光を出すものを ⑤ という。鏡で反射する光の道すじを調べる実験では， ⑤ 装置から出したまっすぐ進む光を用いるとよい。

(6)　鉄が空気中の酸素と結びついて ⑥ 鉄になるように，物質が酸素と結びつく化学変化を ⑥ という。

(7)　目，鼻，耳など，外界から刺激を受けとる器官を ⑦ 器官という。

(8)　地球の歴史は，示準化石などをもとに，古生代，中生代，新生代などの ⑧ 年代に区分される。

問２　次の文の ① ， ② に当てはまる語句を，それぞれ書きなさい。

図１は，アンモニアを集めるようすを示している。この方法を用いて集めるのは，アンモニアが，水に ① ，空気より密度が ② という性質をもつからである。

図１

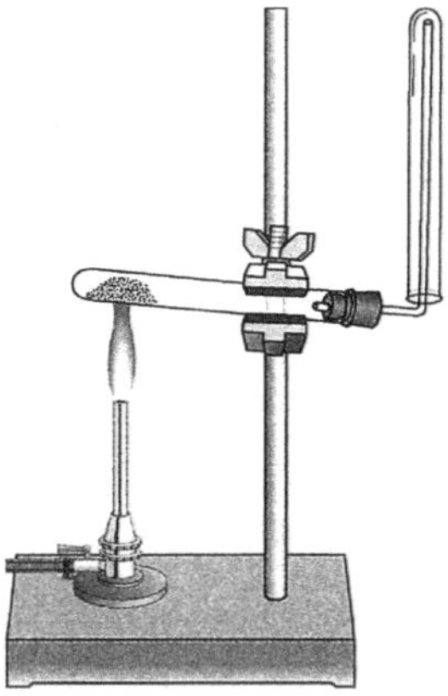

問３　図２は，ある植物に見られる器官を模式的に示したものである。図２の器官をもつ植物を，**ア～オ**から１つ選びなさい。

図２

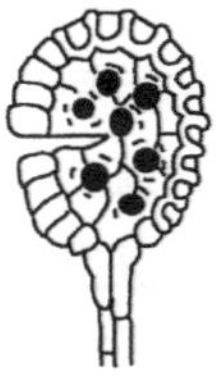

ア　タンポポ　　**イ**　トウモロコシ　　**ウ**　イチョウ　　**エ**　ゼニゴケ
オ　イヌワラビ

問４　３Ｖの電圧を加えると，150mAの電流が流れる電熱線がある。この電熱線を３Ｖで300秒間使ったときの電力量は何Ｊか，書きなさい。

問５　図３のように，重さが60Ｎの直方体の物体を水平面に置いたとき，物体が水平面におよぼす圧力は120Paであった。このときの物体の底面積は何m^2か，書きなさい。

図３

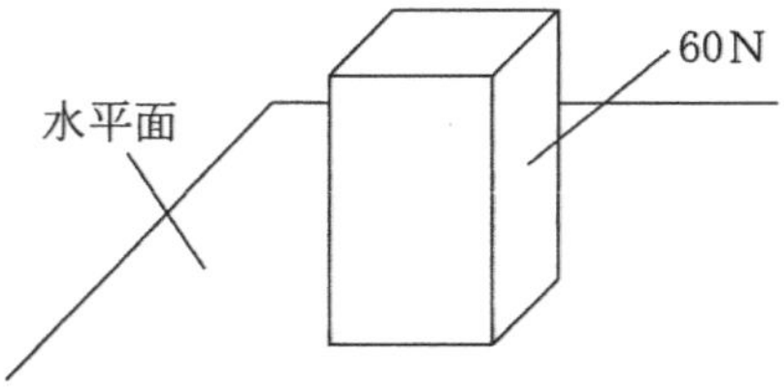

2 Kさんは，タマネギのなかまであるニンニクの芽の成長のしくみについて，科学的に探究した内容を，レポートにまとめました。次の問いに答えなさい。(配点　18)

レポート

ニンニクの芽の成長について

【課題】 ニンニクの芽が成長するとき，芽の細胞はどのように変化するのだろうか。

【観察】 <u>ニンニクを水につけておいたところ，芽や根が出て新しい個体となった</u>。そのニンニクを半分に切り，芽の先端部分，中間部分，根もとの部分をそれぞれ取り出し，60℃のうすい塩酸にひたした。数分後，塩酸から取り出し，それぞれ別のスライドガラスにのせ，えつき針でくずし，染色液で染色した後，カバーガラスをかけて，その上からおしつぶした。これらを顕微鏡で観察し，それぞれ同じ倍率でスケッチした。

《新しい個体となったニンニク》　　《観察したニンニクの芽の部分》

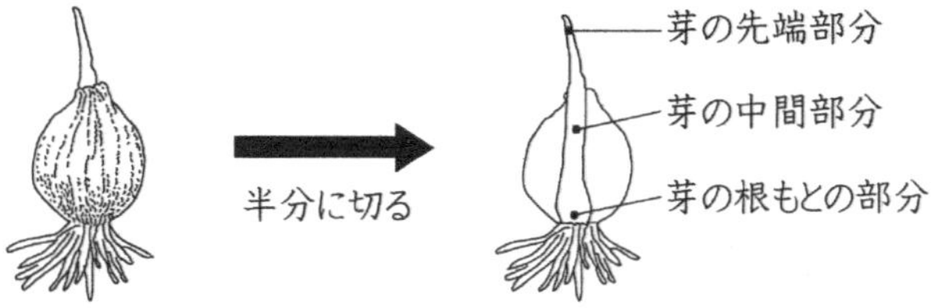

【結果】

先端部分	中間部分	根もとの部分
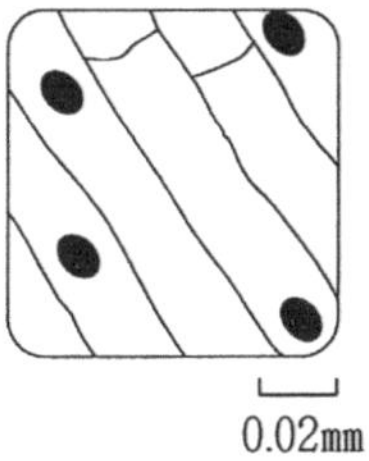	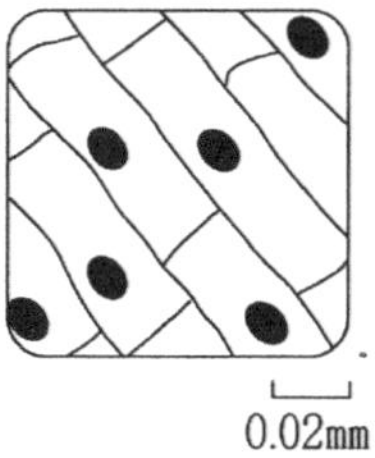	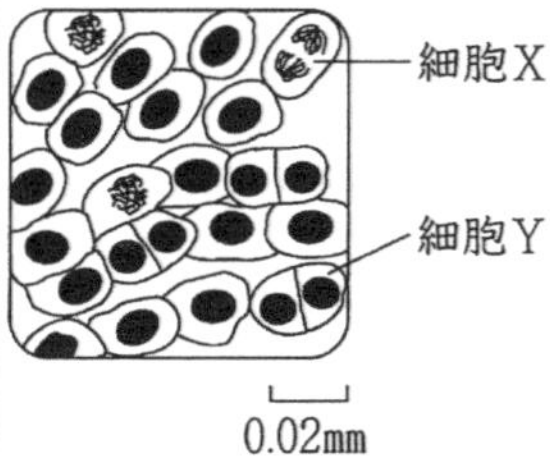

【考察】 ニンニクの芽が成長するとき，［　　　　　　　　］と考えられる。

【新たな疑問】 核が見られる細胞より，ひも状の染色体が見られる細胞の数が少ないのは，どうしてだろうか。

問１　下線部のようなふえ方を無性生殖という。無性生殖の遺伝の特徴について，「染色体」，「形質」という語句を使って書きなさい。

問２　【観察】において，芽のそれぞれの部分をえつき針でくずしたり，カバーガラスの上からおしつぶしたりすると，細胞が観察しやすくなる。その理由を書きなさい。

問３　次の文は，【結果】の細胞Ｘと細胞Ｙに含まれる染色体の数について説明したものである。説明が完成するように，［①］に当てはまる語句を書きなさい。また，［②］に当てはまる数値を書きなさい。

細胞Ｘでは，細胞分裂が始まる前に染色体が［①］されているため，細胞Ｙに含まれる染色体の［②］倍の数の染色体が含まれている。

問４　ニンニクの芽が成長するとき，芽のどの部分の細胞がどのように変化すると考えられるか，【考察】の［　　］に当てはまる内容を，【結果】をもとに書きなさい。

問５　図は，レポートの【新たな疑問】について，Ｋさんが調べてまとめたものである。図の［①］に当てはまる語句を書きなさい。また，［②］に当てはまる数値を書きなさい。

図

【文献で調べたこと】

・タマネギの根の細胞分裂の過程における，A～Eの時期の細胞の数と，それぞれの時期にかかる時間は表のとおりであった。

A	B	C	D	E
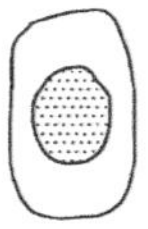		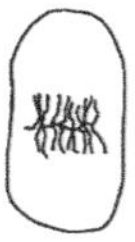	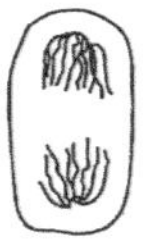	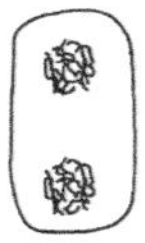
234個	36個	15個	6個	9個
19.5時間	3時間	1.25時間	0.5時間	0.75時間

・表から，A～Eの時期の細胞の数と，それぞれの時期にかかる時間は［①］の関係にあると考えられる。

【ニンニクの芽で調べたこと】

・ニンニクの芽の根もとの細胞300個を観察し，文献のA～Eにあたる時期の細胞の数をそれぞれ数えた。

A	B	C	D	E
275個	15個	3個	3個	4個

【考察】

・文献で調べたことをもとに考えると，ニンニクの芽でひも状の染色体が見られる細胞の数が少ないのは，ひも状の染色体が見られる時期にかかる時間が短いからだと考えられる。

・ニンニクの芽では，ひも状の染色体が見られる時期にかかる時間は，核が見られる時期にかかる時間の［②］分の１と考えられる。

3 次の問いに答えなさい。(配点　18)

物質の水へのとけ方を調べるため，次の実験を行った。

実験　[1] 水50 g を入れたビーカーA，Bを用意し，それぞれの水の温度を40℃に保った。

[2] 図１のように，Aには物質Xを，Bには物質Yをそれぞれ５ g加え，十分にかき混ぜたあと，加えた物質がすべてとけたかどうかを確認した。

[3] [2]の操作を，それぞれ10回繰り返したところ，ⓐAは７回目から，Bは４回目から，それぞれ飽和したことが確認できた。

図１

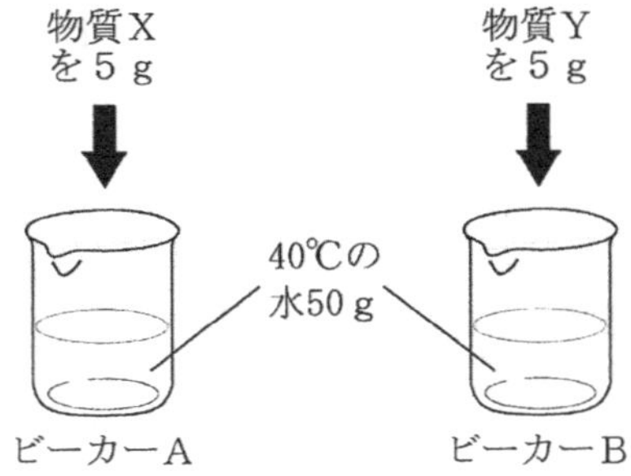

[4] 次に，Aの水溶液をあたためると，この水溶液の温度が56℃でXはすべてとけた。Aの水溶液を20℃までゆっくり冷やし，再び出てきたXの固体をⓑろ紙とろうとを用いてろ過をして取り出し，その固体の質量をはかると34 g であった。

[5] 同様に，Bの水溶液をあたためたが，この水溶液の温度が60℃になっても，Yはすべてとけなかったのでろ過をして，ⓒそのろ液の温度を20℃までゆっくり冷やしたが，ろ液からYの固体は，ほとんど出てこなかった。図２のように，このろ液をビーカーCに入れ，ろ液の温度を20℃に保った状態で密閉せずに静かに置いておき，１週間後に観察したところ，ろ液に含まれる水が半分に減り，Yの固体がCの底に出てきた。

図２

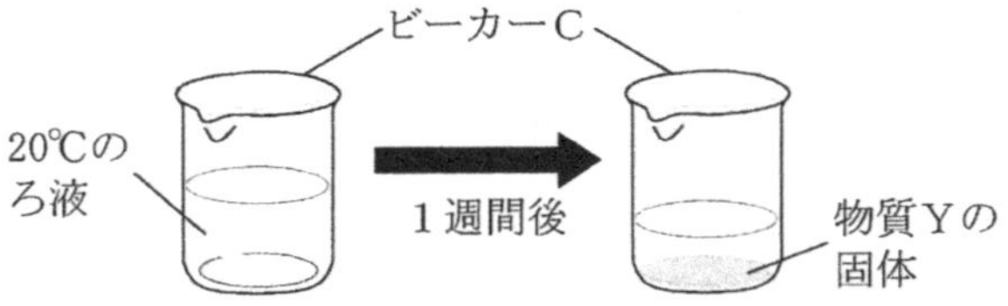

問１　実験[1]～[3]について，次の⑴，⑵に答えなさい。

⑴　ビーカーAについて，３回目の操作をした後の水溶液の質量パーセント濃度は何%か，書きなさい。ただし，答えは，小数第１位を四捨五入し，整数で書きなさい。

⑵　下線部ⓐについて，ビーカーA，Bにおいて，飽和したことが確認できたのはどのような現象が共通して見られたからか，書きなさい。

問2　実験[4]について，次の(1)，(2)に答えなさい。

(1)　次の文は，下線部ⓑについて，ろ過の方法について述べたものである。 ① ， ② に当てはまる内容をそれぞれ書きなさい。また， ③ に当てはまる語句を書きなさい。

ろ紙を2回折り，円すい形に開いてろうとに入れ，そのろ紙を ① ，ろうとに密着させる。ろうとの先の切り口が長いほうを ② 。ろうとに液を入れるときは ③ を伝わらせて少しずつ入れる。

(2)　図3は，さまざまな物質について，水の温度と100gの水にとける物質の質量との関係をグラフに表したものである。次の文の ① に当てはまる数値を書きなさい。また， ② に当てはまる記号を，図3のP～Rから選びなさい。

物質Xの溶解度は20℃のとき ① gであることから，Xの溶解度曲線は ② と考えられる。

図3

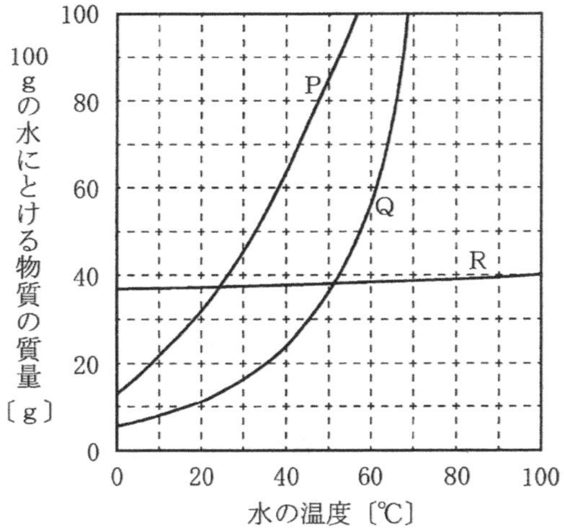

問3　実験[5]について，下線部ⓒの理由を書きなさい。また，図4は，図2のビーカーCにおける物質Yの粒子をモデルで表したものである。1週間後のYの粒子を表すモデルを，解答欄の図にかき加えなさい。ただし，●は陽イオン，○は陰イオンを示している。

図4

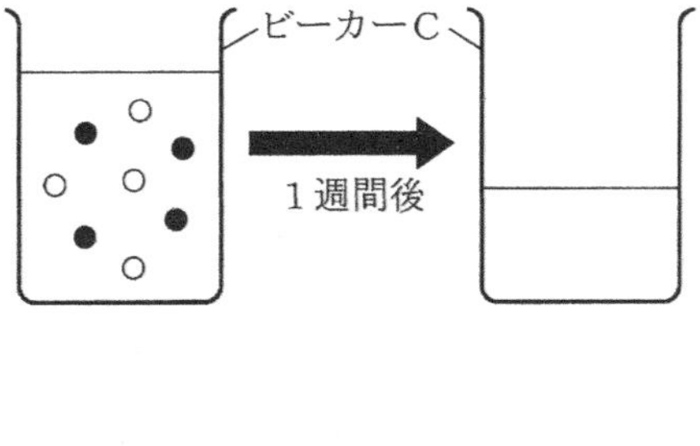

4 次の問いに答えなさい。(配点　18)

台風について調べるため，次の実習１，２と実験を行った。

実習１　ある年の８月に北上した台風Ｘの進路と中心気圧，月平均海水温をインターネットで調べ，図１にまとめた。

図１

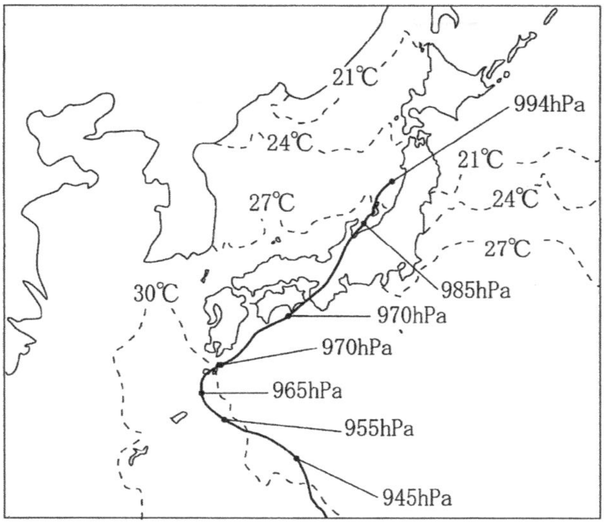

実習２　実習１と同じ年の９月17日から18日にかけて北上した台風Ｙについて，日本の３つの地点で台風Ｙが接近したと考えられる時間帯の気圧と風向を調べ，表１～３にそれぞれまとめた。

表１

日	時	気圧〔hPa〕	風向
17	22	991.9	東
	23	988.7	東
	24	985.9	東
18	1	983.4	東北東
	2	983.1	北
	3	981.0	北北東
	4	982.3	北北西
	5	988.1	西北西
	6	992.1	西
	7	995.0	西

表２

日	時	気圧〔hPa〕	風向
17	17	988.6	東
	18	986.4	南東
	19	984.6	南南東
	20	983.1	南
	21	983.0	南南西
	22	983.4	南西
	23	984.3	南南西
	24	987.3	西北西
18	1	989.7	西
	2	991.2	西

表３

日	時	気圧〔hPa〕	風向
17	20	989.6	北
	21	989.9	北
	22	989.7	北
	23	992.9	北
	24	994.5	北北西
18	1	996.4	北
	2	998.1	北西
	3	999.2	西
	4	1000.1	西北西
	5	1001.7	西

実験　四国地方のある県で，よく晴れた日に，ペットボトルとストローを用いて，図２のような装置を作成した。このとき，装置の内部の温度を一定に保ち，装置を常に同じ高さに設置して，実習２の台風Ｙが近づいたときにストローの中の液面を観察した。

図２

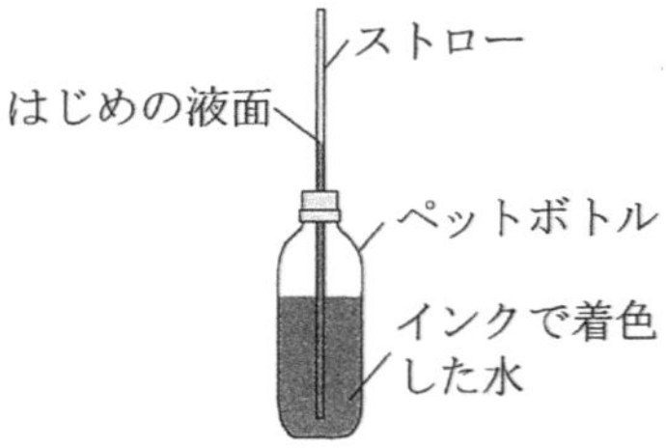

問１　実習１について，次の(1)～(3)に答えなさい。

(1)　次の文の ① に当てはまる語句を書きなさい。また， ② に当てはまる数値を整数で書きなさい。

日本では， ① 低気圧のうち，最大風速が約 ② m/s以上のものを台風と呼ぶ。

(2)　台風は，日本付近で，ある気団とある風によって弓なりの進路で進むことが多い。その原因となる，気団のおおよその位置を ⬭ で，風がふく向きを矢印で，解答欄の図にそれぞれかきなさい。

(3)　台風Ｘは日本海上で温帯低気圧に変わった。このことをふまえて，台風が発達するために必要な条件を，「水蒸気」という語句を使って，図１から読み取れることと関連づけて書きなさい。

問２　図３のＰ，Ｑ，Ｒは，実習２で調べた３つの地点のいずれかである。Ｐ～Ｒの観測データは，表１～３のうちどれか，それぞれ書きなさい。また，台風Ｙの進路を，解答欄の図の実線に続けてかき加えなさい。ただし，台風Ｙは北海道付近で温帯低気圧に変わったものとする。

図３

問３　実験について，台風Ｙが近づいたとき，図２のストローの中の液面はどのようになったか，書きなさい。また，その理由を説明しなさい。

5 Mさんは，位置エネルギーと仕事について，理科の授業で科学的に探究した内容を，レポートにまとめました。次の問いに答えなさい。（配点　18）

レポート

位置エネルギーと仕事

【課題】 位置エネルギーの大きさは，物体の質量や水平面からの高さに関係しているのだろうか。

【方法】 次の装置のように斜面をつくり，質量の異なる小球を，それぞれいろいろな高さからはなして，木片に当て，木片の移動距離を調べ，結果を表にまとめた。

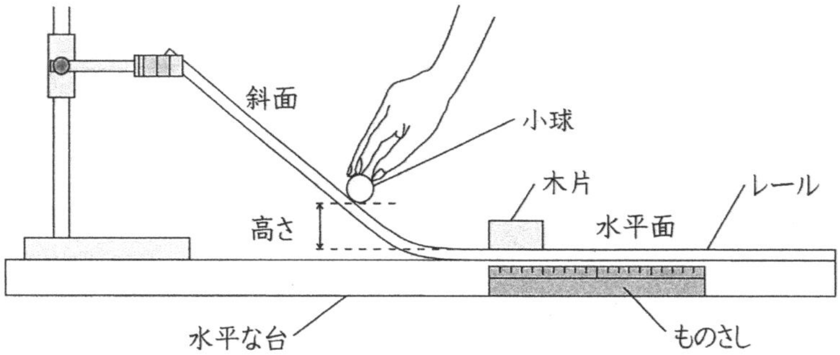

【結果】

		高さ2cm	高さ4cm	高さ6cm	高さ8cm
木片の移動距離〔cm〕	質量10gの小球	0.33	0.67	1.0	1.3
	質量30gの小球	1.0	2.0	3.0	4.0
	質量45gの小球	1.5	3.0	4.5	6.0

【考察】 小球の質量を大きくするほど，また，小球をはなす高さを高くするほど，木片の移動距離が大きくなるため，位置エネルギーも大きくなると考えられる。

【新たな課題と方法】

≪小球の速さと仕事の大きさ≫

木片に当たる直前の小球の速さが大きいほど，木片の移動距離は大きいのではないか。

→ 【方法】に加えて，[　　　　　　　　] する実験を行うと，確かめることができる。

≪斜面の傾きと仕事の大きさ≫

小球をはなす高さが同じであれば，斜面の傾きを変えて同じように実験を行っても，木片の移動距離は変わらないのではないか。

→ 斜面の傾きが10°と20°の場合に分けて，小球をはなす高さを同じにして実験を行うと，確かめることができる。

問1　【方法】と【結果】について，次の(1)，(2)に答えなさい。

(1)　図1の矢印は，斜面上の小球にはたらく重力を表したものである。この重力の，「斜面に平行な分力」と「斜面に垂直な分力」を，それぞれ解答欄の図に力の矢印でかきなさい。

図1

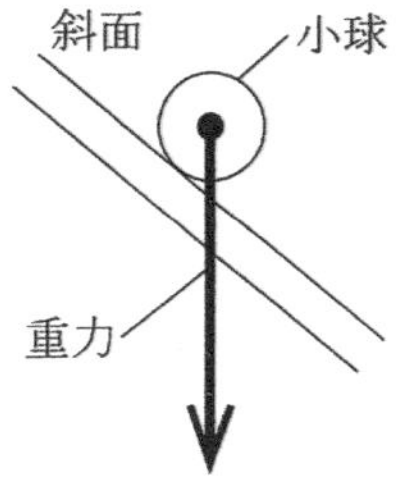

(2)　小球の質量が10ｇ，45ｇのとき，それぞれのはなす高さと木片の移動距離との関係をグラフにかきなさい。その際，横軸，縦軸には，目盛りの間隔（1目盛りの大きさ）がわかるように目盛りの数値を書き入れること。また，10ｇの小球の実験から得られた4つの値を×印で，45ｇの小球の実験から得られた4つの値を●印で，それぞれはっきりと記入すること。

問2　【考察】について，次の文の［①］，［②］に当てはまる数値を，それぞれ書きなさい。

【結果】から，質量90ｇの小球を高さ［①］cmから手をはなして木片に当てたとすると，木片の移動距離は15cmになると考えられ，この小球がもつ位置エネルギーは，質量30ｇの小球を高さ6cmから手をはなしたときの［②］倍である。

問3　≪小球の速さと仕事の大きさ≫について，［　　］に当てはまる内容を，使用する器具の名称とその器具を設置する位置にふれて，書きなさい。

問4　図2は，≪斜面の傾きと仕事の大きさ≫の下線部について，Mさんが過去の授業で記録した小球の速さと時間の関係を示したものである。小球をはなした高さから水平面に達するまでに重力が小球にした仕事の大きさと仕事率について，傾き10°のときは傾き20°のときの何倍か，それぞれ書きなさい。ただし，使用した小球は同じものとし，同じ高さからはなしたものとする。

図2

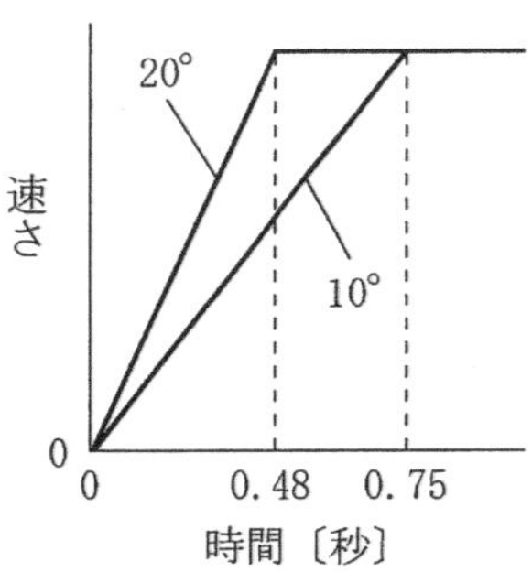

2024(R6) 北海道公立高
教英出版

令和６年度

高等学校入学者選抜学力検査問題

第　5　部

英　語

（50分）

注　　意

1　問題は，［1］から［4］まであり，11ページまで印刷してあります。

2　答えは，すべて別紙の解答用紙に記入し，解答用紙だけ提出しなさい。

3　問いのうち，「……選びなさい。」と示されているものについては，問いで指示されている記号で答えなさい。

4　＊印の付いている語句には，（注）があります。

※教英出版注
音声は，解答集の書籍ＩＤ番号を
教英出版ウェブサイトで入力して
聴くことができます。

1　放送を聞いて，問いに答えなさい。（配点　35）

問１　次の No. 1～No. 3 について，それぞれ対話を聞き，その内容についての質問の答えとして最も適当なものを，それぞれア～エから選びなさい。**英文は１回読まれます**。

No. 1

ア
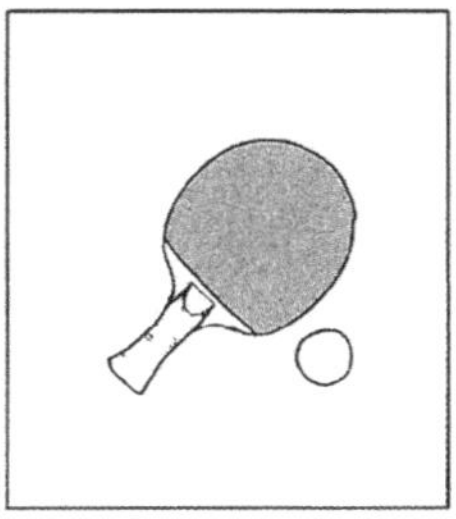

イ

ウ

エ
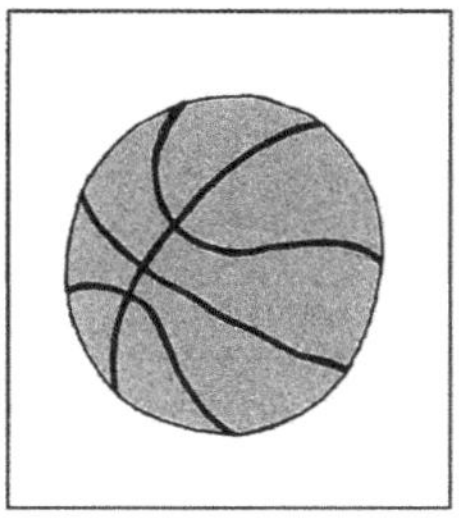

No. 2

ア
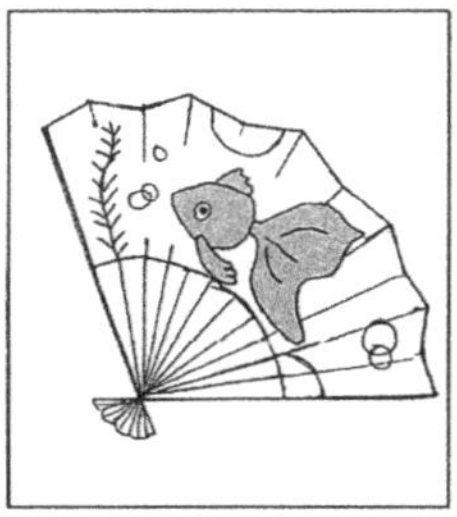

イ

ウ
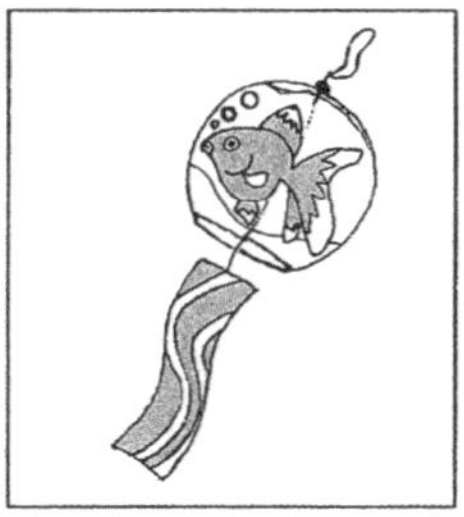

エ

No. 3

Hotel Information

wonderful ★★★　　great ★★　　good ★

Hotel	Dinner		Room	
	Steak	Seafood	City View	Fireworks
ア	★★★	★★	★★	
イ	★★★			★★★
ウ	★★	★★★		★★
エ		★★	★★★	

問2　次の No. 1～No. 4 について，麻紀（Maki）とビル（Bill）の対話を聞き，チャイムの鳴るところで，麻紀が話す言葉として最も適当なものを，それぞれ**ア**～**エ**から選びなさい。**<u>英文は１回読まれます</u>**。

No. 1　［登校中の対話］

ア　It was last Sunday.

イ　It was so exciting.

ウ　I've finished my homework.

エ　I'll play soccer today.

No. 2　［昼食中の対話］

ア　Yes, I ate pizza yesterday.

イ　Yes, it's my favorite restaurant.

ウ　Yes, it's almost lunch time.

エ　Yes, I enjoy cooking with my mom.

No. 3　［夏休み明けの対話］

ア　No, it was more expensive.

イ　No, it was much bigger.

ウ　Yes, it was much sweeter.

エ　Yes, it was more famous.

No. 4　［下校時の対話］

ア　Then, let's go there tomorrow afternoon.

イ　Then, see you there on Sunday afternoon.

ウ　Then, I'll go out with your family on Saturday morning.

エ　Then, I'll give you my shoes the day after tomorrow.

聞き取りテストは，次のページに続きます。

問３　留学生のケイティ（Katy）が昼の校内放送で話している英文を聞き，その内容についてのNo. 1〜No. 3の質問の答えとして最も適当なものを，それぞれ**ア〜エ**から選びなさい。**英文は２回読まれます**。

No. 1　この留学生は，グリーティングカード（greeting cards）について，どのように言っていますか。

ア　People in the U.K. think greeting cards are not so popular now.

イ　People in the U.K. buy several greeting cards on the Internet.

ウ　Sending greeting cards is a part of life in the U.K.

エ　Greeting cards are not sold in small towns.

No. 2　この留学生の話からわかることは何ですか。

ア　Katy doesn't miss her family a lot because of greeting cards.

イ　Katy hasn't sent greeting cards to her family yet.

ウ　Katy got thirty greeting cards for her birthday.

エ　Katy's family sells special greeting cards.

No. 3　この留学生が，この話の中で最も伝えたいことは何ですか。

ア　It's useful to use e-mails to understand someone's feelings.

イ　You should meet and tell your feelings to the people you love.

ウ　It's important to understand how to write greeting cards.

エ　You should send greeting cards to show your thanks or love.

問4　英文を聞き，No. 1～No. 3 の質問に対する答えとなるように，条件にしたがって，□ に入る英語をそれぞれ書きなさい。**英文は２回読まれます**。

No. 1　Question　:　(放送で読まれます)
　　　Answer　:　They will □.

No. 2　Question　:　(放送で読まれます)
　　　Answer　:　It's □.

No. 3　Question　:　(放送で読まれます)
　　　Answer　:　□.

条件

- No. 1 には，英文の内容から考えて，適当な英語を３語で書きなさい。
- No. 2 には，英文の内容から考えて，適当な英語を１語で書きなさい。
- No. 3 には，英文の内容から考えて，主語と動詞を含む英文１文で自由に書きなさい。

放送指示後，問題用紙の５ページからの問題を解答しなさい。

2　次の問いに答えなさい。(配点　16)

問1　次の(1)，(2)の英文の [　　　] に入る最も適当な英語1語をそれぞれ語群から選んで書きなさい。

(1)　I'll go to the station [　　　] bus.

語群

by	take	to	get

(2)　A day has twenty-four [　　　].

語群

long	hours	old	minutes

問2　次のグラフに合うように，(1)，(2)の [　　　] に入る適当な英語1語をそれぞれ書きなさい。

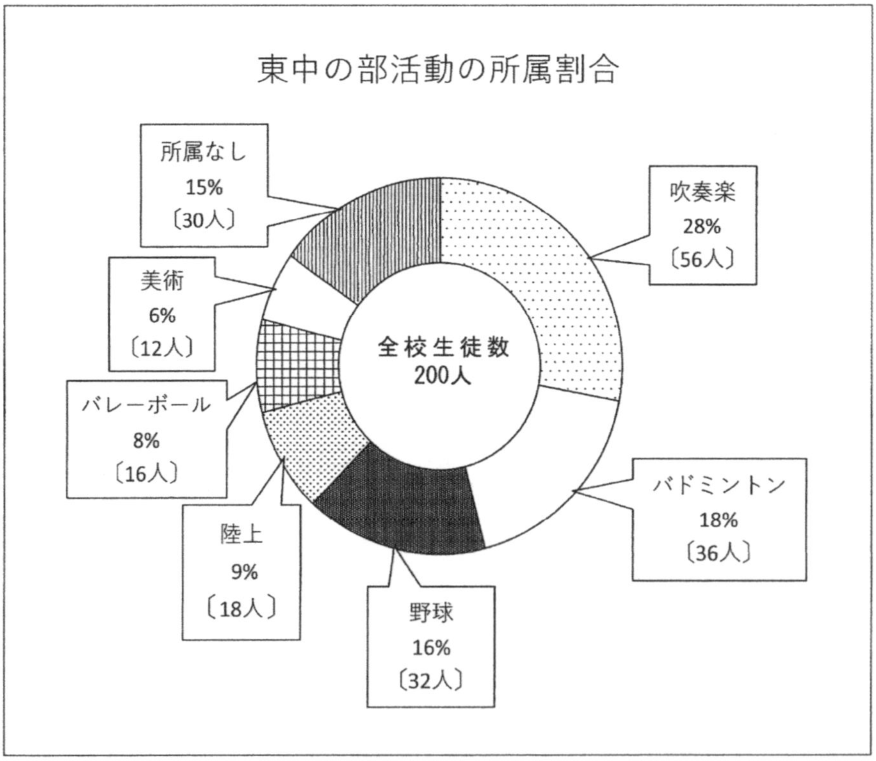

(1)　The Brass Band Club has [　　　] students than the Badminton Club.

(2)　Thirty students [　　　] do any club activities.

※教英出版注
音声は，解答集の書籍ＩＤ番号を教英出版ウェブサイトで入力して聴くことができます。

それでは，３ページを開いてください。

続いて，問３です。次に読まれる英文は，留学生のケイティ（Katy）が，昼の校内放送で話している場面のものです。その内容について，問題用紙にある，No.1 から No.3 の質問の答えとして最も適当なものを，問題用紙のア，イ，ウ，エから選びなさい。このあと15秒取りますので，No.1 から No.3 の質問に目を通しなさい。

それでは，英文が２回読まれます。英文が読まれた後には，それぞれ解答時間を20秒取ります。
では，始めます。

Hello, everyone! Today I'll tell you about the culture of sending greeting cards in the U.K. Greeting cards are a kind of special postcard with warm messages. These days, we often use e-mails, but even now, people in the U.K. usually send paper greeting cards more than thirty times a year. There are some special shops which only sell cards even in small towns. People in the U.K. like to express feelings of thanks or love to each other through cards. Sending greeting cards is a part of our life.

I think sending greeting cards is one of the good ways to tell our feelings to someone. I always feel happy when I receive beautiful cards with warm messages. I've stayed in Japan for only two weeks, but I got several greeting cards from my family. So I don't miss them a lot.

Please try to tell your feelings to someone you love with greeting cards. Thank you.

(英文を繰り返す)

続いて，問４です。最初に，英文が読まれます。次に，クエスチョンズと言った後に，No.1 から No.3 まで英語で３つ質問します。質問の答えを，問題用紙に示された条件にしたがって，それぞれ書きなさい。このあと10秒取りますので，問題用紙の条件に目を通しなさい。

英文と質問は２回読まれます。質問が読まれた後には，それぞれ解答時間を10秒取ります。
では，始めます。

You're listening to "The English Radio Show!" It's Quiz Time! You'll answer with one English word after listening to some hints. I'll tell you how to join the game.

First, listen to the two hints. Next, visit our website and answer the quiz by eight p.m. today.

Ten winners will receive an English Radio Show notebook. Now, let's start the quiz!

Hint 1: The word starts with "A".

Hint 2: It's the fourth month of the year.

That's all! We'll wait for your answer!

Questions

No.1　What will the ten winners of the quiz get?

No.2　What's the answer to the quiz?

No.3　If you make one more hint for the quiz, what hint would you like to give?

(英文と質問を繰り返す)

これで，英語の聞き取りテストを終わります。
引き続き，問題用紙の５ページからの問題を解答しなさい。

出願先学校名

高等学校

受検番号

出身学校名

(注意)※印の欄は，記入しないこと。

※

得点

※100点満点

二

問一

問二

問三 (1) (2)

問一． 4点
問二． 4点
問三． (1) 3点
(2) 4点

四

問一

問二

問三

この彫刻は、

問四 A B

問一． 3点
問二． 4点
問三． 5点
問四． 8点

三

※
四

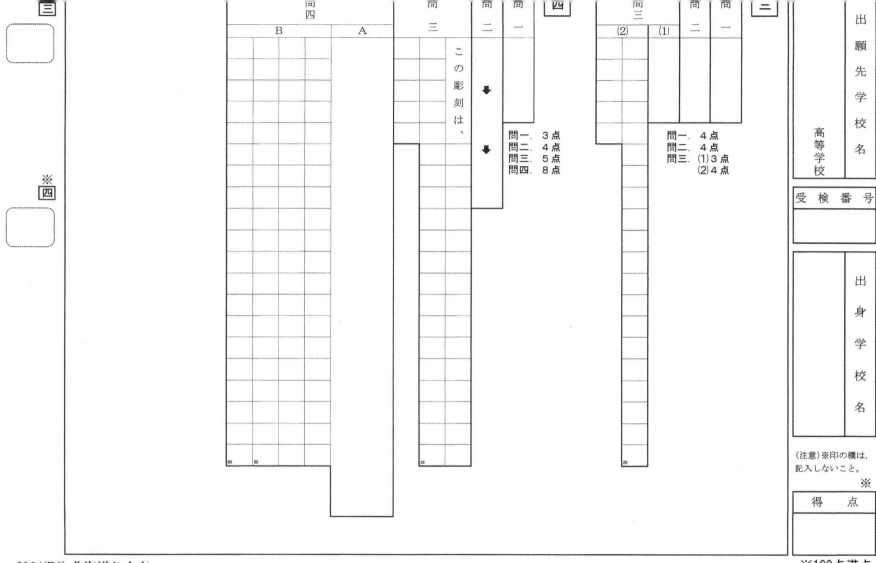

※
4

※
5

問１		
問２	(1)	（証　明）
	(2)	cm²

問１	(1)	度
	(2)	
問２		（計　算） （答）　cm³

出願先学校名	高等学校

受検番号

出身学校名	

（注意）※印の欄は，記入しないこと。

※

得　点

※100点満点

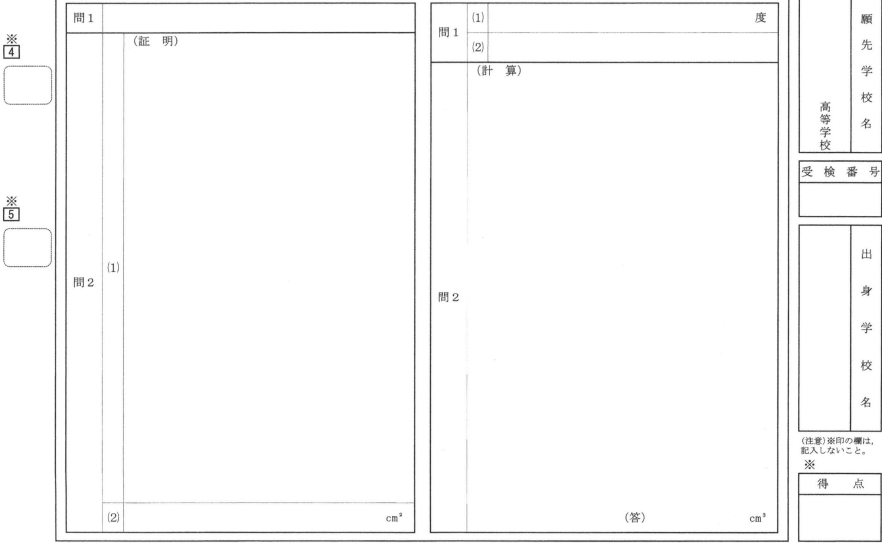

※ 3

※ 4

3

A 問１．完答３点　問２．４点　問３．３点
B 問１．完答３点　問２．完答４点（①，②両方正解で２点）　問３．５点

A	問１	記号		位置	
	問２				
	問３				
B	問１	㋑		㋓	
	問２	①		②	
		位置			
	問３				

4

問１．完答３点　問２．完答４点　問３．完答４点（①のみ正解で１点）
問４．完答３点（①，②両方正解で１点，記号正解で２点）
問５．完答３点　問６．５点

問１	記事１		記事２			
	記事３		記事４			
問２	問題		問題			
	内容					
問３	①					
	②		③		④	
問４	①		②			
	記号					
問５	①					
	②					
問６						

出願先学校名	高等学校

受検番号

出身学校名	

（注意）※印の欄は，記入しないこと。

※

得点

※100点満点

4

問1．⑴完答3点　⑵3点　⑶4点
問2．完答5点（データがすべて正解で2点）
問3．完答3点（液面のみ正解で1点）

問1	⑴	①		②		
	⑵					
	⑶					
問2	データ	P		Q		R
	進路	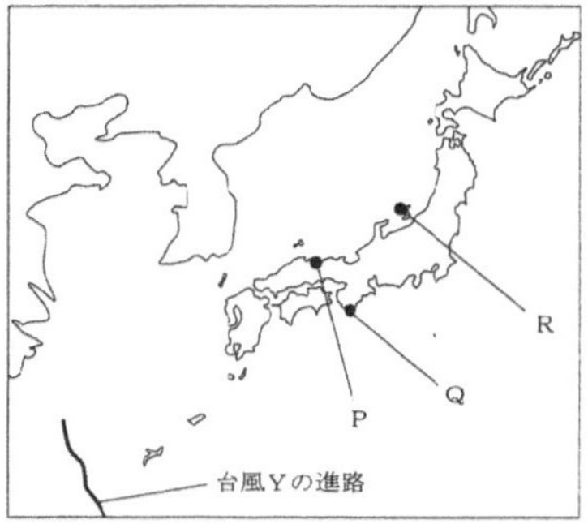				
問3	液面					
	理由					

5

問1．3点×2　問2．完答4点（どちらか一方のみ正解で2点）
問3．3点　問4．5点（仕事の大きさのみ正解で2点）

問1	⑴	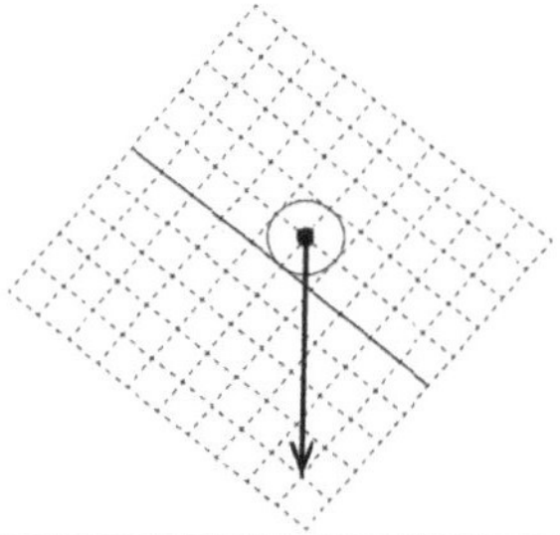		
	⑵	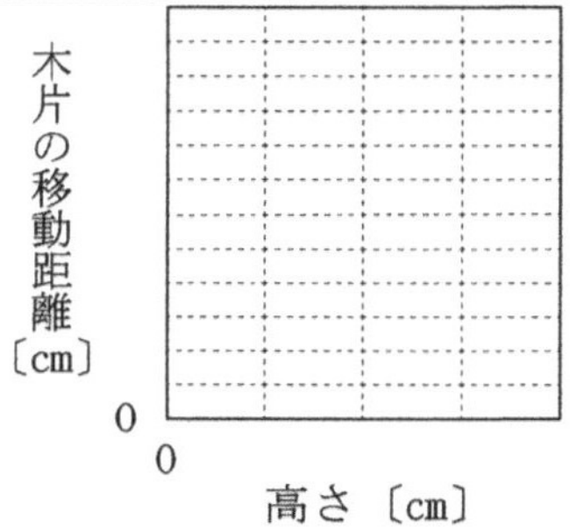		
問2	①		②	
問3				
問4	仕事の大きさ	倍		
	仕事率	倍		

出願先学校名	高等学校

受検番号

出身学校名

（注意）※印の欄は，記入しないこと。

※

得　点

※100点満点

※ 4

※ 5

2024(R6) 北海道公立高

K 教英出版

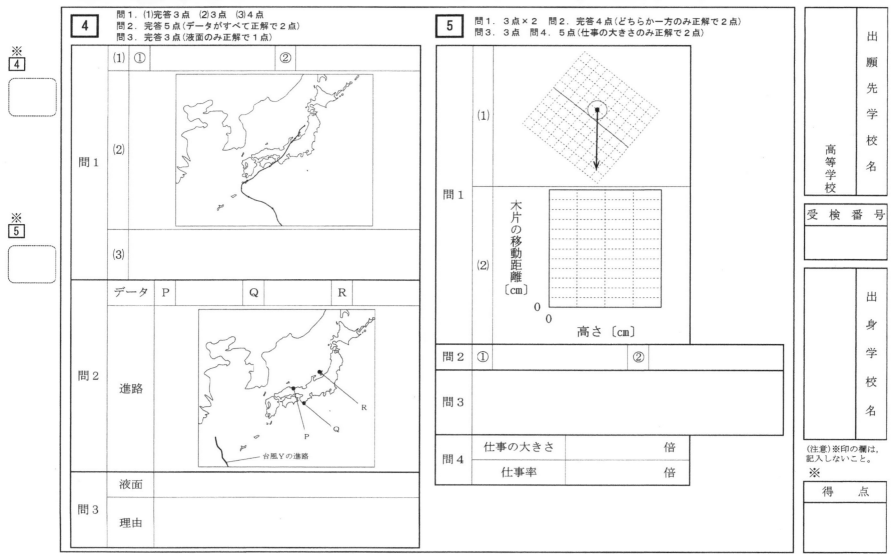

※100点満点

出願先学校名	受検番号	出身学校名	※得点
高等学校			

（注意）※印の欄は，記入しないこと。

C						
	問1					
	問2					
	問3	(1)	①		②	
		(2)				
	問4					

4

(1)	a high school is making a digital graduation album.
(2)	, I think that digital albums will become more popular in the future.
(3)	6語 12語 18語 24語 30語 36語

※3

※4

第5部　英　語　　解　答　用　紙

1 問1．2点×3　問2．3点×4　問3．3点×3
問4．No. 1．2点　No. 2．2点　No. 3．4点
2 問1．2点×2　問2．2点×2　問3．4点×2
3 A 問1．3点　問2．3点　問3．4点
B 問1．3点　問2．3点　問3．4点
C 問1．2点　問2．2点
問3．(1)2点×2　(2)3点　問4．3点×
4 (1)3点　(2)3点　(3)6点

1

問1	No. 1		No. 2		No. 3			
問2	No. 1		No. 2		No. 3		No. 4	
問3	No. 1		No. 2		No. 3			
問4	No. 1	They will .						
	No. 2	It's .						
	No. 3	.						

2

問1	(1)		(2)	
問2	(1)		(2)	
問3	(1)	?		
	(2)	?		

3

A	問1		問2	
	問3			
B	問1		問2	
	問3			

※1　　　　※2

第4部 理科 解答用紙

1　問1．２点×８　問2．完答３点　問3．３点　問4．３点　問5．３点

問1	⑴	①	
	⑵	②	
	⑶	③	
	⑷	④	
	⑸	⑤	
	⑹	⑥	
	⑺	⑦	
	⑻	⑧	
問2	①		②
問3			
問4	J		
問5	m^2		

2　問1．３点　問2．３点　問3．完答３点　問4．４点
問5．完答５点（①のみ正解で２点）

問1				
問2				
問3	①		②	
問4				
問5	①		②	

3　問1．３点×２　問2．⑴完答３点　⑵完答４点（一方が正解で２点）
問3．完答５点（理由のみ正解で２点，図のみ正解で３点）

問1	⑴	%		
	⑵			
問2	⑴	①		
		②		
		③		
	⑵	①		②
問3	理由			
	図	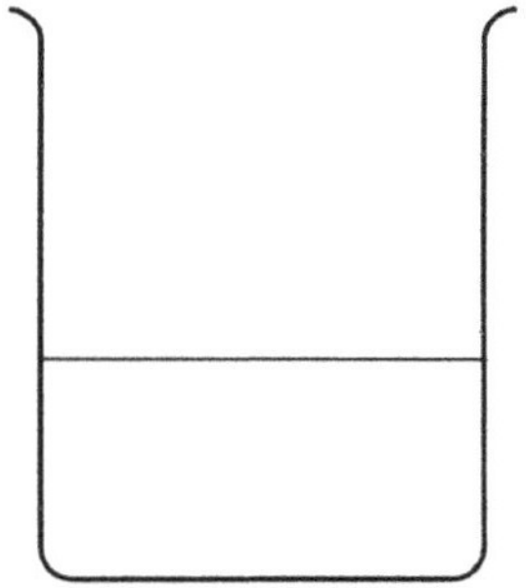		

※1

※2

※3

【解答用

第3部 社会 解答用紙

※ 1

※ 2

1

問1．２点×２　問2．(1)完答２点　(2)完答３点
問3．(1)２点　(2)完答２点　(3)３点　問4．(1)２点　(2)３点　問5．２点
問6．(1)完答２点　(2)完答２点　(3)３点　問7．(1)完答２点　(2)完答２点

問1	(1)	①			
	(2)	②			
問2	(1)	①		②	
	(2)	古い ──→ 新しい			
問3	(1)				
	(2)				
	(3)				
問4	(1)				
	(2)				
問5					
問6	(1)	記号		語句	
	(2)	語句		記号	
	(3)				
問7	(1)				
	(2)	①		②	

2

問1．３点　問2．３点　問3．４点　問4．完答３点(①〜③すべて正解で１点)
問5．４点(語句のみ正解で２点)　問6．５点

問1	(15)			
問2				
問3				
問4	①		②	
	③			
	A		B	
問5	語句		記号	
問6				

【解答用

第2部 数学

解答用紙

1 問1．3点×3　問2．5点　問3．5点　問4．完答5点
問5．完答5点　問6．6点

問1	(1)		(2)		(3)	
問2			問3			
問4	①		②			
問5	①		②			
問6						

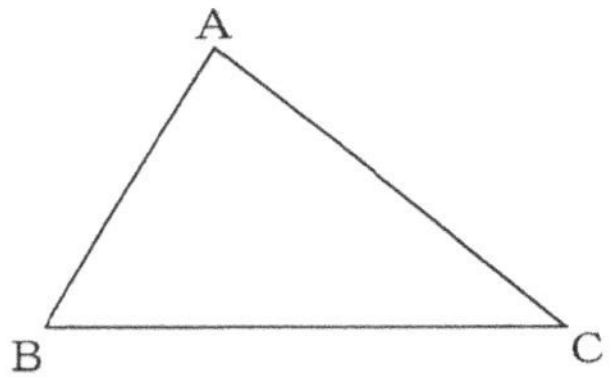

2 問1．(1)4点　(2)6点　問2．5点

問1	(1)	本
	(2)	(図)
		(求め方を表す式)
問2		本

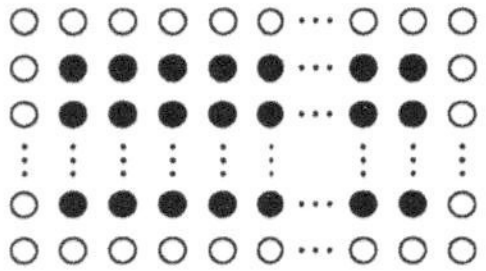

3 問1．(1)4点　(2)6点　問2．6点

問1	(1)	
	(2)	(計　算) (答)
問2		(計　算) (答)　t ＝

※1

※2

※3

【解答用

第一部 国語 解答用紙

一

問一 (1) (2) （す）

問二 (1) (2)

問三 (1) (2) Ⅰ群 Ⅱ群

問四 (1) ① ② (2) □不足 (3)

問一. 2点×2
問二. 2点×2
問三. (1)3点
(2)完答4点
問四. (1)完答4点
(2)3点
(3)3点

二

問一 1 （くて） 2 （する）

問二

問三

問四 ① ② 15 15

問五

問六 75

問七

問一. 2点×2
問二. 4点
問三. 3点
問四. 4点×2
問五. 5点
問六. 8点
問七. 8点

※一

※二

【解答用

第５部　英語の聞き取りテストの放送台本

ただいまから，英語の聞き取りテストを行いますので，問題用紙の１ページを開いてください。

問題は，問１から問４まであります。放送を聞きながら，メモを取ってもかまいません。

それでは，問１です。
３題とも最初に短い対話が読まれます。次に，それぞれの対話の後で，その内容について，クエスチョンと言った後に英語で質問します。その質問の答えとして最も適当なものを，問題用紙のア，イ，ウ，エから選びなさい。英文は１回読まれます。
では，始めます。

No. 1
A : Mary, would you like to play tennis in the park with me this Saturday?
B : Hiroto, I hear it'll rain this weekend. How about playing badminton in the gym?
A : Yes! Let's play it.
Question : What sport will they play this Saturday?

No. 2
A : This shop sells many traditional Japanese goods, Keiko! I'll buy a present for my sister in Canada.
B : Look, John! We open and use it when it's hot. You can carry it in your pocket when you don't use it.
A : Oh, I like this one with the picture of a goldfish. I'll buy it for her.
Question : What does John want to buy for his sister?

No. 3
A : Alice, which hotel do you want to stay at this time?
B : Dad, I want to see fireworks or enjoy the city view from the hotel. Mom said she wants to have delicious seafood.
A : I see. I want to have some steak. How about this hotel? We can't enjoy the city view, but we all can enjoy both the dinner and the fireworks.
B : OK. Let's stay there.
Question : Which hotel are they going to stay at this time?

続いて，問２です。
４題とも，問題用紙に示された場面における，麻紀とビルの対話です。最初に，麻紀が，続いてビルが話します。その次に，麻紀が話すところで，次のチャイムが鳴ります。（チャイム音）このチャイムの鳴るところで，麻紀が話す言葉として最も適当なものを，問題用紙のア，イ，ウ，エから選びなさい。英文は１回読まれます。
では，始めます。

No. 1　［登校中の対話］
Maki : I watched the soccer game on TV last night.
Bill : I missed it. How was the game?
Maki : (チャイム音)

No. 2　［昼食中の対話］
Maki : This curry is very nice.
Bill : Yes, I like this, too. I often cook vegetable curry at home. Do you like cooking?
Maki : (チャイム音)

No. 3　［夏休み明けの対話］
Maki : Last week, I visited my grandparents and I ate the watermelon that they grew in their garden.
Bill : How nice! Was the taste different from the ones you usually ate?
Maki : (チャイム音)

No. 4　［下校時の対話］
Maki : Bill, if you have time this Saturday or Sunday, can you help me choose running shoes at the sports shop?
Bill : I'll go out with my family tomorrow, but I'm free the day after tomorrow.
Maki : (チャイム音)

問３　次の絵の中の２人の対話が，①～⑤の順で成り立つように，[(1)]，[(2)] に主語と動詞を含む英文１文をそれぞれ書きなさい。

3 次の **A**～**C** に答えなさい。(配点　37)

A

次の英文は，ある高校で開催される学校祭の内容を伝えるパンフレットの英語版です。これを読んで，問いに答えなさい。

School Festival 2024

Date: July 13th (Saturday)

Event *Schedule

【Gym】	Time	【Science Room】
Brass Band Concert	11:00	Happy English Hours Let's Enjoy Talking with Our *International Students
You can have lunch here from 11:40 to 12:20.	11:30	
	12:00	Science Show Ⅰ Let's Make a *Mini Rocket
Speech Contest	12:30	
	13:00	Science Show Ⅱ Let's See the Power of Water
Chorus Club Performance	13:30	
Calligraphy Art Show	14:00	Science Show Ⅲ Let's Make Clouds
BINGO Time	14:30	
Dance Event	15:00	
School Movie Contest	16:00	
	17:00	

≪Class Events≫
【Each Classroom】
11:00－15:00
1A : *Shooting Game
2B : SDGs Quiz
3B : Digital Art

≪Class Shops≫
【*Schoolyard】
11:00－15:00
1B : *Yakisoba*
2A : *Okonomiyaki*
3A : Candy Apples

※ Parents and guests can take part in our festival from 11:00 to 15:00.
※ Please buy the class shop tickets at the computer room.

(注)　schedule　スケジュール　　international student(s)　留学生
mini rocket　小さいロケット　　shooting game　射的ゲーム　　schoolyard　校庭

問1　次の英文について，本文の内容から考えて，[　　] に当てはまるものを，**ア**～**カ**からすべて選びなさい。

Parents can enjoy [　　] at this school festival after Chorus Club Performance.

ア　Speech Contest　　　**イ**　BINGO Time
ウ　Dance Event　　　**エ**　Science Show Ⅱ
オ　Science Show Ⅲ　　　**カ**　SDGs Quiz

問2　本文の内容に合うものを，**ア**～**エ**から1つ選びなさい。

ア　All the events are held on Saturday afternoon.
イ　A guest has to bring a lunch box to the school festival.
ウ　A guest needs to get a ticket to play Shooting Game.
エ　There are more events in the gym than in the science room.

問3　中学生であるあなたは，この学校祭へ行き，Happy English Hoursに参加することにしました。そこで，留学生の国では，どのような学校行事があるのか知りたいとき，どのようにたずねますか。英文1文で書きなさい。

B

次の英文は，ある中学校の生徒である隼人(Hayato)が，授業中にスピーチしている場面のものです。これを読んで，問いに答えなさい。

Hello, everyone! Today, I'm going to talk about two things that I learned during my three years of English classes.

"*Mistakes can improve your English!" This is the expression I like. At first, I felt a *fear of speaking English because I worried about using the wrong words. But my teacher said to me many times, "Don't be afraid of making mistakes." Thanks to his words, I could talk to my ALT about my pet dog. There were some mistakes in my English, but she listened to me carefully and she taught me the right expressions. I received great *praise from her. This made me very happy. Through this experience, I found that mistakes improved my English. Since then, I've tried to do various things *even if I feel some fear.

When we speak English, having clear opinions is important, too. In English classes, we often worked in pairs or groups with classmates. It was sometimes difficult for me to express my ideas in *discussions because my *knowledge was not enough. So, I worked harder not only on English but also on the other subjects to have my own ideas. Then, *little by little, I got excited to take part in discussions. Now, I can't wait for the discussion time!

In my three years of English classes, I learned that □. Also, I realized that we should continue to get more knowledge to have clear opinions. In the future, I want to work as a doctor in a foreign country. So, I'll study English harder. Thank you.

(注) mistake(s) まちがい　fear 恐れ　praise 賞賛　even if たとえ～でも
discussion(s) 議論　knowledge 知識　little by little 少しずつ

問1　本文の内容に合うものを，ア～エから１つ選びなさい。

ア　Hayato talked to his ALT in English with some mistakes.
イ　Hayato listened to a lot of English to tell his opinion to others.
ウ　Hayato got a lot of information about English from his classmates.
エ　Hayato was happy that his classmates got praise from his ALT.

問2　本文の内容から考えて，□に入る英語として最も適当なものを，ア～エから選びなさい。

ア　we should not choose wrong words when we talk to our ALT
イ　we should not worry about mistakes if we want to grow more
ウ　we should have some interesting topics to have discussions
エ　we should help each other to realize our dreams in the future

問3　本文の内容から考えて，次の問いに対する答えを，主語と動詞を含む英文１文で答えなさい。

How did Hayato feel in discussions after he worked harder on every subject?

C

次の英文は，高校の英語の授業で，森先生（Mr. Mori）がある写真を見せて，高校生の次郎（Jiro）と花（Hana）とやり取りをしている場面と，その後，生徒たちがプレゼンテーションをしている場面のものです。これらを読んで，問いに答えなさい。

やり取りの場面

森先生が見せた写真

Mr. Mori : Today, we're going to talk about "nudges." Have you ever heard of them before?
Jiro : No, I haven't, Mr. Mori. What are they?
Mr. Mori : Well, look at this picture that I took at a station. You can find an example of a nudge in it. Jiro, what do you see?
Jiro : I see a man, an *escalator, and *stairs.
Mr. Mori : OK! What's the man doing?
Jiro : He's going up the stairs [　　　] of the escalator.
Mr. Mori : Great! Hana, can you find any other things in the picture?
Hana : I can see some numbers on the stairs.
Mr. Mori : Good! What do the numbers tell the man?
Hana : Well, the numbers show the kcal used by a person who goes up the stairs. So maybe, they tell the man that using the stairs is better for his body than using escalators.
Mr. Mori : You're right, Hana! Nudges help people choose more positive ways in their daily lives.
Jiro : Oh, I see! So, in this picture, a nudge is seen in the numbers on the stairs, and the man who saw the numbers [　　　　　　　　], right?
Mr. Mori : That's right, Jiro! Actually, I began using the stairs more often for my health after seeing this nudge.
Hana : Wow, I think nudges are very cool because they help people make better choices in fun ways.
Mr. Mori : Hana, that's a very important point! I saw many people who chose to go up the stairs at the station.
Jiro : Mr. Mori, do you have any other examples of nudges? I want to know more about them.
Mr. Mori : That's great, Jiro! Actually, there are a lot of examples of nudges in our daily life. They are used not only to keep good health but also to make *society more *sustainable. Let's think about how we can solve *social problems by using nudges and make a presentation about it at the end of this *unit.
Jiro : That sounds very interesting!

次郎と花のグループのプレゼンテーションの場面

Hello, we are group E! We'd like to [①] an example of nudges that we made.
Please look at this picture. This is a *collection box for plastic bottle *caps.
On the *top of the box, you'll see the question: "Which do you like better, summer or winter?" If you like summer better, you put a plastic bottle cap in the 'summer' box. If you like winter better, you put it in the 'winter' one. The boxes are *see-through, so people can see the results of the question by the amount of caps in each box.

Our town asks people to take off the caps from plastic bottles, but sometimes we see plastic bottles put in a recycling box [②] taking off the caps. We think these boxes will *encourage more people to take off the caps when they *throw away plastic bottles. This is our nudge and we hope that people will be more interested in recycling by using it.
Thank you for listening! [　　　　　　　　]

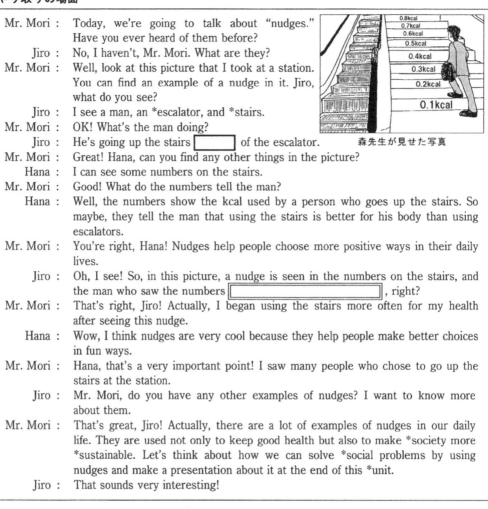

(注) escalator(s)　エスカレーター　　stairs　階段　　society　社会
sustainable　持続可能な　　social　社会的な　　unit　単元
collection box　回収箱　　cap(s)　ふた　　top　上部　　see-through　透明の
encourage ・・・ to ～　・・・が～するよう促す　　throw away　～を捨てる

問1　本文の内容から考えて，[　　]に入る英語として最も適当なものを，**ア**～**エ**から選びなさい。

ア　both　　**イ**　each　　**ウ**　full　　**エ**　instead

問2　本文の内容から考えて，[　　]に入る英語として最も適当なものを，**ア**～**エ**から選びなさい。

ア　chose to use the escalator, not the stairs, for his health
イ　chose to use the stairs, not the escalator, for his health
ウ　thought that the escalator was more convenient than the stairs
エ　thought that the stairs would take a long time to go up

問3　次郎と花のグループのプレゼンテーションについて，(1)，(2)に答えなさい。

(1)　英文の内容から考えて，[　①　]，[　②　]に入る適当な英語をそれぞれ１語で書きなさい。

(2)　[　　　]には，あなたが次郎または花になったつもりで，この発表について聞き手の意見をたずねる英語を，適当な英文１文で書きなさい。

問4　本文の内容に合うものを，**ア**～**オ**から２つ選びなさい。

ア　Mr. Mori took the students to the station to show an example of a nudge.
イ　Mr. Mori taught the students that nudges are ideas to make society better.
ウ　Jiro and Hana heard that the examples of nudges are not seen in Japan.
エ　Jiro and Hana's group showed other students how to solve the health problem in the town.
オ　Jiro and Hana's group talked about boxes which help people think more about recycling.

4

次の英文は，ある高校生が，英語の授業で，デジタル版の卒業アルバム（digital graduation album(s)）について書いたものです。あなたがその高校生になったつもりで，条件にしたがって，英文を完成させなさい。（配点　12）

英文

[　(1)　] a high school is making a digital graduation album. We know most of the graduation albums in Japan have been paper ones. [　(2)　], I think that digital albums will become more popular in the future. There are two things which we can do with them.
[　(3)　]

イラスト

条件

・[(1)] には，英文に合わせて，今日の新聞に書いてあるということを表す適当な英語を書きなさい。
・[(2)] には，前後の英文の意味をふまえて適当な英語を書きなさい。
・[(3)] には，下線部＿＿＿について，あなたが考える具体例を２つあげて，24語以上の英語で自由に書きなさい。ただし，英文は記入例の書き方にならうこと。なおイラストは具体例を書くための参考です。イラストの内容を参考にして書いても，あなた自身の考えを書いてもかまいません。

記入例

Hello ,	everyone .	How	are	you ?	My	6語
name	is	Momoka .	I'm	a	junior	12語
～～～						
around	six	o'clock .				36語

令和五年度
高等学校入学者選抜学力検査問題

北海道公立高等学校

第一部

国語

(50分)

注意

1 問題は、一から四まであり、11ページまで印刷してあります。

2 答えは、すべて別紙の解答用紙に記入し、解答用紙だけ提出しなさい。

3 問いのうち、「……選びなさい。」と示されているものについては、問いで指示されている記号で答えなさい。

4 問いのうち、字数が指示されているものについては、句読点や符号も字数に含めて答えなさい。

一　次の問いに答えなさい。（配点　28）

問一　(1)～(3)の――線部の読みを書きなさい。

(1)　姉は多忙な毎日を送っている。

(2)　編集長が敏腕を振るう。

(3)　水泳の全国大会に臨む。

問二　(1)～(3)の――線部を漢字で書きなさい。

(1)　地図ではんとうの名前を調べる。

(2)　進む方向をあやまり、道に迷った。

(3)　神社・仏閣とその宝物をはいかんする。

問三　(1)、(2)の文の□に当てはまる表現として最も適当なものを、それぞれ**ア**～**エ**から選び、文を完成させなさい。

(1)　縄跳びの難しい技を披露した彼は、□。

ア　所在ない
イ　根も葉もない
ウ　隅に置けない
エ　身もふたもない

(2)　□板に付いてきた。

ア　入学したばかりのため、制服姿が
イ　入社して二年が経ち、接客の仕方が
ウ　長年使い続けている、油絵の道具が
エ　来日して間もないので、日本語での会話が

問四　次のＡの文を内容を変えないように、Ｂの文に書きかえるとき、□に当てはまる表現を書きなさい。

Ａ　不意に漂ってきた甘い香りは、私の遠い記憶を呼び起こした。
Ｂ　私の遠い記憶は、□。

問五　ある中学校の三年生が、新入生の教室で、中学校の生活や学校行事について紹介することになりました。次は、文化祭のステージ発表について紹介するグループの【話し合いの一部】です。これを読んで(1)、(2)に答えなさい。

【話し合いの一部】

場面①

三谷さん：文化祭のステージ発表の様子は、躍動感があった方が伝わりやすいから、動画で見てもらうのがいいと思うのだけれど、どうかな。

中原さん：いいね。動画だと、ステージ発表がどんな雰囲気なのか、よく伝わりそうだね。

平田さん：本番だけではなくて、準備の様子も伝えたいな。困ったことが起きたときに、みんなで協力して解決したのは、いい思い出だよね。

場面②

三谷さん：そうだね。新入生に紹介する時間は５分あるから、準備の様子も動画に入れられそうだね。

中原さん：でも、見る側に立つと、動画を５分も見続けるのは長いと思うな。それに、準備期間の醍醐味《だいごみ》は動画だけでは伝えきれないから……、紙芝居はどうかな。

平田さん：いいね。紙芝居だと、その時の気持ちをうまく伝えられそうだよね。準備期間のエピソードを絵やせりふで表現してみよう。読むときの声の大きさや紙をめくるスピードに変化をつけるとか、色々と工夫ができそうだね。

場面③

三谷さん：動画にも紙芝居にもいいところがあるよね。

中原さん：ステージ発表の本番の様子と準備の様子で、使い分けるのはどうだろう。

平田さん：そうだね。では、［　　　　］

(1)　場面①の三人の発言について説明した内容の文として、最も適当なものを、**ア**～**エ**から選びなさい。

ア　三谷さんの考えに、中原さんは具体的なよさをあげて同意し、平田さんは自分の考えを付け加えている。

イ　三谷さんと中原さんは互いに意見を主張し、平田さんは二人が気付いていない問題点と解決策を示している。

ウ　三谷さんは自分の考えに意見を求め、中原さんは賛成したが、平田さんは課題を指摘し反対している。

エ　三谷さんは話を進行させ、中原さんは問題を整理し、平田さんはその解決に向けた意見を提案している。

(2)　場面③で、平田さんは、紹介の仕方について、これまでの話し合いの内容をまとめる発言をしようとしています。［　］に当てはまる適当な表現を三十五字程度で書きなさい。

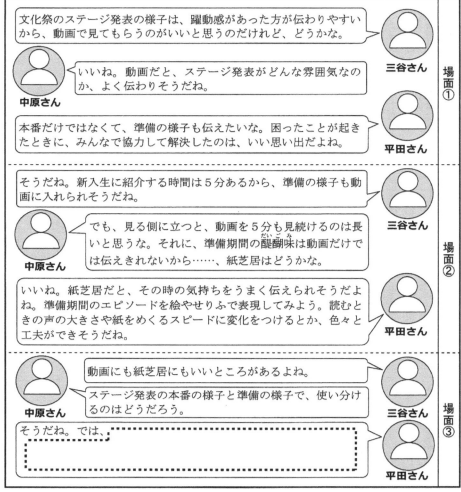

二　次の文章を読んで、問いに答えなさい。（配点　40）

　私たちが実際に経験するもの、たとえばいま一個の鉄球を手にしているとしますと、それを私たちはもちろん丸い形をしたものとしても見ますが、その場合の「形」は、色や手触りなどを除き去った単なる形ではありません。銀色に輝く、そしてずっしりと重い鉄球です。またそれを落とせば、落下しますが、それは単なる落下運動ではありません。しまったという思い、あるいは足の上に落ちて大きな痛みを与えるのではないかという恐怖とともにある運動です。この恐怖はただ単に私たちの意識の内側でなされている経験ではありません。それはこのずっしりと重い鉄球とともになされているのであり、それと分かちがたく結びついています。事柄の真実の相を捉える上で、私たちは、このずっしりと重いという感覚やしまったという思いを、不必要なものとして排除する必要はないのです。この鉄球は、銀色に輝きつつ丸い形をしており、しまったという思いを引き起こしつつ落下運動をするのです。

　このことを、[1]「こと」には表情があると表現してもよいと思います。たとえば私たちは自分がいま座っている椅子について、ぐらぐらしていて不安定だとか、逆にどっしりと安定しているとか、安っぽいとか、高価に見えるとか、そういった意識をもって見ていると思います。このような思いが「こと」を作りあげていると言えます。

　あるいは普段私が使っている万年筆は、十二、三センチ程度の黒いセルロイド製の物体ですが、それと、使い古したものではあるが他の万年筆にない独特の書きやすさがあるという感覚とは切り離すことができません。またそれは、人生の節々でそれを用いて大切な文字を記してきたという記憶とも結びついています。つまり、この万年筆はさまざまな意味で満たされているのです。あるいは、さまざまな表情をもっていると言ってもよいでしょう。私たちの経験のなかでは、この意味や表情が非常に重要な意味をもっています。そしてそうした表情や意味から「こと」は成り立っているのです。

　もちろん私たちは、私たちの生活のなかでつねにこの表情を積極的に意識しているわけではありません。万年筆の材質のほうに関心が向けられ、その表情が背景に退いていることもあります。しかし、私たちの経験をいきいきとしたものにしているのは「こと」であり、[2]その表情や意味であると言えます。

　「こと」の世界こそが真実の世界であると言いますと、いろいろな疑問や批判が出されると思います。予想されるいくつかの問題点について考えてみたいと思います。

　いま、「こと」には表情があると言いました。その表情はもちろん、人によって違っています。同じ万年筆でも書きやすいと感じる人もいれば、書きにくいと感じる人もいます。その万年筆のデザインに注目する人もいれば、それを使って書いたときの思い出に[1]浸る人もいます。同じ川面《かわも》を見ても、光を背に受けるか、正面から浴びるかで、その見え方は大きく異なります。雨降りの陰鬱さを嫌う人もいますし、その風情《ふぜい》を好む人もいます。「こと」は千差万別です。

　そこから、私たちが経験しているものは、どこまでもあいまいな、そのときどきに変化するものであり、そのあいまいなものが事柄の実相であるとは言えないという意見も当然出てくるでしょう。「こと」は私たちが意識の内側だけで経験している、つねに移り変わっていくものであり、実在の世界を考えるためには排除されるべきものだという考えがそこに生まれてきます。

　しかし、私たちが実際に経験している色やにおい、音、あるいはそれに[2]伴うさまざまな思いがただ単に「意識の内面」に属するものであり、事柄そのものとは関わりがないという考えは、やはりおかしいのではないでしょうか。

　私たちの具体的な経験においては、やはり、先ほど言った「表情」が重要な位置を占めています。私の万年筆は、十二、三センチ程度の黒いセルロイド製の物体であると同時に、さまざまな思い出と結びついたものです。両者は別々のものではなく、一体になっています。その一体になったもので、私たちの世界は作りあげられていると言えるのではないでしょうか。

　もう一つ別の例を挙げます。[3]一匹の猛犬が私に襲いかかってくるとき、私はただ単に意識の内側だけでその恐ろしさを感じているのではありません。目の前の犬それ自体が恐ろしいのです。その犬が私の恐怖にじかに関わっているのです。犬そのものと、私の意識の内面という二つの世界があるのではありません。両者はどこまでも一つです。それこそ事柄の真相であると言えると思います。

　もちろん「こと」の第一次性を主張することは、科学的なものの見方を否定するものではありません。それは、私たちが具体的な仕方で見ているものを、それぞれの視点に縛られない三次元空間のなかに置き直して見るということ、さらにはそれを分子や原子の世界として説明することを、無意味なものとして退けようとするものではありません。

　ただ、分子や原子からなる「もの」の世界こそが真実の世界であり、色やにおいは私たちが私たちの意識のなかだけで感じているものにすぎない、したがって、真実の世界からは排除されるべきものだという考えに反対するのです。

　さまざまな表情をもった「こと」の世界、[4]先ほどの万年筆の例で言えば、それが切なく、懐かしい思いを引き起こすということ、この「こと」の世界を、それぞれの視点に縛られない三次元空間のなかに置き直して「もの」として説明することは、決して否定されるべきものではありません。むしろ、そのことによって、公共的な言葉で語る場が開かれると言えます。そこに自然科学が成立します。

　この二つの見方は共存することができます。しかし、何度も言いましたように、「もの」の世界が真実であり、「こと」の世界が虚妄であるとは決して言えません。美しく咲き誇り、私たちをうきうきとした気分に誘う桜の花は、それがそのまま真実の世界なのです。そしてその真実の世界を、同時に、分子や原子の世界としても説明することができるのです。そういう仕方で、両者は共存していると言えます。

（藤田正勝「哲学のヒント」岩波新書による）

問一　‖線1、2の読みを書きなさい。

問二　──線1『こと』には表情があると表現してもよいと思います」とありますが、この記述の仕方に関する説明として最も適当なものを、**ア〜エ**から選びなさい。

ア　『こと』には表情がある」と遠回しに述べることで、筆者の伝えたいことを読み手に押し付けないように配慮している。

イ　『こと』には表情がある」と比喩的に述べることで、筆者が伝えたいことを読み手にイメージしやすくしている。

ウ　「表現してもよいと思います」と断定的に述べることで、筆者の考えの正しさを証明している。

エ　「表現してもよいと思います」と控えめに述べることで、たとえを用いて説明することへのためらいを表している。

問三　──線2「その表情や意味である」とありますが、「表情」や「意味」を表している文中の語として適当なものを、**ア〜オ**から全て選びなさい。

ア　記憶
イ　恐怖
ウ　材質
エ　物体
オ　感覚

問四　──線3「一匹の猛犬が私に襲いかかってくるとき、……目の前の犬それ自体が恐ろしいのです」とありますが、筆者がこのような例を示した理由を次のようにまとめるとき、［①］、［②］に当てはまる表現を書きなさい。ただし、［①］は文中から三十一字で抜き出し、最初と最後の五字をそれぞれ書くこと。また、［②］は文中の言葉を用いて、二十字程度で書くこと。

> 私たちの経験をいきいきとしたものにしているにおいや音などは、［①］という考えに対して、犬がじかに私の恐怖に関わっていることを例として示すことで、［②］であるということを主張するため。

問五　──線4『こと』の世界を、それぞれの視点に縛られない三次元空間のなかに置き直して『もの』として説明する」について、次の(1)、(2)に答えなさい。

(1)　──線4の例として適当なものを、**ア〜オ**から全て選びなさい。

ア　雨が降る前に現れるいわし雲の名前の由来を、いわしの群れに見えるからだと説明する。

イ　ミネラルを多く含む水は、人によって好みが分かれると説明する。

ウ　自分が好きな花火の色彩について、燃焼する物質に含まれている銅の量で説明する。

エ　おいしいアップルパイを作るコツは、愛情を込めることだと説明する。

オ　毎年冬に祖母が作ってくれた思い出のミートパイのおいしさの理由を、成分表で説明する。

(2)　━━線4とほぼ同じことを表している部分を、次に示す【資料】から二十字で書き抜きなさい。

【資料】

正常な風景が見えているときは、物から光波が眼に入り、神経や脳は正常で（視線上で）透明である。このとき光波がどのような動きをしているのかを調べるのが物理学であり、脳や神経が分子レベルでどうなっているかを調べるのが生理学なのである。つまり、例えば向こうに富士山が見えているという状況を、富士山から私の脳に至るまで物理学的、生理学的に描くのである。この同じ状況を日常語で描けば、私はここに立って東の方に眼を開いており遠くに富士山が見える、ということになる。だからこの日常描写と科学的描写は共に、一にして「同じ状況」の二通りの描写なのである。換言すれば日常描写に科学的描写が「重ね描き」されるのである。だから、原子集団としての「物」と、色あり匂いある「知覚像」とが実は一にして「同じもの」であったように、日常的に描写される風景と、科学的に描写される光波や脳細胞などは実は一にして「同じもの」なのである。

（大森荘蔵「知の構築とその呪縛」ちくま学芸文庫による）

問六　本文で筆者が述べている「こと」と「もの」の関係を、自分自身の経験を例にして説明しなさい。ただし、文中にある『こと』と『もの』の二つの言葉を用いて書くこと。

左の枠は、下書きに使って構いません。解答は必ず解答用紙に書くこと。

三

次の文章を読んで、問いに答えなさい。（配点 14）

花はさくら。桜は、山桜の、葉赤くてりて、ほそきが、まばらにまじりて、花しげく咲きたるは、またたぐふべき物もなく、うき世の物とも思はれず。葉青くて、花のまばらなるは、こよなくおくれたり。大かた山桜といふ中にも、しなじなの有りて、こまかに見れば、一木ごとに、いささかかはれるところ有りて、またく同じきはなきやうなり。また今の世に、桐がやつ八重一重などいふも、やうかはりて、いとめでたし。すべてくもれる日の空に見あげたるは、花の色あざやかならず。松も何も、青やかにしげりたるこなたに咲けるは、色はえて、ことに見ゆ。空きよくはれたる日、日影のさすかたより見たるは、にほひこよなくて、同じ花ともおぼえぬまでなん。朝日はさらなり、夕ばえも。

（本居宣長「玉勝間」による）

（注）山桜――桜の一種。若葉は赤褐色で、春、葉と同時に淡紅色の花を開く。
桐がやつ――桜の一種。同じ木に八重咲きと一重咲きが混じって咲く。
日影――日光。ひなた。

問一 〜〜線「たぐふべき物もなく」とありますが、ここでの意味として最も適当なものを、ア〜エから選びなさい。

ア 交わるものもなくて
イ 間違えるものもなくて
ウ ふさわしいものもなくて
エ 比べるものもなくて

問二 この文章を学習した生徒が、桜に対する筆者の考えを、次のようにまとめました。これを読んで、(1)、(2)に答えなさい。

見映えのする桜	見劣りする桜
・葉が［①］く照り映えて、細いのが［③］に混じって、花が多く咲いている。 ・空がすがすがしく［④］日に、日光が差す方向から見る。 ・［⑤］日でも、背景に松などの樹木が［②］くしげっているこちら側に咲いている。	・葉が［②］くて、花が［③］に咲いている。 ・すっかり［⑤］空が背景にある。

(1) ［①］、［②］に当てはまる適当な語を、それぞれ漢字一字で書きなさい。

(2) ［③］〜［⑤］に当てはまる適当な表現を、それぞれ書きなさい。

問三　この文章の内容に合うものを、**ア**～**エ**から一つ選びなさい。

ア　桜というものは、朝日でも夕日でも、十分な日光が当たっているときこそ香りが強くなり、鮮烈な印象を与える。

イ　同じ種類の桜でもよく観察してみると、一本一本の木ごとに少しずつ違いがあって、全く同じものはない。

ウ　桜が咲くときに葉は重要な役割を果たすものであり、どんなに花が美しくても、葉がしおれているのは風情がなく興ざめする。

エ　様々な種類がある桜の中でも、桐がやつという種類の桜が八重で咲いているのがこの世で最も美しく、素晴らしい。

四　次は、中学生の高木さんが、総合的な学習の時間の「地域の魅力について考えよう」という単元で、同じ班の小林さん、坂本さんとともに、自分たちで設定したテーマについて調べ、レポートにまとめたものです。これを読んで、問いに答えなさい。（配点　18）

テーマ　方言のもつ力

２班　高木・小林・坂本

1．［　①　］

「地域の魅力」について考えるため、地域に特有の言葉である方言に着目した。近隣のＸ市が方言を観光ＰＲに活用していることを知り、その取り組みについて詳しく調べることにした。

2．［　②　］

・Ｘ市役所のホームページの閲覧。
・Ｘ市役所観光課職員へのインタビュー。

3．［　③　］

(1) 方言を観光ＰＲに活用しようとした背景
・観光課で「Ｘ市の魅力」についてアンケートを実施した。
・アンケート項目の一つである「Ｘ市の方言に対するイメージ」について、観光課の職員が予想していたものと異なる結果が得られた。
→Ｘ市の方言は観光資源になり得ると気付いた。
※グラフ（Ｘ市役所のホームページより引用）を参照。

(2) 活用例
・方言によるＰＲ動画を作成し、インターネットで公開した。
・地域の特産品に方言を生かしたキャッチコピーを付けた。

(3) 成果
・方言によるＰＲ動画や、特産品に方言でキャッチコピーを付けたことが、インターネットやテレビなどで話題となった。
→Ｘ市への観光客数が前年度よりも増加した。

グラフ

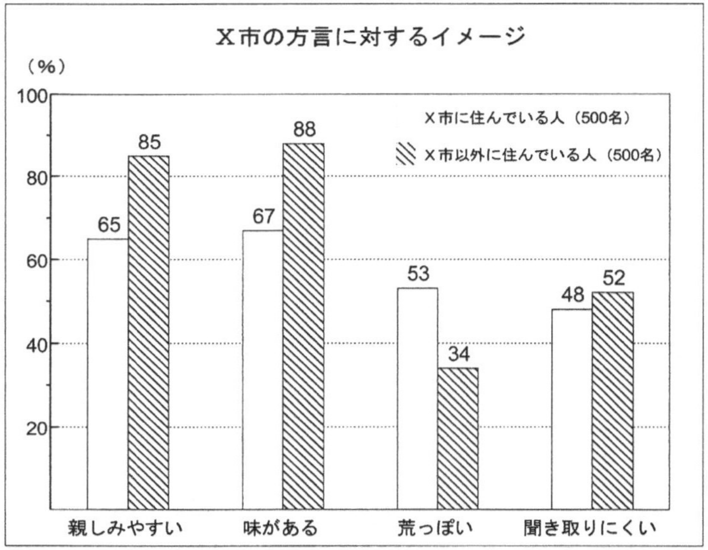

4．考察

［　　　　　　　　　　　　　　　　］

5．参考資料

「Ｘ市の魅力調査」Ｘ市役所 https://www ……〇年〇月〇日閲覧

問一　レポートの [①] ～ [③] に当てはまるものの組み合わせとして最も適当なものを、ア～エから選びなさい。

ア　①　事前調査　②　分析方法　③　情報収集
イ　①　調査目的　②　調査内容　③　問題提起
ウ　①　きっかけ　②　分析結果　③　振り返り
エ　①　はじめに　②　調査方法　③　調査結果

問二　——線「X市の方言は観光資源になり得る」とありますが、X市役所観光課の職員がそのように気付いた理由について、次の条件1～3にしたがって書きなさい。

条件1　解答欄に示した表現に続けて、一文で書くこと。
条件2　グラフの内容を根拠にして書くこと。
条件3　グラフの「X市に住んでいる人」と「X市以外に住んでいる人」を比較して書くこと。

問三　次は、「4．考察」の [　　] について、高木さんが書いた下書き（A）と、それについての班での話し合いの場面（B）です。話し合いの内容を踏まえ、（A）を百字程度で書き直しなさい。ただし、二つの文で書くこと。

（A）下書き

4．考察

　X市では、方言を観光PRに活用したことで、観光客数が前年度よりも増加した。こうした活用例や成果から、方言には、「親しみやすい」や「味がある」といったイメージがあることがわかった。

（B）話し合いの場面

（高木さん）「4．考察」の下書きを書いたんだけれど、なんか上手く書けなくて。どうすればいいかな。
（小林さん）一文目の方言の観光PRへの活用について、もっと具体的に書いた方が、観光客数が増加した理由がわかりやすいよね。
（高木さん）わかった。二文目はどうかな。
（小林さん）「考察」だから、二文目にはX市の方言の観光PRへの活用例や成果から、自分が考えたことを書く必要があると思うよ。
（坂本さん）下書きに書いている方言のイメージは、観光課の方が行ったアンケートの結果だね。それを書くんじゃなくて、レポートのテーマである「方言のもつ力」について、自分で考えたことを書くといいんじゃないかな。
（高木さん）そうか。じゃあ、方言にはどんな力があるかということについて、地域の魅力と関連付けて書いてみるかな。なんか書けそうな気がしてきた。

左の枠は、下書きに使って構いません。解答は必ず解答用紙に書くこと。

20 40 60 80 100 120 140 160 180 200 220 240

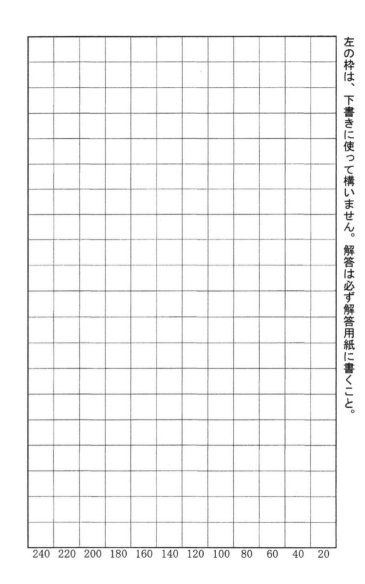

令和５年度
高等学校入学者選抜学力検査問題

第　２　部

数　学

（50分）

注　　意

1　問題は，［1］から［5］まであり，10ページまで印刷してあります。

2　答えは，すべて別紙の解答用紙に記入し，解答用紙だけ提出しなさい。

3　［3］の問２は，途中の計算も解答用紙に書きなさい。それ以外の計算は，問題用紙のあいているところを利用しなさい。

4　問いのうち，「……選びなさい。」と示されているものについては，問いで指示されている記号で答えなさい。

1 次の問いに答えなさい。(配点　33)

問１　⑴〜⑶の計算をしなさい。

⑴　$9-(-5)$

⑵　$(-3)^2 \div \frac{1}{6}$

⑶　$\sqrt{2} \times \sqrt{14}$

問２　下の図のように，円筒の中に１から９までの数字が１つずつ書かれた９本のくじがあります。円筒の中から１本のくじを取り出し，くじに書かれた数が偶数のとき教室清掃の担当に，奇数のとき廊下清掃の担当に決まるものとします。Aさんが９本のくじの中から１本を取り出すとき，Aさんが教室清掃の担当に決まる確率を求めなさい。

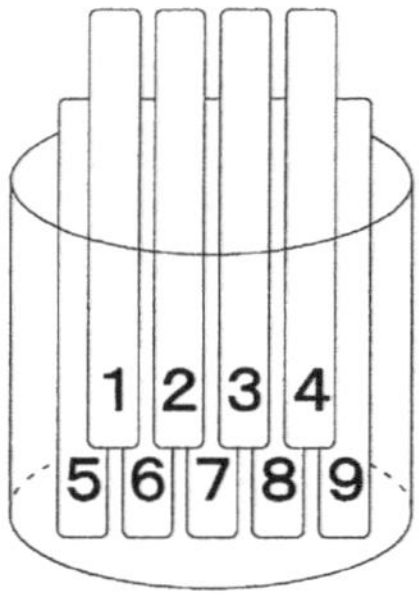

問３　下の表は，ある一次関数について，x の値と y の値の関係を示したものです。表の □ に当てはまる数を書きなさい。

x	…	-1	0	…	3	…
y	…	6	□	…	2	…

問４　下の図のように，底面の半径が６cm，体積が132π cm^{3}の円錐《すい》があります。この円錐の高さを求めなさい。

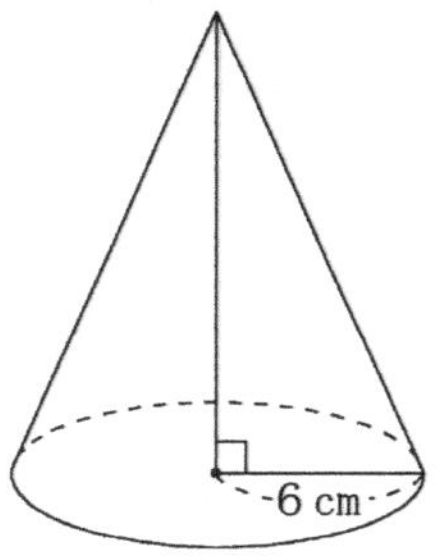

問５　$x^2-\square x+14$ が $(x-a)(x-b)$ の形に因数分解できるとき，$\square$ に当てはまる自然数を２つ書きなさい。ただし，a，b はいずれも自然数とします。

問６　下の図のように，∠ＡＣＢ＝75°，ＢＡ＝ＢＣの二等辺三角形ＡＢＣがあります。△ＡＢＣの内部に点Ｐをとり，∠ＰＢＣ＝∠ＰＣＢ＝15°となるようにします。点Ｐを定規とコンパスを使って作図しなさい。

　ただし，点を示す記号Ｐをかき入れ，作図に用いた線は消さないこと。

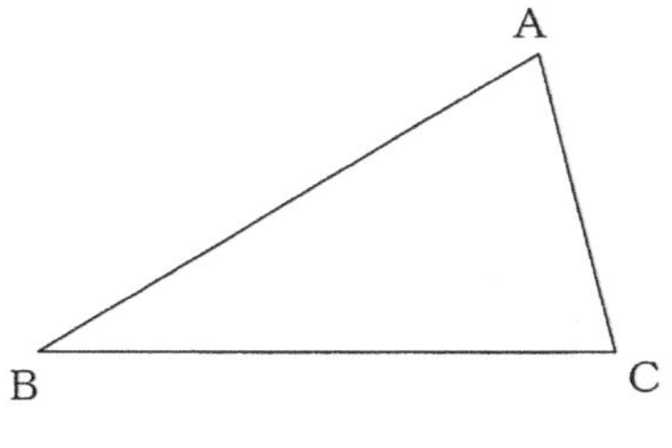

2 図１のような，小学校で学習したかけ算九九の表があります。優さんは，太線で囲んだ数のように，縦横に隣り合う４つの数を $\begin{array}{|c|c|}\hline a & b \\ \hline c & d \\ \hline\end{array}$ としたとき，４つの数の和 $a+b+c+d$ がどんな数になるかを考えています。

図１

かけられる数 ＼ かける数	1	2	3	4	5	6	7	8	9
1	1	2	3	4	5	6	7	8	9
2	2	4	6	8	10	12	14	16	18
3	3	6	9	12	15	18	21	24	27
4	4	8	12	16	20	24	28	32	36
5	5	10	15	20	25	30	35	40	45
6	6	12	18	24	30	36	42	48	54
7	7	14	21	28	35	42	49	56	63
8	8	16	24	32	40	48	56	64	72
9	9	18	27	36	45	54	63	72	81

例えば，

$\begin{array}{|c|c|}\hline 8 & 10 \\ \hline 12 & 15 \\ \hline\end{array}$ のとき　８＋10＋12＋15＝45，

$\begin{array}{|c|c|}\hline 10 & 15 \\ \hline 12 & 18 \\ \hline\end{array}$ のとき　10＋15＋12＋18＝55　となります。

優さんは，45＝５×９，55＝５×11 となることから，次のように予想しました。

（予想Ⅰ）

縦横に隣り合う４つの数の和は，５の倍数である。

次の問いに答えなさい。（配点　17）

問１　予想Ⅰが正しいとはいえないことを，次のように説明するとき，$\boxed{\text{ア}}$ ～ $\boxed{\text{オ}}$ に当てはまる数を，それぞれ書きなさい。

（説明）

縦横に隣り合う４つの数が，
$a=\boxed{\text{ア}}$，$b=\boxed{\text{イ}}$，$c=\boxed{\text{ウ}}$，$d=\boxed{\text{エ}}$ のとき，
４つの数の和 $a+b+c+d$ は，$\boxed{\text{オ}}$ となり，５の倍数ではない。
したがって，縦横に隣り合う４つの数の和は，５の倍数であるとは限らない。

問２　優さんは，予想Ⅰがいつでも成り立つとは限らないことに気づき，縦横に隣り合う４つの数それぞれの，かけられる数とかける数に注目して，あらためて調べ，予想をノートにまとめました。

（優さんのノート）

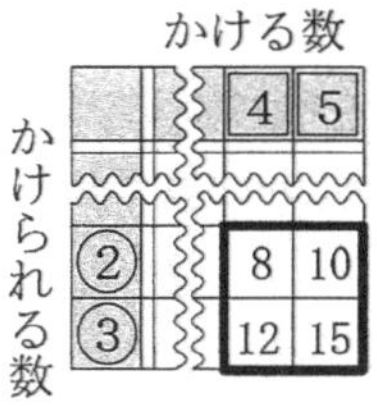

$$8 \quad + \quad 10 \quad + \quad 12 \quad + \quad 15$$
$$=(\textcircled{2}\times\boxed{4})+(\textcircled{2}\times\boxed{5})+(\textcircled{3}\times\boxed{4})+(\textcircled{3}\times\boxed{5})$$
$$=\textcircled{2}\times(\boxed{4}+\boxed{5})+\textcircled{3}\times(\boxed{4}+\boxed{5})$$
$$=\underbrace{(\textcircled{2}+\textcircled{3})}_{\text{かけられる数の和}}\times\underbrace{(\boxed{4}+\boxed{5})}_{\text{かける数の和}}$$

（予想Ⅱ）

縦横に隣り合う４つの数の和は，（かけられる数の和）×（かける数の和）である。

予想Ⅱがいつでも成り立つことを，次のように説明するとき，$\boxed{\text{ア}}$ ～ $\boxed{\text{キ}}$ に当てはまる式を，それぞれ書きなさい。

（説明）

aを，かけられる数m，かける数nの積として$a=mn$とすると，
b，c，dは，それぞれm，nを使って，
$b=\boxed{\text{ア}}$，$c=\boxed{\text{イ}}$，$d=\boxed{\text{ウ}}$　と表すことができる。
このとき，４つの数の和　$a+b+c+d$は，

$$a+b+c+d=mn+\boxed{\text{ア}}+\boxed{\text{イ}}+\boxed{\text{ウ}}$$
$$=4mn+2m+2n+1$$
$$=(2m+1)(2n+1)$$
$$=\{\boxed{\text{エ}}+(\boxed{\text{オ}})\}\{\boxed{\text{カ}}+(\boxed{\text{キ}})\}$$
となる。

したがって，縦横に隣り合う４つの数の和は，
（かけられる数の和）×（かける数の和）である。

問３　優さんは，図２の太線で囲んだ数のように，縦横に隣り合う６つの数の和について調べてみたところ，縦横に隣り合う６つの数の和も，（かけられる数の和）×（かける数の和）となることがわかりました。

図２において，$p+q+r+s+t+u=162$ となるとき，pのかけられる数x，かける数yの値を，それぞれ求めなさい。

図２

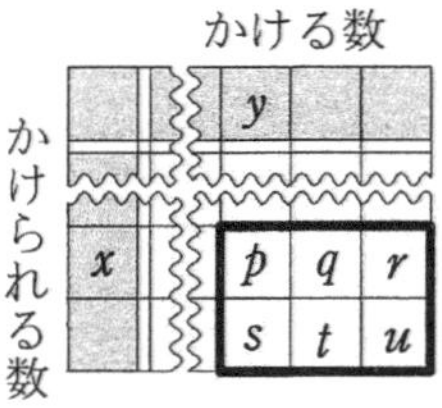

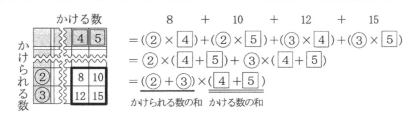

3 下の図のように，２つの関数　$y=ax^2$（aは正の定数）……①，　$y=-3x^2$　……②　のグラフがあります。①のグラフ上に点Aがあり，点Aのx座標を正の数とします。点Aを通り，x軸に平行な直線と①のグラフとの交点をBとします。点Oは原点とします。

次の問いに答えなさい。（配点　17）

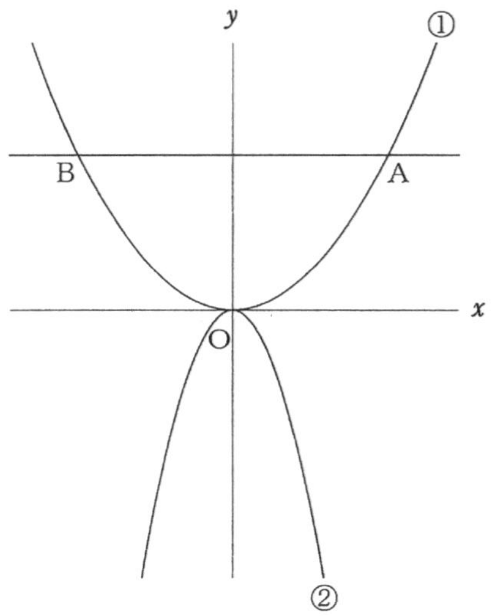

問１　$a=2$とします。点Aのy座標が８のとき，点Aと点Bとの距離を求めなさい。

問２　①についてxの値が１から３まで増加するときの変化の割合が，一次関数　$y=x+2$　についてxの値が－１から２まで増加するときの変化の割合に等しいとき，aの値を求めなさい。

問3　$a=\frac{1}{3}$ とします。点Aの x 座標を3とします。②のグラフ上に点Cを，x 座標が1となるようにとります。点Cを通り，x 軸に平行な直線と②のグラフとの交点をDとします。線分ＡＢ，ＣＤ上にそれぞれ点Ｐ，Ｑをとり，点Ｐの x 座標を t とします。ただし，$0<t\leqq 1$ とします。

陸さんは，コンピュータを使って直線ＰＱを動かしたところ，直線ＰＱが原点Oを通るとき，台形ＡＢＤＣの面積を２等分することに気づきました。

直線ＰＱが原点Oを通るとき，次の(1)，(2)に答えなさい。

(1)　点Ｑの座標を，t を使って表しなさい。

(2)　直線ＰＱが台形ＡＢＤＣの面積を２等分することを説明しなさい。

4　下の図のように，円Ｏの円周上に３点Ａ，Ｂ，Ｃをとります。∠ＢＡＣの二等分線と線分ＢＣとの交点をＤとします。

次の問いに答えなさい。(配点　16)

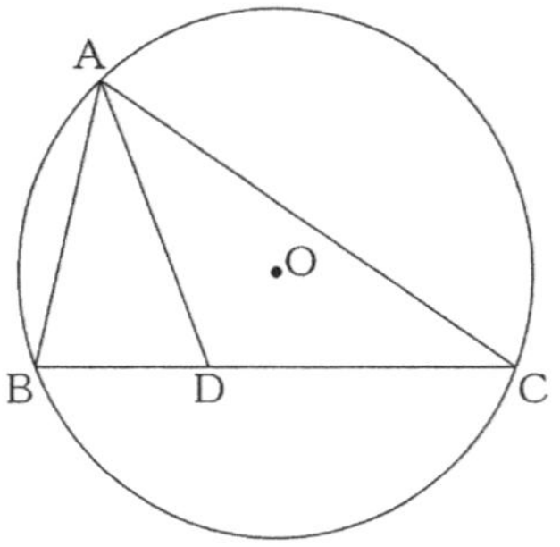

問１　ＡＤ＝ＣＤ，∠ＢＡＤ＝35°のとき，∠ＡＤＣの大きさを求めなさい。

問２　悠斗さんと由美さんは，コンピュータを使って，画面のように，線分ＡＤを延長した直線と円Ｏとの交点をＥとしました。次に，点Ａ，Ｂ，Ｃを円周上で動かし，悠斗さんは「△ＡＢＤと△ＣＥＤが相似である」，由美さんは「△ＡＢＤと△ＡＥＣが相似である」と予想し，それぞれ予想が成り立つことを証明しました。

画面

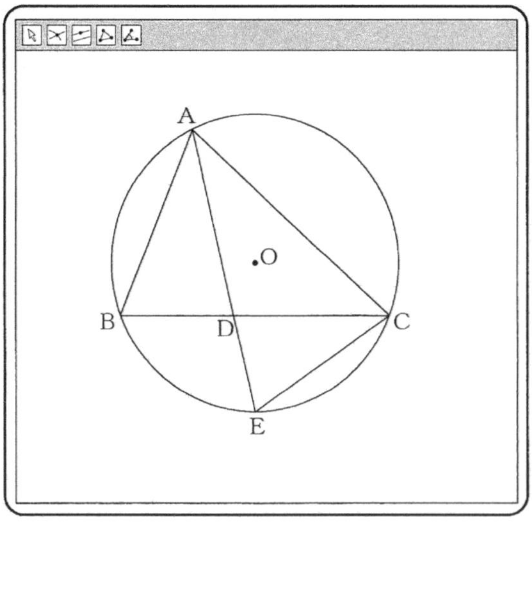

（悠斗さんの証明）

△ＡＢＤと△ＣＥＤにおいて，
［ア］に対する［イ］は等しいから，
∠ＡＢＤ＝∠ＣＥＤ　　　…①
また，対頂角は等しいから，
∠ＡＤＢ＝∠ＣＤＥ　　　…②
①，②から，
［　　　ウ　　　］ので，
△ＡＢＤ∽△ＣＥＤ

（由美さんの証明）

△ＡＢＤと△ＡＥＣにおいて，
［ア］に対する［イ］は等しいから，
∠ＡＢＤ＝∠ＡＥＣ　　　…①
また，仮定から，
∠ＢＡＤ＝∠ＥＡＣ　　　…②
①，②から，
［　　　ウ　　　］ので，
△ＡＢＤ∽△ＡＥＣ

次の⑴，⑵に答えなさい。

⑴　［ア］～［ウ］には，それぞれ共通する言葉が入ります。［ア］～［ウ］に当てはまる言葉をそれぞれ書き入れ，証明を完成させなさい。

⑵　ＡＢ＝ＡＤのとき，△ＡＢＥ≡△ＡＤＣを証明しなさい。なお，悠斗さんや由美さんが証明したことを用いてもよいものとします。

5　Ａ市に住む中学生の翼さんは，ニュースで聞いたことをもとに，先生と話し合っています。

翼さん　「昨日，ニュースで『今年の夏は暑くなりそうだ』と言っていましたよ。」
先生　「先生が子どもだった50年くらい前は，もっと涼しかったんですけどね。」
翼さん　「どのくらい涼しかったんですか？」
先生　「最高気温が25℃以上の『夏日』は，最近よりずっと少なかったはずです。」
翼さん　「そうなんですか。家に帰ったら調べてみますね。」

次の問いに答えなさい。(配点　17)

問１　翼さんは，今から50年前と2021年の夏日の日数を比べてみることにしました。翼さんは，Ａ市の1972年と2021年における，７月と８月の日ごとの最高気温を調べ，その結果をノートにまとめました。次の［ア］～［ウ］に当てはまる数を，それぞれ書きなさい。

（翼さんのノート１）

Ａ市の７～８月の
日ごとの最高気温の度数分布表

階級（℃）	1972年 度数（日）	1972年 累積度数（日）	2021年 度数（日）	2021年 累積度数（日）
以上　未満 13 ～ 16	1	1	0	0
16 ～ 19	0	1	2	2
19 ～ 22	6	7	3	5
22 ～ 25	16	23	14	19
25 ～ 28	26	49	10	29
28 ～ 31	8	57	15	44
31 ～ 34	4	61	12	56
34 ～ 37	1	62	6	62
合　計	62		62	

【わかったこと】
Ａ市の７～８月の夏日（最高気温が25℃以上）の日数は，
1972年が［ア］日，
2021年が［イ］日である。

【結論】
Ａ市の夏日の日数は，
1972年と2021年とでは
［ウ］日しか変わらない。

問２　翼さんは，ノート１を見せながら，先生と話し合っています。

翼さん　「Ａ市の夏日の日数は，50年前とほとんど変わりませんでした。」
先生　「本当ですか。ん？７月と８月以外の月でも夏日になることがありますよ。
それに，調べた1972年と2021年の夏日の日数が，たまたま多かった，
あるいは，たまたま少なかったという可能性もありますよね。」
翼さん　「たしかにそうですね。もう少し調べてみます！」

翼さんは，A市の夏日の年間日数について，1962年から1981年までの20年間（以下，「X期間」とします。）と，2012年から2021年までの10年間（以下，「Y期間」とします。）をそれぞれ調べ，その結果をノートにまとめることにしました。

（翼さんのノート２）

A市の夏日の年間日数の度数分布表

階級（日）	X期間 度数（年）	X期間 相対度数	Y期間 度数（年）	Y期間 相対度数
24以上 ～ 30未満	1	0.05	0	0.00
30 ～ 36	4	0.20	0	0.00
36 ～ 42	4	0.20	0	0.00
42 ～ 48	9	0.45	0	0.00
48 ～ 54	2	0.10	1	0.10
54 ～ 60	0	0.00	2	0.20
60 ～ 66	0	0.00	2	0.20
66 ～ 72	0	0.00	5	0.50
合　計	20	1.00	10	1.00

A市の夏日の年間日数の
相対度数の度数折れ線（度数分布多角形）

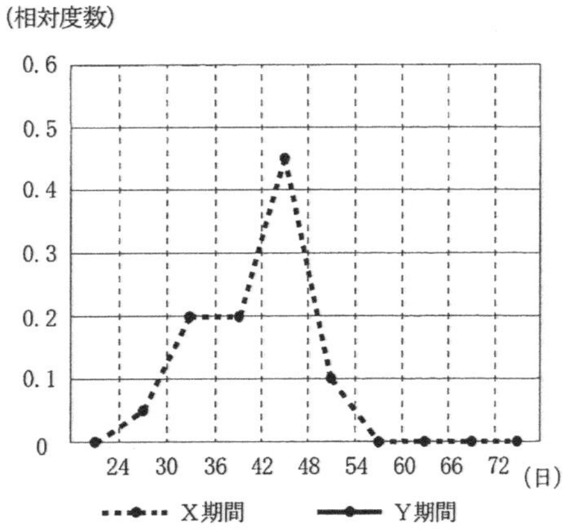

【まとめ】
A市の夏日の年間日数について，X期間とY期間を比較した結果，50年くらい前は，今と比べて［　　］といえる。

次の(1)～(3)に答えなさい。

(1) ノート２の度数分布表をもとに，Y期間の相対度数の度数折れ線（度数分布多角形）を，解答用紙にかき入れなさい。

(2) ノート２において，翼さんが「度数」ではなく「相対度数」をもとに比較している理由を説明しなさい。

(3) ［　　］に当てはまる言葉として最も適当なものを，次の**ア**～**ウ**から選びなさい。
また，選んだ理由を，X期間とY期間の２つの相対度数の度数折れ線（度数分布多角形）の特徴と，その特徴から読み取れる傾向をもとに説明しなさい。

ア　暑かった　　**イ**　変わらなかった　　**ウ**　涼しかった

令和５年度
高等学校入学者選抜学力検査問題

第　3　部

社　会

（50分）

注　　意

1　問題は，1 から 4 まであり，15ページまで印刷してあります。

2　答えは，すべて別紙の解答用紙に記入し，解答用紙だけ提出しなさい。

3　問いのうち，「……選びなさい。」と示されているものについては，問いで指示されている記号で答えなさい。

4　問いのうち，字数が指示されているものについては，句読点や符号も字数に含めて答えなさい。

1 次の問いに答えなさい。(配点　34)

問1　図1を見て，次の(1)～(3)に答えなさい。なお，図1の中の地図は，地図の中心からの距離と方位が正しくなるようにつくられたものです。

図1

(1)　図1の中の地図は，どこを中心につくられていますか，**ア**～**エ**から選びなさい。

ア　東京　　**イ**　サンフランシスコ　　**ウ**　北極　　**エ**　ロンドン

(2)　次の文の ① ， ② に当てはまる語句をそれぞれ書きなさい。

> 図1は，世界の平和と安全を維持することを目的として1945年に創設された組織である ① の旗のマークである。図1の中の地図には，6つの大陸のうち5つの大陸が描かれており，描かれていない大陸は， ② 大陸である。

(3)　写真は，オーストラリアの先住民の芸術家による創作活動の様子です。オーストラリアの先住民の人々を何といいますか，書きなさい。また，オーストラリアの位置を，図1の(あ)～(う)から選びなさい。

写真

問２　次の(1)～(3)に答えなさい。

(1)　資料は，聖徳太子が，天皇（大王）の命令に従うことなど，役人の心構えを示した十七条の憲法の一部です。聖徳太子は，どのような教え（考え方）をもとに十七条の憲法をつくりましたか，簡単に書きなさい。

資料

一に曰く，和をもって貴しとなし，さからうことなきを宗とせよ。
二に曰く，あつく三宝を敬え。三宝とは仏・法・僧なり。
三に曰く，詔を承りては必ずつつしめ。

(2)　次の文の ① ， ② に当てはまる人の名をそれぞれ書きなさい。

この絵は，わが国の武士と元軍が戦う様子を描いたものです。
元の皇帝 ① は，日本を従えようと，幕府に使者を送ってきましたが，８代執権の ② が，これを拒否したことから，元軍は博多湾に上陸しました。

(3)　カードＡ～Ｃの ① ～ ③ に当てはまる語句を，**ア**～**ウ**からそれぞれ選びなさい。また，カードＡ～Ｃを年代の古い順に並べなさい。

カードＡ

写真は，奈良県にある ① の釈迦三尊像で，飛鳥地方を中心に栄えた文化を代表する作品の１つです。

カードＢ

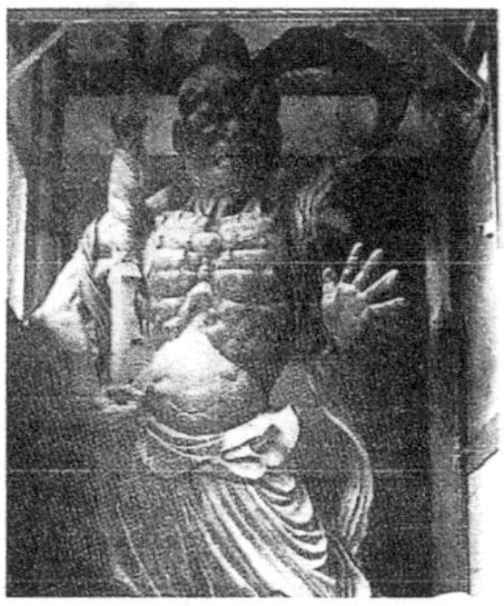

写真は，奈良県にある ② の金剛力士像で，運慶らが制作した，武士の力強い気風が反映された作品です。

カードＣ

写真は，京都府にある ③ の阿弥陀如来像（阿弥陀如来座像）で，極楽浄土をこの世に再現しようとした作品です。

ア　東大寺　　**イ**　法隆寺　　**ウ**　平等院鳳凰堂

問３　次の⑴～⑶に答えなさい。

⑴　次の文の □ に当てはまる語句を書きなさい。また，｛　　　｝に当てはまる語句を，**ア**，**イ**から選びなさい。

> 日本国憲法第13条では，「生命，自由及び幸福追求に対する国民の権利については，□ に反しない限り，立法その他の国政の上で，最大の尊重を必要とする。」と定めている。例えば，｛**ア**　職業選択　　**イ**　表現｝の自由があるからといって，他人の名誉を傷つけるような行為を行うことは認められない。

⑵　図２は，日本における民事裁判の三審制のしくみを表したものです。 ① ～ ③ に当てはまる語句をそれぞれ書きなさい。また，Ａ～Ｆは，裁判の判決に不服な場合に行う「控訴」または「上告」のいずれかを表しています。「控訴」に当てはまるものを，Ａ～Ｆからすべて選びなさい。

図２

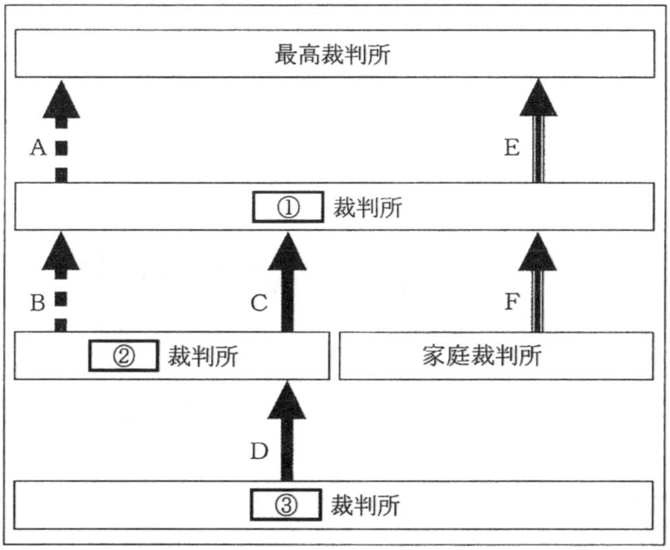

⑶　国家の領域を統治し，他国から支配を受けず，国内の政治や外交について決める権利をもつ国家を何といいますか，書きなさい。

問４　次の略地図を見て，⑴，⑵に答えなさい。

略地図

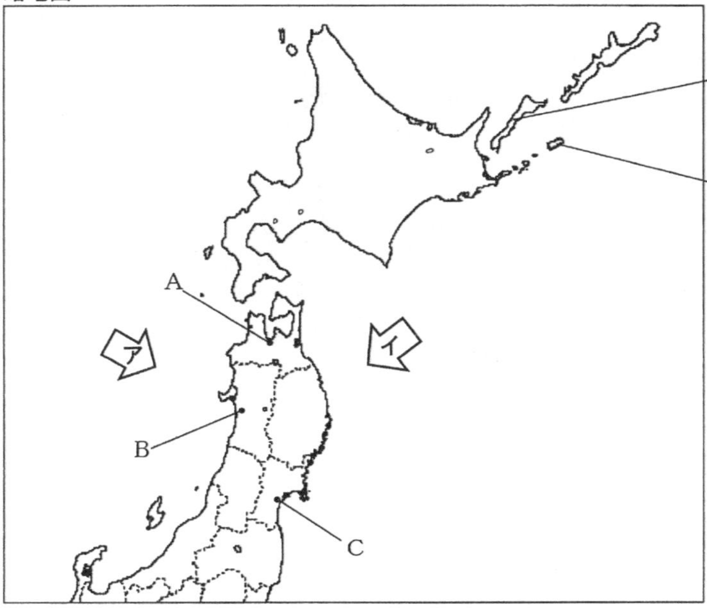

⑴　略地図のＸ，Ｙの島の名をそれぞれ書きなさい。

⑵　次の文の □ に当てはまる語句を書き，□ のおおよその向きを，略地図のア，イから選びなさい。また，下線部の都市の位置を，略地図のＡ～Ｃから選びなさい。

写真は，仙台市で行われている七夕まつりの様子です。東北地方は，日本の穀倉地帯の１つですが，夏に吹く「 □ 」とよばれる冷たく湿った風により，冷害が発生することもあります。まつりには，豊作を願うなど，農家の生活と結びついているものがあります。

問５　次の文を読んで，(1)，(2)に答えなさい。

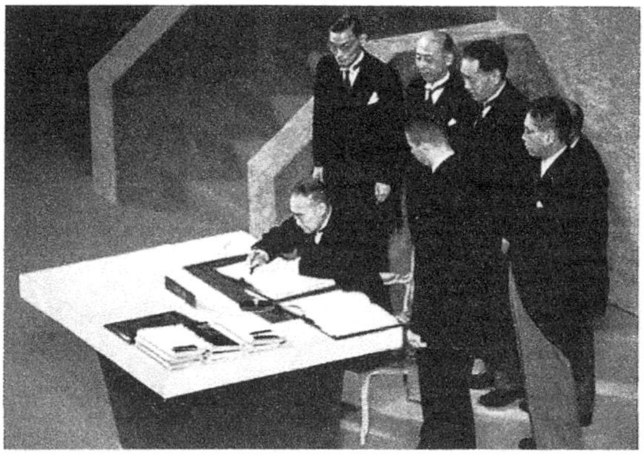

写真は，わが国の総理大臣（首相）である［①］が，アメリカなど48か国と平和条約を結んでいる様子です。このとき同時に，アメリカとの間に［②］条約を結び，引き続きアメリカ軍が日本国内に軍事基地を置くことを認めました。

(1)　［①］に当てはまる人の名と，［②］に当てはまる語句をそれぞれ書きなさい。

(2)　下線部に関して，現在，日本国内にあるアメリカ軍の軍事基地の面積のうち約70％が置かれている都道府県の名を書きなさい。

問６　次の(1)，(2)に答えなさい。

(1)　次の文の［　］に当てはまる語句を書きなさい。また，①，②の｛　　｝に当てはまる語句を，**ア**，**イ**からそれぞれ選びなさい。

> 景気の安定化のために，政府は財政政策を，日本銀行は［　］政策を行っている。例えば，景気が悪くデフレーションが起きているときには，日本銀行は，国債などを，①｛**ア**　銀行に売る　　**イ**　銀行から買う｝ことで，社会に出回る通貨の量を②｛**ア**　増加　　**イ**　減少｝させることがある。

(2)　発展途上国の人々の自立を支援するための制度の１つであるマイクロクレジットとは，どのような制度ですか，「無担保」または「低金利」という語句を使い，簡単に書きなさい。

2　次のカードA～Fは，ある中学生が，「世界の中の日本」をテーマとして調べた内容をまとめたものです。これらのカードを見て，問いに答えなさい。（配点　22）

カードA

函館市にある遺跡から出土した古銭です。この古銭には，(あ)紀元前から14世紀の中国でつくられたものが混ざっています。

カードB

ヨーロッパの船が描かれた屏風《びょうぶ》絵です。(い)新航路を開拓したヨーロッパの人たちは，日本にも来航するようになりました。

カードC

江戸時代に書かれた「北夷分界余話」の挿絵です。18世紀末頃に，(う)欧米諸国の船が日本の沿岸に頻繁に現れるようになりました。

カードD

(え)日本とある国との戦争の風刺画です。この戦いの後，日本は東アジアで勢力を強め，軍備の拡張を進めていきました。

カードE

1920年代に結ばれた，不戦条約に関する写真です。(お)大戦の反省から，日本を含む15か国が紛争の平和的解決を約束しました。

カードF

警察予備隊員を募集する広告です。(か)東西両陣営の緊張が高まる中，朝鮮戦争が始まり，日本では，警察予備隊が発足しました。

問１　下線部(あ)について，先生と，カードAを作成した生徒との次の会話の［　　］に当てはまる人の名を書きなさい。また，①，②の｛　　｝に当てはまるものを**ア**，**イ**からそれぞれ選びなさい。

先生：９世紀には，遣唐使の派遣が，［　　］の提案により停止されましたが，その後の時代の中国の古銭も見つかっているようですね。なぜでしょうか？

生徒：はい，遣唐使の派遣が停止された後も商人を通じた交易は続いており，特に，平清盛が，略地図の①｛**ア**　X　　**イ**　Y｝に港を整備して，中国との貿易に力を入れたことが関係しているのではないかと考えました。

略地図

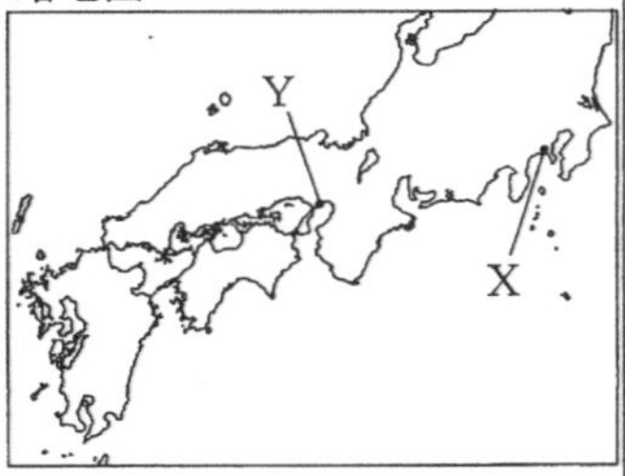

先生：清盛が貿易を行っていた②｛**ア**　宋　　**イ**　明｝の時代の古銭が見つかっているのですか？

生徒：はい，この遺跡から出土した古銭の中では最も多く見つかっています。

問２　下線部(い)について，資料１は，中学生が，16世紀の貿易の拡大の背景となる世界とわが国のできごとを，それぞれ簡単にまとめたものです。[　　] に共通して当てはまる国の名を書き，｛　　｝に当てはまる語句を，**ア**，**イ**から選びなさい。また，下線部〰〰について説明した内容として，最も適当なものを**カ**～**ケ**から選びなさい。

資料１

世界のできごと	わが国のできごと
バスコ＝ダ＝ガマのインド到達後，[　　] は，アジアとの貿易に乗り出した。ヨーロッパでは宗教改革が始まり，イエズス会を中心とした｛**ア**　カトリック　**イ**　プロテスタント｝教会の人々は，積極的に海外への布教を行った。	わが国に [　　] 人から鉄砲が伝わり，各地で争いを続けていた戦国大名の戦い方が変化した。また，イエズス会を中心とした宣教師たちの布教により，大名の中にも信者になる者が現れた。

→ 貿易の拡大 ←

カ　この貿易は，朱印状をたずさえ，東南アジアの各地で行われた。

キ　この貿易は，勘合と呼ばれる合い札をたずさえ，朝貢の形で行われた。

ク　この貿易は，平戸や長崎で，南蛮人と呼ばれた人々と行われた。

ケ　この貿易は，横浜や兵庫（神戸）などの開港地に設けた外国人居留地で行われた。

問３　下線部(う)に関して，資料２を読み，次の文の｛　　｝に当てはまる語句を，**ア**，**イ**から選びなさい。また，[①] に当てはまる語句と，[②] に共通して当てはまる人の名を，それぞれ書きなさい。

資料２

この島は蝦夷地の北限であるソウヤの北，十三里（約52km）を隔てたところにあり，南北に長く，東西に狭い。土地はやせ，住んでいる人も少なく，この島の詳細がよくわかっていないため，島という説や満州の岬であるという説があった。幕府はこの島を領地にしようとし，文化五年（1808年）に役人に探検させた。探検した役人は，この島から海を越えて大陸に渡った。（「北夷分界余話」を現代語訳し，一部要約したもの）

資料２には，1804年にロシアが｛**ア**　シベリア鉄道を建設　**イ**　通商を要求｝したことなどに対応するため，幕府が，「この島」である [①] を，幕府の役人である [②] に探検させたことが書かれている。[②] は，「この島」が大陸とつながっていないと確認した。

問４　下線部(え)について，資料３と次の文を読み，[①] に共通して当てはまる国の名を書き，②，③の｛　　｝に当てはまるものを，**ア**，**イ**からそれぞれ選びなさい。また，[④] に当てはまるできごとを漢字４字で書きなさい。

資料３

日本の新たな大陸の領土を踏んで旅行したことは，私にとって実に愉快であった。帰国すると，新たな領土の返還となり，私は涙も出ないほど悔しかった。ロシア，ドイツ，［①］が憎くはなかった。彼らの要求に腰を折った，わが国の外交当局が憎かった。

（「蘇峰自伝」を現代語訳し，一部要約したもの）

資料３は②｛ア　19世紀後半　　イ　20世紀前半｝のできごとについて書かれたもので，「新たな大陸の領土」とは，③｛ア　遼東半島　　イ　山東省｝のことである。筆者は，ロシア，ドイツ，［①］による［④］よりも，日本の対応を批判している。

問５　下線部㋔に関して，グラフから読みとれる1920年代のわが国の軍事費の特徴を，略年表全体から読みとれる内容をふまえ，25字以内で説明しなさい。

グラフ　わが国の歳出に対する軍事費の割合

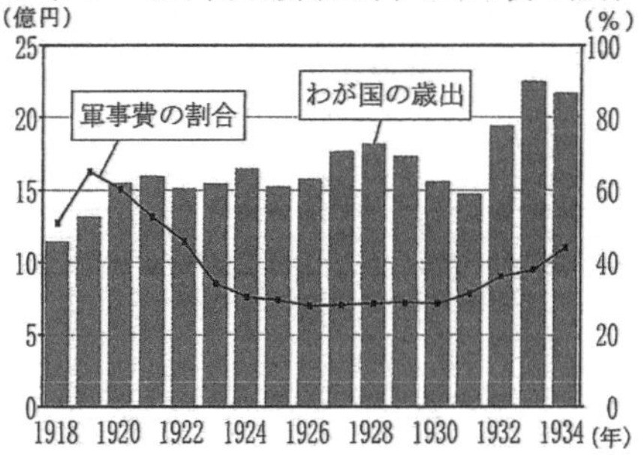

（「昭和財政史」より作成）

略年表

西暦(年)	おもなできごと
1920	国際連盟が発足し，日本やイギリスなどが常任理事国となる。
1921～22	アメリカの提案でワシントン会議が開かれる。
1926	ドイツの国際連盟への加盟が認められる。

問６　下線部㋕に関して，カードＦを作成した中学生が，新聞を読んでまとめた資料４，５にかかわりの深いものとして最も適当なものを，ア～エからそれぞれ選びなさい。

資料４

1969年８月，反戦運動などのうねりの中，アメリカで開かれた音楽祭「ウッドストック・フェスティバル」は今も語り草だ。戦争は泥沼化し，人種暴動も頻発。若者は世界のあり方に疑問を抱き，自分たちで変えたいと思っていた。

資料５

1989年11月９日20時，西ドイツの公共放送が「国境を開放すると宣言した」と伝え，続々と市民が壁に集まり始める。23時半，約２万人が押し寄せたボルンホルマー通りの検問所が最初に開放。集まった人々は歓喜に沸いていた。

ア

会談の開催記念に発行された切手

イ

ドイツとソ連の接近を風刺した絵

ウ

日本で行われたデモ行進の様子

エ

石油危機で買いだめに走る人々の様子

3　次の**A**，**B**に答えなさい。（配点　22）

A　次の略地図を見て，問いに答えなさい。

略地図

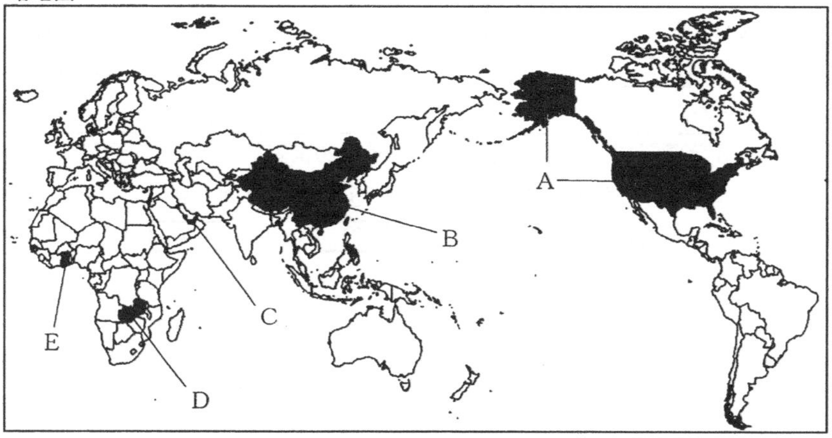

問１　主題図の（あ），（い）は，略地図のＡ，Ｂの国における，ある農産物の生産量を州別，省別に示したものです。（あ），（い）に当てはまる農作物の組み合わせとして正しいものを，**ア～カ**から選びなさい。

主題図

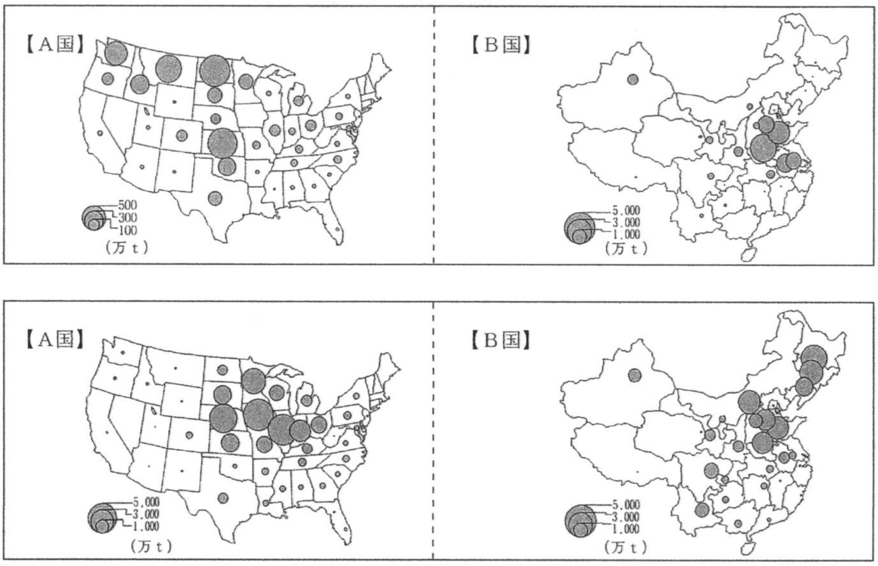

※　アラスカ州及びハワイ州を除く。データは2020年。（「地理データファイル2022年度版」より作成）

ア　（あ）ー米　　（い）ー小麦　　**イ**　（あ）ー米　　（い）ーとうもろこし

ウ　（あ）ーとうもろこし　　（い）ー米　　**エ**　（あ）ーとうもろこし　　（い）ー小麦

オ　（あ）ー小麦　　（い）ー米　　**カ**　（あ）ー小麦　　（い）ーとうもろこし

問２　資料１は，略地図のＣの国について説明したものです。資料１を参考にし，2020年のＣの国の年齢別人口を示すグラフを**ア～エ**から選びなさい。なお，人口は2020年時点でＣの国に存在する人の数である。

資料１

石油資源などの収入によって得られた豊富な資金を使い，左の写真のような高層ビルや，右の写真のような巨大な人工島のリゾートが建設されました。自国民だけでは建設に必要な労働者が不足したため，アジアの国々から多くの労働者が流入しました。

ア

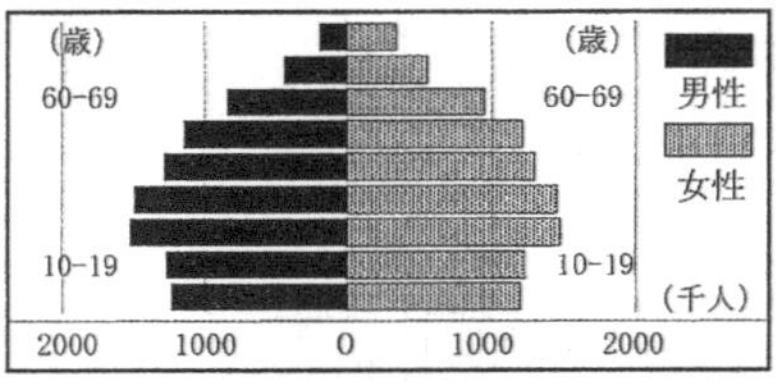

イ

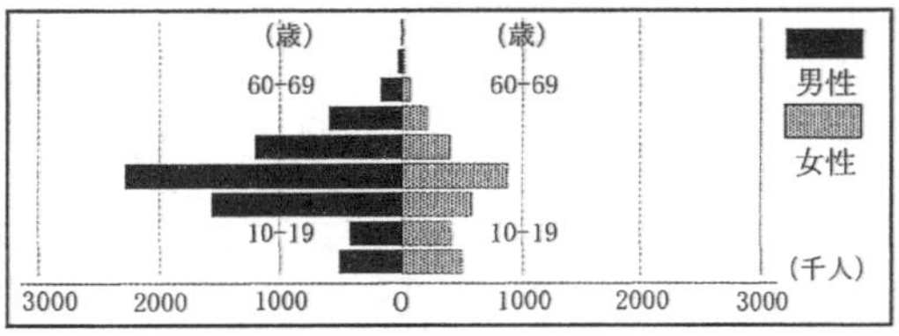

ウ

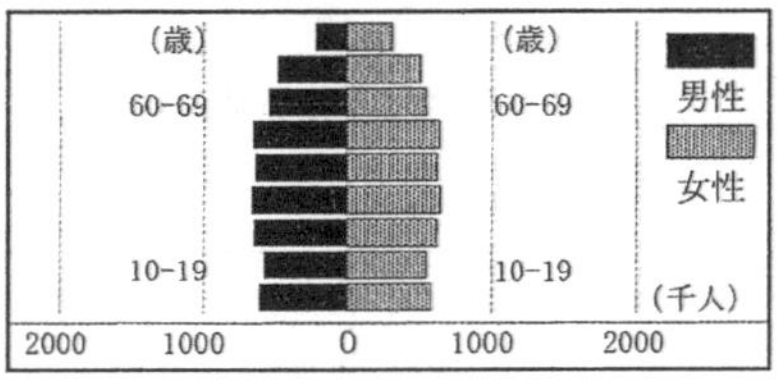

エ

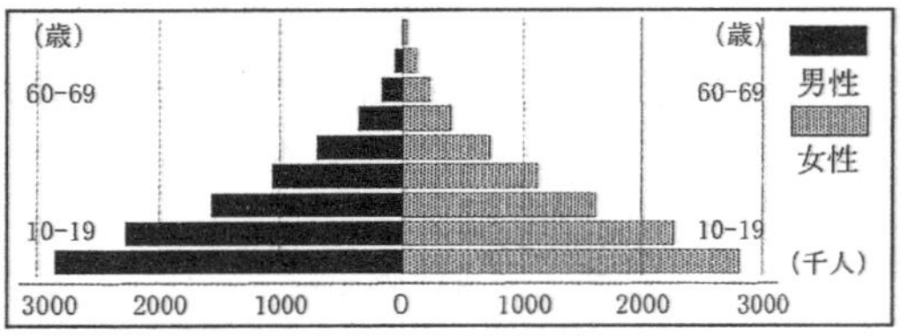

問３　図は，ある中学生が「世界のさまざまな地域の調査」の授業で，調査テーマを決定するために略地図のＤ，Ｅの国について調べ，作成した資料です。［　X　］に当てはまる最も適当な内容を，**ア**～**エ**から選びなさい。また，［　Y　］に当てはまる内容を，「収入」という語句を使い，10字以内で書きなさい。

図

資料２

Ｄの国は，主要輸出品である銅の国際価格上昇による銅生産増大を背景に経済成長を続けていたが，2014年秋以降国際価格が下落し，経済は悪化した。

（外務省ホームページより作成）

資料３

Ｅの国は，主要輸出品である金とカカオ豆の国際価格が2013年から2014年にかけて低下したことにより，経済が急速に悪化した。

（「公益財団法人国際通貨研究所資料」より作成）

↓

資料から読みとれる情報をもとに，両国の経済に共通する課題を予想

↓

【予想】両国の経済は，［　X　］，景気や天候の影響を受けやすいことから，［　Y　］ことが課題ではないか。

↓

【調査テーマ（問い）】両国は，経済のしくみをどのように変えれば，経済が成長するだろうか。また，そのためにわが国にできることは何だろうか。

ア　さまざまな工業製品を自国で生産しており
イ　さまざまな工業製品の輸出に頼っており
ウ　特定の鉱産資源や農産物を自国で消費しており
エ　特定の鉱産資源や農産物の輸出に頼っており

B　次の略地図を見て，問いに答えなさい。

略地図

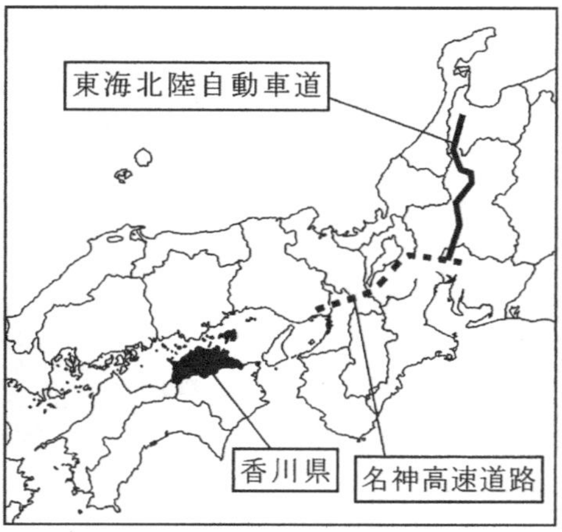

問１　略地図の道路に関して述べた次の文の［　　　　］に当てはまる内容を書きなさい。また，｛　　　　｝に当てはまる語句を，**ア**，**イ**から選びなさい。

　名神高速道路のルートと比べて東海北陸自動車道のルートは，［　　　　］という地形的な特徴をもつことから，グラフ１のような違いが生じる。
　したがって，グラフ１のＢに当てはまる道路は，｛**ア**　東海北陸自動車道　**イ**　名神高速道路｝と判断できる。

グラフ１　それぞれのルートの総距離とトンネルの総距離

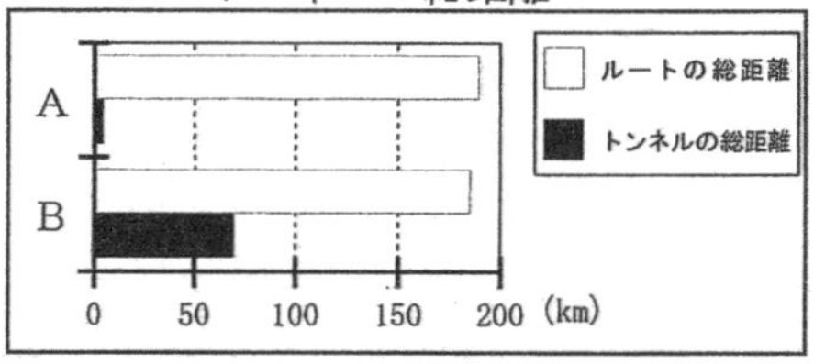

（「道路統計年報2021」より作成）

問２　グラフ２は，日本で発電された電力量の推移を発電方式（発電方法）ごとに示したものです。グラフ２のＡ～Ｃからいずれか１つの発電方式を選び，次の⑴，⑵に答えなさい。

グラフ２

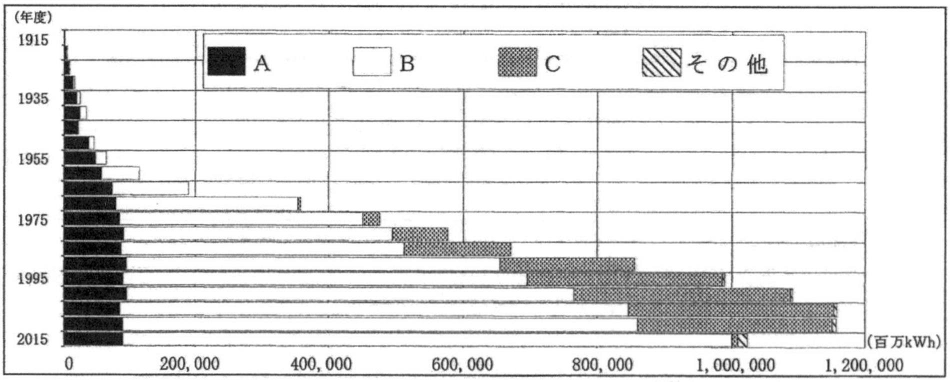

（「数字でみる日本の100年」より作成）

⑴　あなたが選んだ発電方式を，Ａ～Ｃの記号で書きなさい。また，その発電方式の名を書きなさい。

⑵　次の**ア**～**ウ**は，2019年における，Ａ～Ｃのおもな発電所がある場所をそれぞれ示しています。あなたが⑴で選んだ発電方式に当てはまるものを，**ア**～**ウ**から選びなさい。

ア

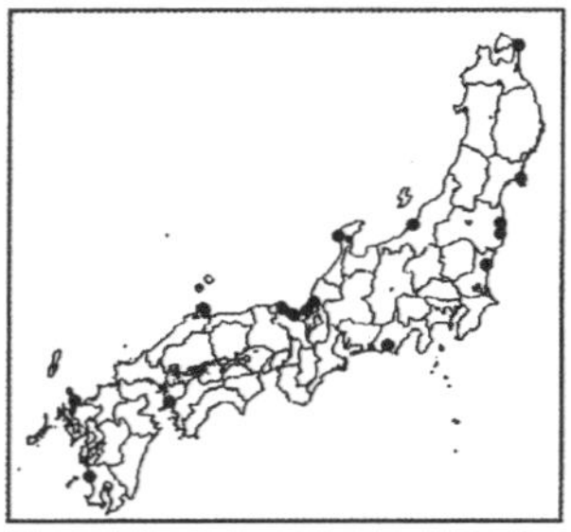

イ

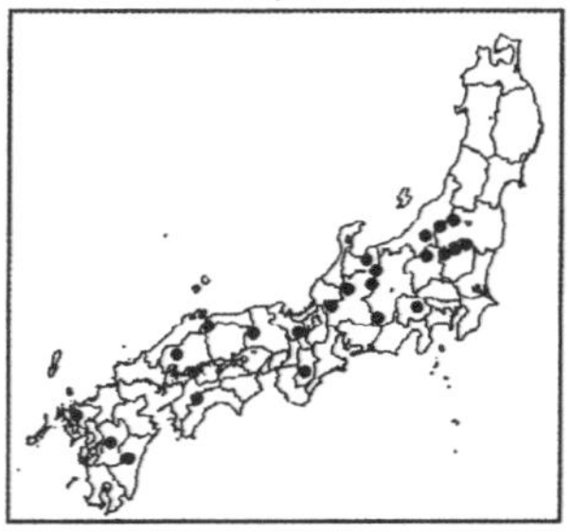

ウ

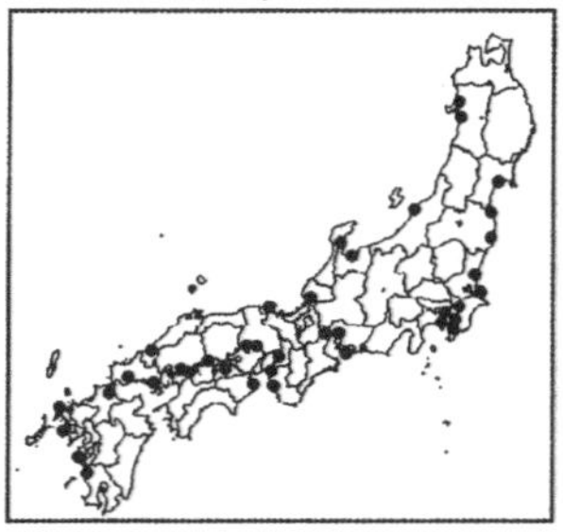

問３　略地図の香川県高松市に住む中学生が，身近な地域の調査を行うために，さまざまな資料，写真やグラフを収集し，レポートを作成しました。調査テーマ（問い）の答えとなる「まとめ」の部分を書き，このレポートを完成させなさい。

レポート

【地域の課題把握】

江戸時代から昭和までにこの地を襲った干ばつは，記録にあるだけでも80回を超え，明治時代以降でも20数回もの干ばつがこの地を襲いました。

（中国四国農政局ホームページより作成）

【調査テーマ（問い）】

私たちの地域は，干ばつによる被害をどう乗り越えたのだろうか。

情報を収集し，調査テーマを追究

【収集した資料】

山を貫く約８kmの導水路（水のトンネル）

（地理院地図をもとに，香川用水管理所「香川用水事業概要」及び香川県「香川用水誕生秘話」より作成）

グラフ１　吉野川上流と高松市の降水量

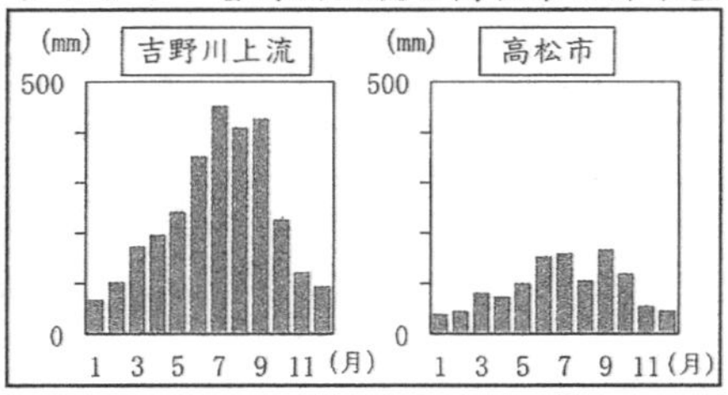

（気象庁ホームページより作成）

グラフ２　香川用水の月別取水計画

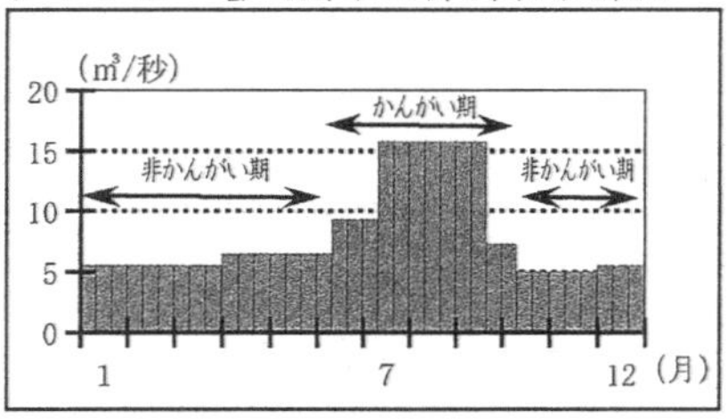

（香川用水管理所「香川用水のあらまし」より作成）

【まとめ】

4　資料１は，ある中学校の社会科の授業で，生徒たちが班ごとに設定した，探究するための課題についてまとめたものの一部です。これを見て，次の問いに答えなさい。(配点　22)

資料１

１班	(あ)<u>国家の統治のしくみ</u>は，どのようになっているだろうか？
２班	(い)<u>為替相場</u>が生活に与えた影響には，どのようなものがあるだろうか？
３班	国会と(う)<u>地方議会</u>の(え)<u>選挙制度</u>は，それぞれどのような特徴があるだろうか？
４班	都道府県における(お)<u>地方財政</u>の収入には，どのような違いがあるだろうか？
５班	日本では，(か)<u>所得格差</u>をどのように解消しようとしているだろうか？

問１　下線部(あ)に関して，１班の生徒たちが集めた資料２では，国民の権利を守るためのしくみを，ライオンや檻《おり》のたとえを使って表しています。下線部①，②が表しているものとして最も適当なものを，**ア～ク**からそれぞれ選びなさい。

資料２

(棟大樹の文章)

お詫び：著作権上の都合により，掲載しておりません。
ご不便をおかけし，誠に申し訳ございません。

※本文中の下線部　①<u>ライオン</u>　②<u>檻</u>

(棟大樹「檻の中のライオン」より作成)

ア　刑務所　　**イ**　地方自治法　　**ウ**　銀行　　**エ**　宗教
オ　国際法　　**カ**　人工知能（ＡＩ）　　**キ**　憲法　　**ク**　政治権力（国家権力）

問２　下線部(い)に関して，資料３とグラフ１から読みとれる内容のうち，正しいもの（正）と誤っているもの（誤）の組み合わせとして最も適当なものを，**ア～エ**から選びなさい。

資料３　為替相場の年平均

(円/１米ドル)

1985年	238.54円
1995年	94.06円
2005年	110.22円
2015年	121.04円

(「日本国勢図会2020/21」より作成)

グラフ１　日本人海外旅行者数と訪日外国人数の推移

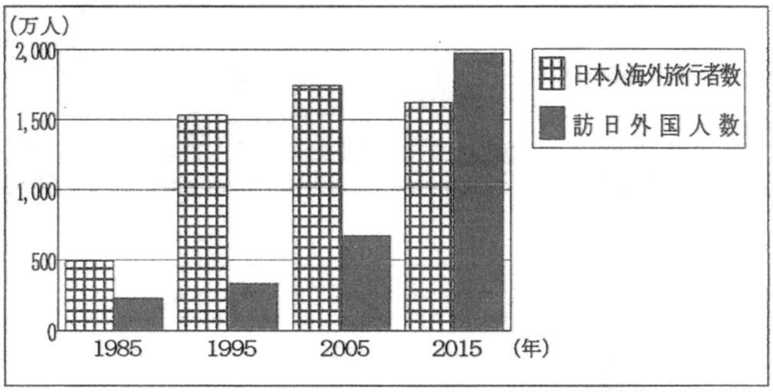

(「日本政府観光局資料」より作成)

a　アメリカの１ドルのチョコレートを日本の円で購入するとしたら，1985年より1995年の方が140円以上安く買える。

b　2015年の訪日外国人数は，1995年の訪日外国人数に比べ，８倍以上となっている。

c　2005年と比べると，1985年に日本人海外旅行者数が少なかった理由の１つとして，1985年は2005年より円高であったことが考えられる。

ア　a－誤，b－正，c－正　　**イ**　a－正，b－誤，c－正
ウ　a－正，b－誤，c－誤　　**エ**　a－誤，b－正，c－誤

問３　下線部(う)について，資料４の［　X　］，［　Y　］に共通して当てはまる語句をそれぞれ書きなさい。また，｛　　　｝に当てはまる語句を，**ア**，**イ**から選びなさい。

資料４

この写真のように，ある県では，議会の議場の形をそれぞれ相手に向かって質問・答弁を行う「対面演壇方式」に改修しました。

日本における地方選挙は，住民が都道府県の［　X　］及び議会の［　Y　］を，それぞれ｛**ア**　直接選挙　　**イ**　間接選挙｝で選ぶこととしています。

問４　下線部(え)に関して，先生と生徒Ａ～Ｃの会話を見て，それぞれの生徒が発表の際に用いる資料として最も適当なものを，**ア**～**カ**からそれぞれ選びなさい。

先　生：皆さんは，選挙について発表するために，さまざまなことを調べたようですね。
生徒Ａ：私は，選挙のしくみの変更点について発表します。2016年の参議院議員選挙から，選挙の原則の１つの平等選挙に対応するため，定数が増減しました。
生徒Ｂ：私は，衆議院議員選挙で，比例代表制に比べ，小選挙区制において課題とされる民意の反映について発表します。
生徒Ｃ：私は，若者の政治への関心の低さについて発表します。
先　生：中学生のうちから選挙について関心を持つことは，大事なことですね。

ア　女性議員数の割合

年	項目	当選者の割合
平成29年	衆議院議員選挙	10.1%
令和元年	参議院議員選挙	22.6%

（「男女共同参画白書令和３年版」より作成）

イ　ある選挙における期日前投票率

年	項目	投票率換算
平成29年	衆議院議員選挙	20.15%
令和元年	参議院議員選挙	16.11%

（「目で見る投票率」より作成）

ウ　ある選挙における年代別投票率

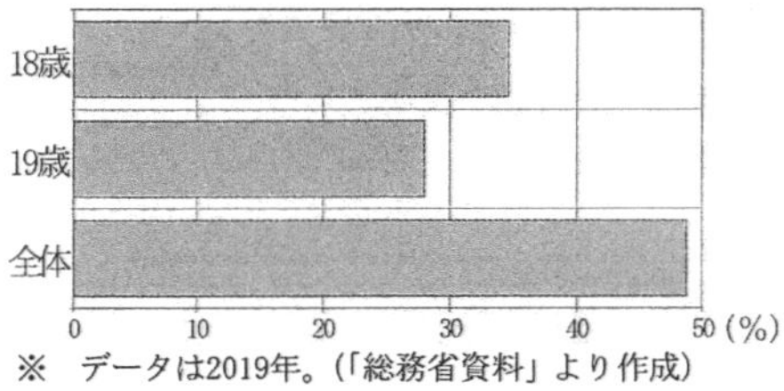

※　データは2019年。（「総務省資料」より作成）

エ　ある選挙区における得票率

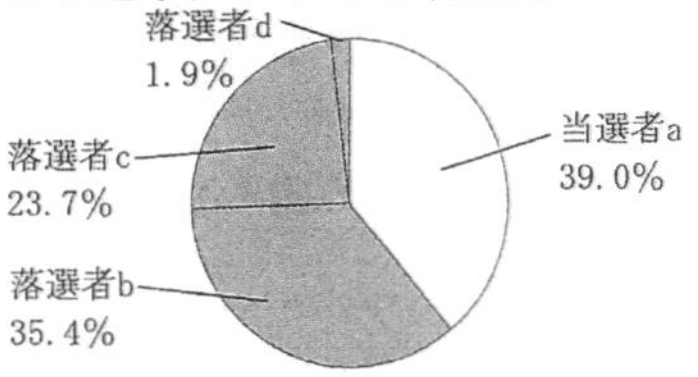

※　データは2021年。（「総務省資料」より作成）

オ　参議院議員一人当たり有権者数

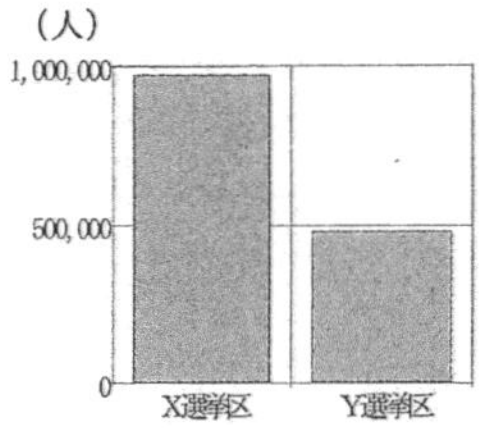

※　データは2013年。（「総務省資料」より作成）

カ　ある調査結果の一部

質問項目	結果
テレビや新聞，学校などでいわれていることよりも，口コミやインターネットの方が正しい場合が多い。	そう思う　21.7%
	そう思わない　77.9%

（「第４回情報化社会と青少年に関する調査報告書」より作成）

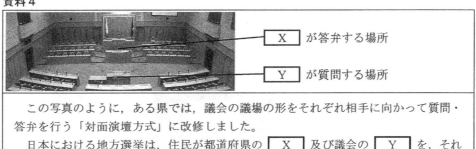

問５　下線部㋔について，グラフ２のＡ～Ｄは国庫支出金，地方交付税（交付金），地方債，地方税のいずれかを示しています。グラフ２のＡ，Ｂに当てはまるものの組み合わせとして正しいものを，**ア～カ**から選びなさい。

グラフ２　各県の歳入項目の内訳

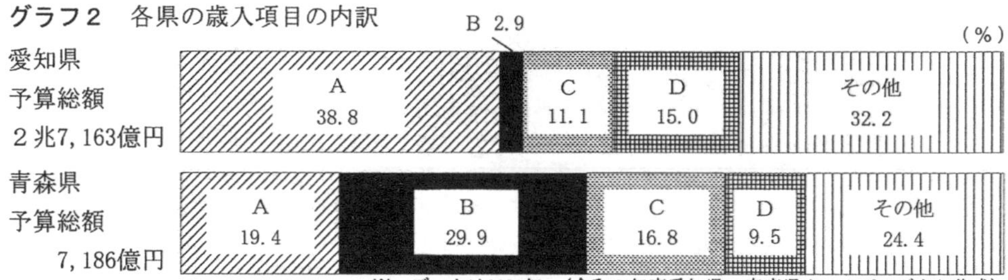

※　データは2021年。（令和３年度愛知県，青森県ホームページより作成）

ア　Ａ－地方税　Ｂ－国庫支出金　　**イ**　Ａ－地方交付税（交付金）　Ｂ－地方税
ウ　Ａ－地方税　Ｂ－地方交付税（交付金）　　**エ**　Ａ－国庫支出金　Ｂ－地方税
オ　Ａ－地方債　Ｂ－地方交付税（交付金）　　**カ**　Ａ－国庫支出金　Ｂ－地方債

問６　下線部㋕について，次の⑴，⑵に答えなさい。

⑴　グラフ３は，1990年と2017年の，日本における所得の再分配前と再分配後の所得格差をそれぞれ示したものです。所得格差についてグラフ３から読みとれることを，1990年と2017年を比較して書きなさい。ただし，所得の再分配の具体的な方法に１つふれること。

グラフ３

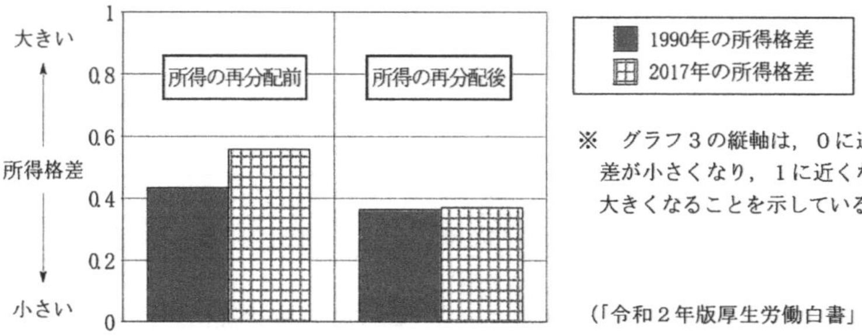

※　グラフ３の縦軸は，０に近くなるほど所得格差が小さくなり，１に近くなるほど所得格差が大きくなることを示している。

（「令和２年版厚生労働白書」より作成）

⑵　資料５は，５班の生徒たちが所得格差の解消について，授業でディベートを行うために準備したものの一部です。意見に対する反論の根拠として，［　　　　］に当てはまる内容を，世代間の公平の視点から書きなさい。

資料５

意見　政府は，これまで以上に国債を発行し続け，歳入を増やして社会保障を充実させ，所得格差を縮小するべきである。

反論　政府は，国債を発行し続けることで所得格差を縮小する方法を見直すべきである。なぜなら，表を見ると，［　　　　］ことになるからである。

表　国債残高の推移

	国債残高（億円）
1997年度	2,579,875
2007年度	5,414,584
2017年度	8,531,789

（「国債等関係諸資料」より作成）

令和５年度
高等学校入学者選抜学力検査問題

第 4 部

理 科

(50分)

注 意

1 問題は，1 から 5 まであり，10ページまで印刷してあります。

2 答えは，すべて別紙の解答用紙に記入し，解答用紙だけ提出しなさい。

3 問いのうち，「……選びなさい。」と示されているものについては，問いで指示されている記号で答えなさい。

1 次の問いに答えなさい。(配点　28)

問１　次の文の ① ～ ⑧ に当てはまる語句を書きなさい。

(1)　電車や自動車のスピードメーターのように刻々と変化する速さを，平均の速さに対し，① の速さという。

(2)　原子は ② と電子からできており， ② は陽子と中性子からできている。

(3)　タンポポのような双子葉類の根は，太い根である主根とそこから伸びる細い根である ③ からなる。

(4)　侵食された土砂が流水によって運搬され，川の流れがゆるやかなところでたまることを ④ という。

(5)　滑車やてこなどの道具を使うと，物体を動かすために加える力を小さくすることができるが，仕事の大きさ（量）は道具を使わない場合と変わらない。これを ⑤ という。

(6)　ＢＴＢ溶液は，酸性の水溶液では黄色，アルカリ性の水溶液では青色に変化する。このように変化した色で，溶液の酸性，中性，アルカリ性を調べる薬品を ⑥ という。

(7)　被子植物の花は受粉すると， ⑦ が成長して果実になり， ⑦ の中の胚珠は種子となる。

(8)　地震計に記録された地震のゆれのうち，はじめの小さなゆれを ⑧ という。

問２　長さ３cmのばねを引く力の大きさとばねののびとの関係を調べたところ，図のようになった。このばねを0.4Nの力で引くと，ばねの長さは何cmになるか，書きなさい。

図

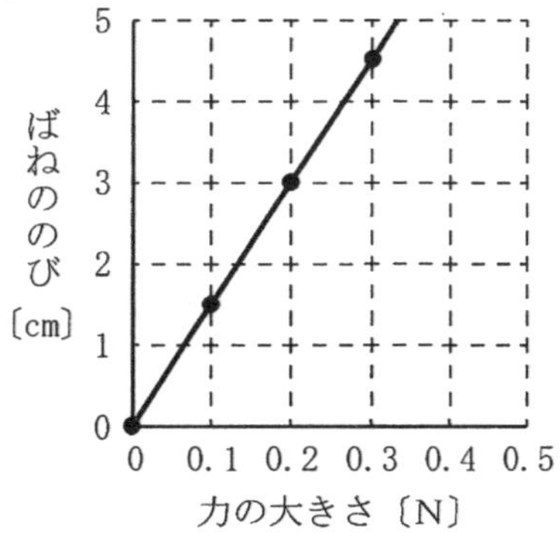

問３　４％の食塩水100gをビーカーに入れておくと，一部蒸発し，その食塩水は80gとなった。このとき80gの食塩水の濃度は何％か，書きなさい。

問４　エンドウの種子Ａ～Ｇを育て，２つずつ選んでかけ合わせた。表は，かけ合わせた種子とかけ合わせてできた種子の形質と割合を示したものである。Ｇがしわの種子のとき，丸の純系の種子と考えられるものを，Ａ～Ｆからすべて選びなさい。

表

かけ合わせた種子	かけ合わせてできた種子の形質と割合
種子Ａと種子Ｄ	すべて丸
種子Ｂと種子Ｅ	すべて丸
種子Ｂと種子Ｆ	丸：しわ＝３：１
種子Ｃと種子Ｇ	丸：しわ＝１：１
種子Ｄと種子Ｇ	すべてしわ

問５　次の**ア**～**ウ**を太陽の南中高度が高い順に並べて記号で書きなさい。

ア　夏至の札幌市　　**イ**　冬至の札幌市　　**ウ**　夏至の那覇市

2 ヒトの肺のしくみとはたらきについて，科学的に探究した内容を，レポートにまとめました。次の問いに答えなさい。(配点　18)

レポート

肺による呼吸

【課題】 ヒトの肺のしくみとはたらきはどうなっているのだろうか。

【資料】 ヒトの吸う息とはく息のそれぞれにふくまれる気体の体積の割合(水蒸気を除く)

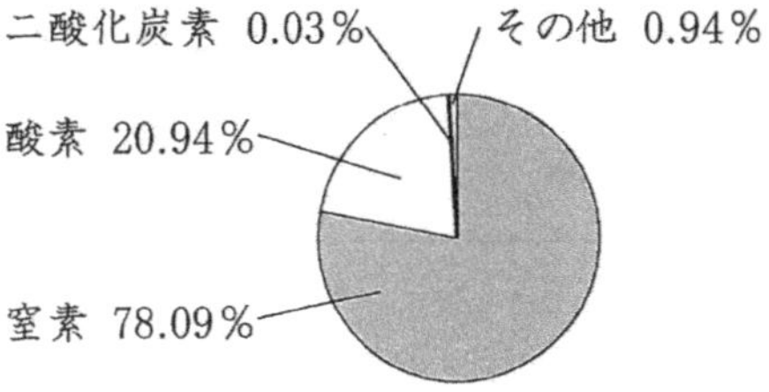

《吸う息》

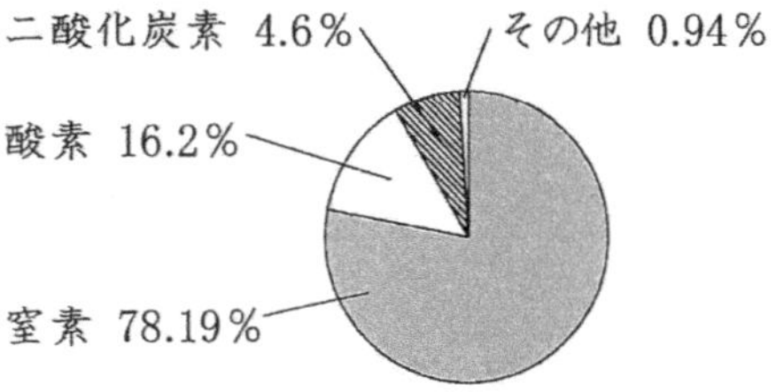

《はく息》

考察　ヒトの肺では［　　　　　　　］と考えられる。

【実験１】 安静時と運動時の呼吸回数の平均値を調べた。

方法　Aさん，Bさん，Cさんの安静時と運動時の1分間の呼吸回数をそれぞれ調べて，平均値を求めた。

結果

	安静時の呼吸回数〔回〕	運動時の呼吸回数〔回〕
Aさん	18	58
Bさん	23	63
Cさん	19	59
平均値	20	60

考察　運動時に呼吸回数が増加したのは，酸素をより多くとりこむためだと考えられる。

【実験２】 ヒトの肺のモデルをつくって，ゴム膜を操作したときのゴム風船の動きを調べた。

方法　下半分を切りとったペットボトルに，ゴム膜と，ゴム風船をつけたガラス管つきゴム栓をとりつけた。次に，ゴム膜の中心を指でつまんで下に引いた。

結果　ガラス管から空気が入り，ゴム風船がふくらんだ。

考察　ヒトの肺では，ゴム膜のかわりに［　　①　　］することで空気を出し入れすると考えられる。

【実験３】　血液に酸素を入れたときの色の変化を調べた。

方法　ブタの血液の入った試験管に酸素を入れた。

結果　あざやかな赤色に変化した。

考察　酸素が赤血球中の［　②　］ため，あざやかな赤色に変化したと考えられる。

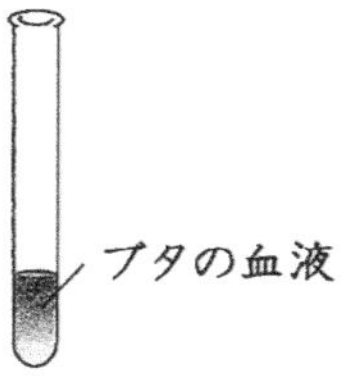

【総合的な考察】

・ヒトの肺では［　①　］することによって呼吸が行われており，肺に吸い込まれた空気中の酸素が血液にとりこまれて［　②　］ことで全身の細胞に運ばれるのではないか。

・安静時と比べ，運動時には多くの［　　　］ことから，より多くの酸素が全身の細胞に運ばれて，細胞による呼吸がさかんに行われるのではないか。

問１　レポートの［　　］に共通して当てはまる語句を書きなさい。

問２　【実験１】において，平均値を求める理由として最も適当なものを，**ア**～**エ**から選びなさい。

ア　運動の前後で，呼吸の回数が異なるから。

イ　同じ条件でも個体によって，呼吸の回数が異なるから。

ウ　同じ個体でも調べるたびに，呼吸の回数が異なるから。

エ　測定する時間の長さによって，呼吸の回数が異なるから。

問３　次の表は，安静時と運動時の１回の呼吸における吸う息の体積と肺でとりこまれる酸素の体積の割合を示したものである。【実験１】の結果と表から，肺で１分間にとりこまれる酸素の体積を，安静時と運動時でそれぞれ求め，解答欄の図に棒グラフで表しなさい。

表

	１回の呼吸における吸う息の体積〔cm^3〕	肺でとりこまれる酸素の体積の割合〔%〕
安静時	500	3
運動時	1000	6

問４　【実験２】において，下線部のような結果になった理由を書きなさい。

問５　レポートの［　①　］，［　②　］にそれぞれ共通して当てはまる語句を書きなさい。

3 次の問いに答えなさい。(配点　18)

酸化と還元について調べるため，次の実験１，２を行った。

実験１　[1] 図１の装置を用いて，銅の粉末0.80ｇを薬さじでステンレス皿に広げて，ガスバーナーで３分間加熱し，加熱後の物質が冷めてからその質量を調べた。次に，銅の粉末の質量を，1.20ｇ，1.60ｇにかえ，それぞれ同じように加熱後の物質の質量を調べた。表１は，このときの結果をまとめたものである。

[2] 図１の銅の粉末をマグネシウムの粉末0.60ｇ，0.90ｇ，1.20ｇにそれぞれかえて，ガスバーナーで完全に酸化するまで加熱し，加熱後の物質が冷めてからそれぞれの質量を調べた。表２は，このときの結果をまとめたものである。

図１

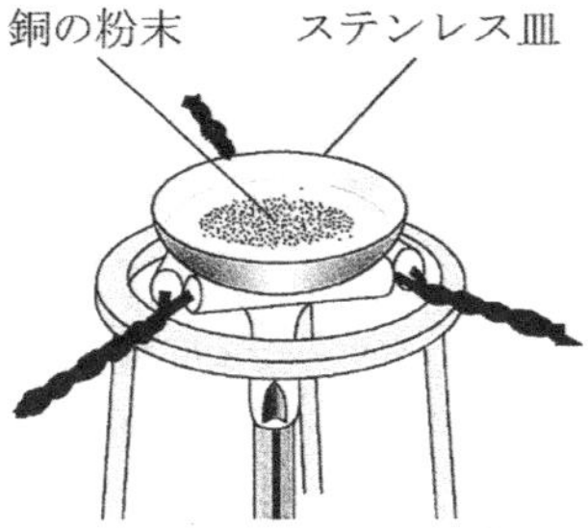

表１

加熱前の銅の粉末の質量〔g〕	0.80	1.20	1.60
加熱後の物質の質量〔g〕	0.89	1.34	1.80

表２

加熱前のマグネシウムの粉末の質量〔g〕	0.60	0.90	1.20
加熱後の物質の質量〔g〕	1.00	1.50	2.00

実験２　[1] 図２のように，赤茶色の酸化鉄の粉末と炭素の粉末の混合物が入った試験管を加熱したところ，気体が発生して石灰水が白くにごった。その後，試験管が冷めてから磁石を近づけると，混合物の一部が引きつけられた。次に，酸化鉄を酸化マグネシウムにかえて，同じように加熱したところ，反応は見られなかった。

[2] 図３のように，二酸化炭素で満たしてふたをした集気びんＡ，Ｂを用意し，Ａの中には火のついたマグネシウムを，Ｂの中には火のついたスチールウールをそれぞれ入れた。Ａに入れたマグネシウムは激しく燃えて白くなり，Ａの内側には黒い粒がついたが，Ｂに入れたスチールウールの火はすぐに消え，Ｂの内側に黒い粒は見られなかった。

図２

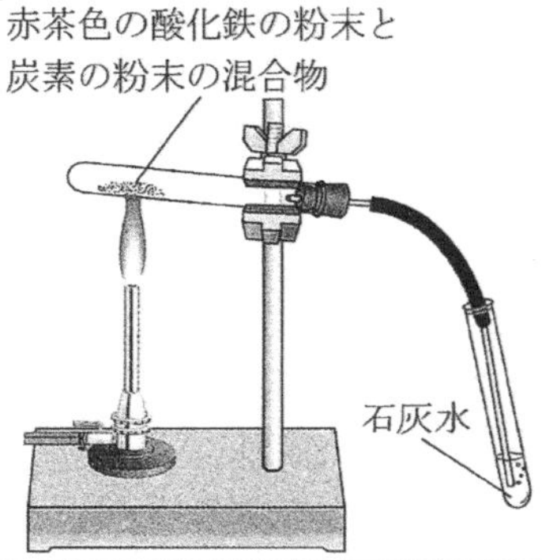

図３

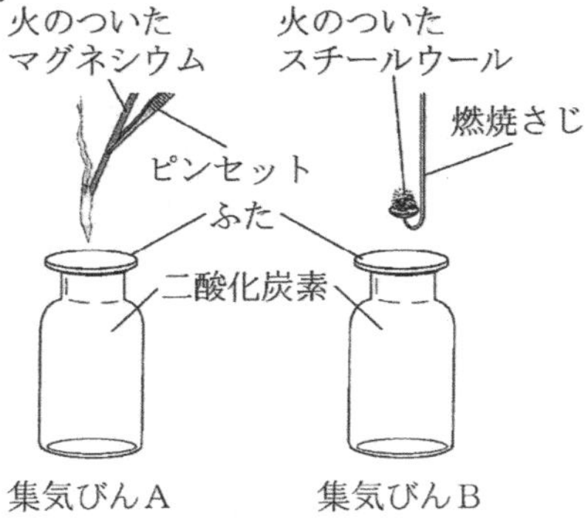

問1　図4は銅の粉末を加熱して完全に黒く酸化したときの，加熱前の銅の粉末の質量とその銅の粉末に結びついた酸素の質量の関係を示している。実験1について，次の(1)～(3)に答えなさい。

図4

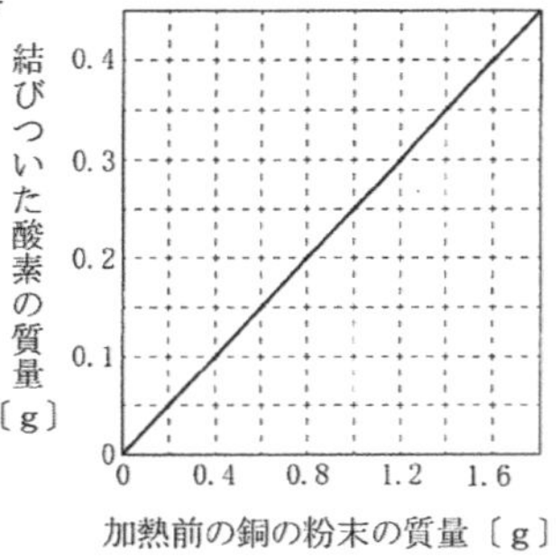

(1)　図4と比較すると，表1の加熱後の物質の一部は酸化していないことがわかる。銅の粉末が酸化する割合を増やすためには，どのような操作を行えばよいか，書きなさい。ただし，使用する器具や試薬は変えないものとする。

(2)　表1の銅の粉末1.60gの何%が酸化したと考えられるか，書きなさい。

(3)　表2と図4から，一定の質量の酸素と結びつく，マグネシウムの質量と銅の質量の比を最も簡単な整数で書きなさい。また，その比がマグネシウム原子の質量と銅原子の質量の比としても成り立つ理由を，それぞれの酸化物の化学式を用いて書きなさい。

問2　図5は，実験2について，ある中学生がまとめたものである。次の(1)，(2)に答えなさい。

図5

【仮説】ある単体が酸化物から酸素をうばえば，［　①　］といえるのではないか。

【[1]の結果】
・酸化鉄と炭素の混合物を加熱
　石灰水が白くにごった。
　　→　二酸化炭素が発生した。
　磁石に引きよせられた。
　　→　酸化鉄が鉄になった。
・酸化マグネシウムと炭素の混合物を加熱
　反応しなかった。

【[1]の結果からわかったこと】
炭素は，酸化鉄から酸素をうばったが，酸化マグネシウムから酸素をうばうことはなかった。

【[2]の結果】
・火のついたマグネシウムと二酸化炭素の反応
　激しく燃えて白くなり，黒い粒ができた。
《化学反応のモデル》
◎　＋　○●○　➡　◎○　＋　●
　→　白い物質は酸化マグネシウム，
　　　黒い粒は炭素と考えられる。
・火のついたスチールウールと二酸化炭素の反応
　火が消えた。

【[2]の結果からわかったこと】
マグネシウムは二酸化炭素から酸素をうばったが，鉄は二酸化炭素から酸素をうばうことはなかった。

【考察】［1］，［2］の結果から，酸素と最も結びつきやすいのは［　②　］であり，酸素と最も結びつきにくいのは［　③　］である。元素によって酸素との結びつきやすさに違いがあることから，ある単体が酸化物から酸素をうばえば，［　①　］といえる。

(1)　図5の《化学反応のモデル》は化学変化の前後で原子の数が合っていません。原子の数が合うようにモデルをかき直しなさい。ただし，◎はマグネシウム原子を，●は炭素原子を，○は酸素原子を示している。

(2)　［　①　］に共通して当てはまる内容を書きなさい。また，［　②　］，［　③　］に当てはまる元素記号をそれぞれ書きなさい。

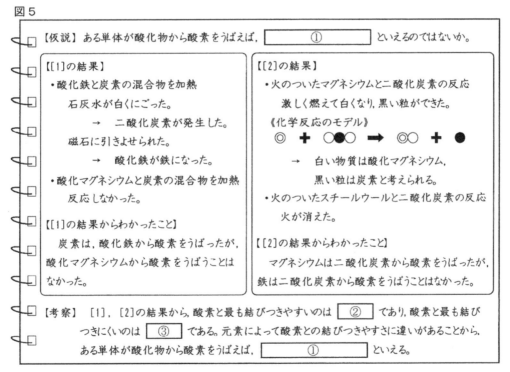

4 次の問いに答えなさい。(配点　18)

天体の見え方について調べるため，北海道のＡ市で次の観察を行った。

観察１　ある年の３月25日の夕方，ひときわ明るい天体Ｘが西の空に見えた。表は，３月25日，４月25日，５月10日の同じ時刻，同じ場所で天体望遠鏡を用いて同じ倍率で観察した天体Ｘをスケッチしたものと，観察した日における天体Ｘと太陽が昇った時刻と沈んだ時刻をまとめたものである。

表

		３月25日	４月25日	５月10日
天体Ｘ	スケッチ			
	昇った時刻	７時６分	６時18分	５時43分
	沈んだ時刻	22時１分	22時18分	21時43分
太陽	昇った時刻	５時29分	４時37分	４時17分
	沈んだ時刻	17時53分	18時29分	18時46分

観察２　同じ年の３月28日の夕方，西の空に月が見えた。

問１　観察１について，次の(1)～(3)に答えなさい。

(1) 次の文の ① ， ② に当てはまる語句を，それぞれ書きなさい。

多くの天体望遠鏡で見える像の向きは，直接見た場合と異なり， ① が ② に見える。

(2) 図は，太陽と地球の位置，天体Ｘと地球の公転軌道を模式的に示したものである。天体Ｘの公転軌道が図のようになると考えられるのはなぜか，表から読み取れることをふまえ，書きなさい。

図

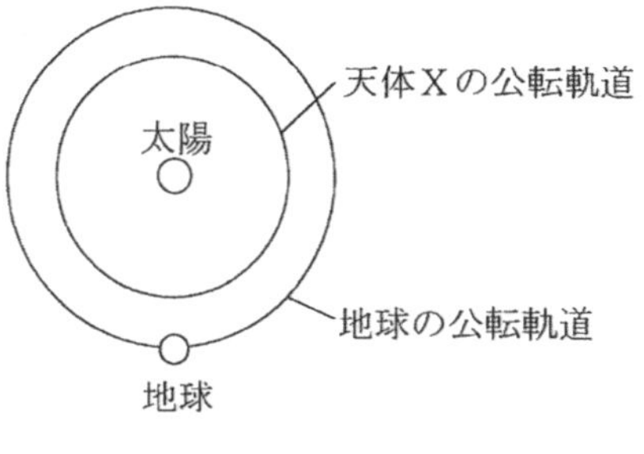

(3) 天体Ｘについて，同じ年の12月まで続けて観察したとき，**ア**～**エ**を観察できる順に並べて記号で書きなさい。

ア　大きく欠けた天体Ｘが，明け方，東の空に見られる。

イ　天体Ｘが，太陽と地球の間を通過する。

ウ　天体Ｘが，夕方，西の地平線に沈む。

エ　欠け方の小さい天体Ｘが，明け方，東の空に見られる。

問２　観察２について，次の(1)，(2)に答えなさい。

(1)　観察を続けると天体Ｘと月が重なって見えた。このとき，北極側から見た天体Ｘ（◎）と月（●）の位置関係を示しているものとして最も適当なものを，**ア**～**エ**から選びなさい。また，観察される現象を説明した次の文の［①］，［②］に当てはまる語句をそれぞれ書き，③の｛　　｝に当てはまるものを**ア**，**イ**から選びなさい。

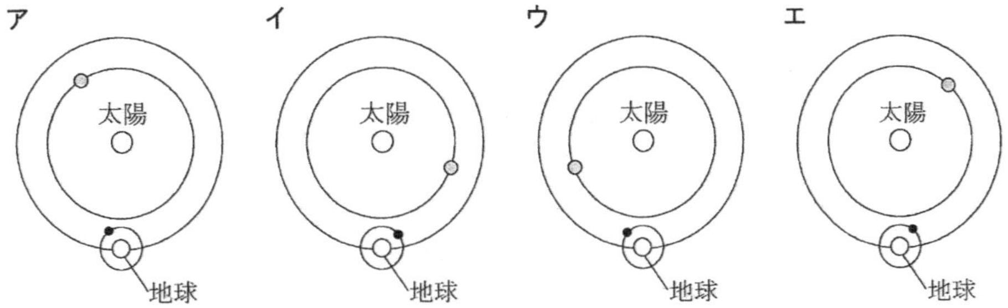

天体Ｘと月が重なるとき，２つの天体は地球の自転によって１時間に約15°移動して見えるはずである。しかし，月の公転が地球の自転と［①］向きであるため，月の見かけの動きが15°よりも［②］なる。このため，天体Ｘは月の③｛**ア**　東側から西側　**イ**　西側から東側｝に移動して見える。

(2)　観察した日の約３日前に，観察できる可能性のある事象を，**ア**～**カ**からすべて選びなさい。また，選んだ事象が観察できるときの天体の位置関係を説明しなさい。

ア　皆既日食　　**イ**　皆既月食　　**ウ**　満月

エ　部分月食　　**オ**　金環日食　　**カ**　新月

5 次の問いに答えなさい。(配点　18)

凸レンズによってできる像について調べるため，ＬＥＤをＬ字形にとりつけた物体を使って図1のような装置を組み立て，次の実験1～3を行った。

実験1　凸レンズAの位置を動かさずに，スクリーンにはっきりとした像がうつるように物体とスクリーンの位置を動かし，像の大きさを調べた。図2，3はこのときの結果をグラフに表したものである。

実験2　物体とスクリーンの位置を動かさずに，凸レンズAを物体側からスクリーン側に近づけていったところ，物体から凸レンズAまでの距離が15cmのときと30cmのときにスクリーンにはっきりとした像がうつった。

実験3　物体を凸レンズAとその焦点の間に置き，スクリーン側から凸レンズAをのぞいたときの像の大きさを調べた。次に，物体と凸レンズAの位置を動かさずに，凸レンズAをふくらみの小さい凸レンズBにかえ，同じように像の大きさを調べると，凸レンズAのときに比べ，小さくなった。

図1

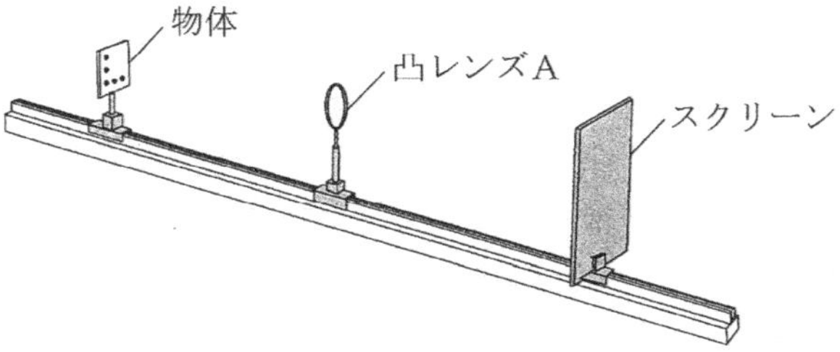

図2

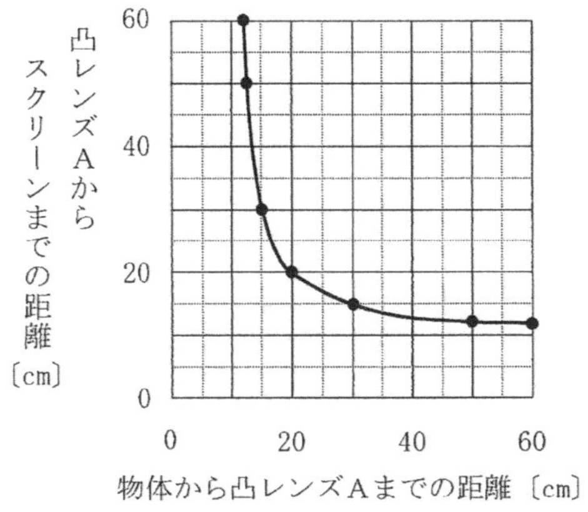

図3

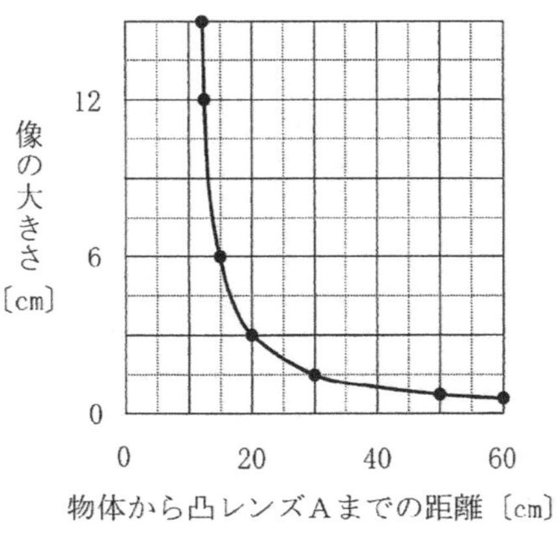

問１　図４は，ヒトの目のつくりを模式的に示したものである。図４のＸがＹの上に像を結ぶしくみについて，ＸからＹまでの距離は変わらないという条件を設定して，図１の装置でヒトの目のつくりを再現する実験を行うとき，変えない条件として最も適当なものを，**ア～エ**から選びなさい。

ア　凸レンズＡの位置　　　　　　　　**イ**　物体から凸レンズＡまでの距離

ウ　物体からスクリーンまでの距離　　**エ**　凸レンズＡからスクリーンまでの距離

図４

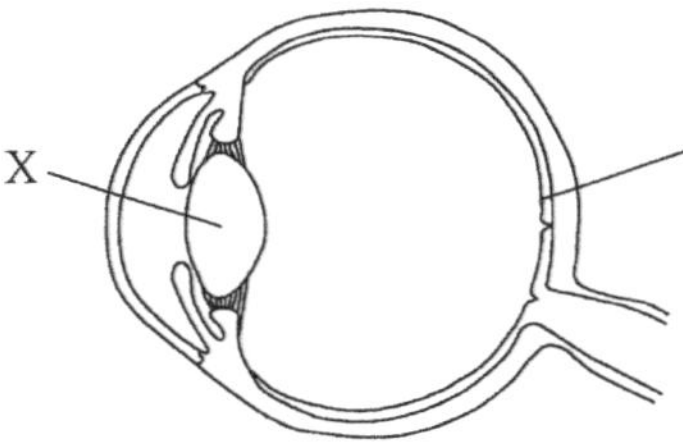

問２　実験１について，次の⑴，⑵に答えなさい。

⑴　図５は，実験１で物体から凸レンズＡを通る光の進み方の一部を模式的に示したものであり，光軸（凸レンズＡの軸）上にある２つの●は凸レンズＡの焦点の位置を示している。物体の先端から出た光は，凸レンズＡを通過後，どのような道すじを通るか，解答欄の図にかき加えなさい。ただし，作図に用いた線は消さないこと。

図５

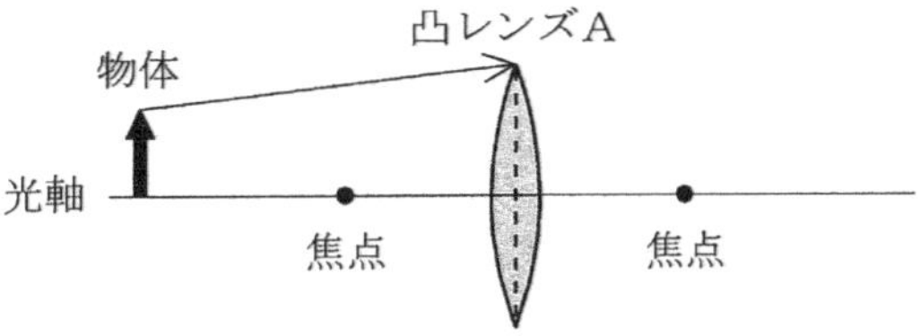

⑵　凸レンズＡの焦点距離と物体の大きさはそれぞれ何cmと考えられるか，書きなさい。

問３　実験１，２について，次の文の［①］～［③］に当てはまる数値を，それぞれ書きなさい。また，［④］に当てはまる内容を書きなさい。

スクリーン上にはっきりとした像を見ることができる，物体，凸レンズＡ，スクリーンの位置について考えると，物体から凸レンズＡまでの距離が15cmのときは凸レンズＡからスクリーンまでの距離は［①］cm，物体から凸レンズＡまでの距離が30cmのときは凸レンズＡからスクリーンまでの距離は［②］cmであり，物体からスクリーンまでの距離はどちらも［③］cmである。したがって，物体からスクリーンまでの距離が一定のとき，実像ができる凸レンズの位置は２つあり，［　　④　　］という規則性があることがわかる。

問４　実験３について，凸レンズＢをふくらみの限りなく小さい凸レンズにとりかえたとすると，像の大きさはどのようになると考えられるか，書きなさい。

令和５年度
高等学校入学者選抜学力検査問題

第　5　部

英　語

(50分)

注　　意

1　問題は，1から4まであり，11ページまで印刷してあります。

2　答えは，すべて別紙の解答用紙に記入し，解答用紙だけ提出しなさい。

3　問いのうち，「……選びなさい。」と示されているものについては，問いで指示されている記号で答えなさい。

4　＊印の付いている語句には，(注)があります。

1 放送を聞いて，問いに答えなさい。（配点　35）

問１　次の No. 1～No. 3 について，それぞれ対話を聞き，その内容についての質問の答えとして最も適当なものを，それぞれア～エから選びなさい。**英文は１回読まれます**。

No. 1

ア　イ　ウ　エ

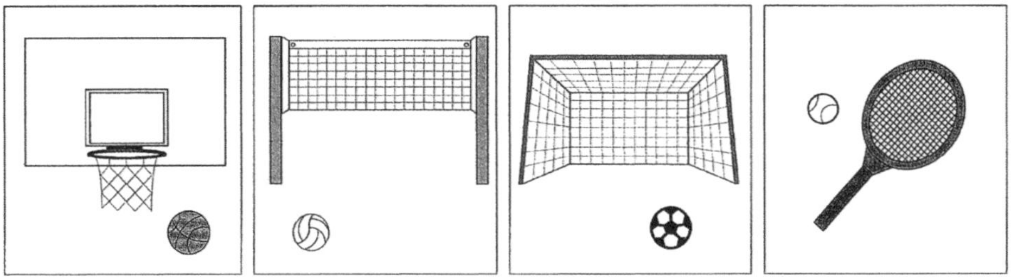

No. 2

ア　イ　ウ　エ

No. 3

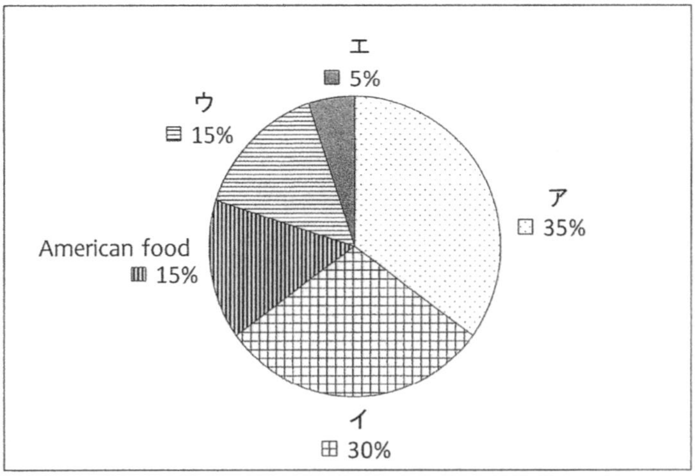

問２　次の No. 1〜No. 4 について，直子（Naoko）とニック（Nick）の対話を聞き，チャイムの鳴るところで，直子が話す言葉として最も適当なものを，それぞれア〜エから選びなさい。**<u>英文は１回読まれます</u>**。

No. 1 ［昼休みの対話］

ア　Yes, I am.

イ　You're welcome.

ウ　No, it's not mine.

エ　Here you are.

No. 2 ［放課後の対話］

ア　No, you can't answer the questions.

イ　I'm sorry, but I have a piano lesson.

ウ　Sure, let's go to the teachers' room.

エ　Yes, you can come to see me now.

No. 3 ［店での対話］

ア　I'll buy the white shoes.

イ　How much is it?

ウ　How many T-shirts do you have?

エ　I'll ask the price of the yellow one.

No. 4 ［下校時の対話］

ア　Then, I'll take my lunch box, too.

イ　So, you can eat lunch with me.

ウ　Yes, I enjoyed badminton.

エ　OK, see you in the gym.

聞き取りテストは，次のページに続きます。

問３　ＡＬＴの先生が授業中に話している英文を聞き，その内容についての No. 1〜No. 3 の質問の答えとして最も適当なものを，それぞれ**ア**〜**エ**から選びなさい。**英文は２回読まれます**。

No. 1　ＡＬＴの先生は，“I'm fine”という表現について，どのように言っていますか。

ア　Japanese people use “I'm fine” in various ways.

イ　It's interesting to know why people use “I'm fine” many times.

ウ　To use “I'm fine” is too difficult for Japanese students.

エ　People often say “I'm fine” when they're asked, “Are you OK?”

No. 2　ＡＬＴの先生の話からわかることは何ですか。

ア　There are many people who like studying foreign languages.

イ　Some expressions are used in different ways in different scenes.

ウ　The expression, “sumimasen” is very popular all over the world.

エ　Many people want to come to Japan to learn about Japanese culture.

No. 3　ＡＬＴの先生が，この話の中で最も伝えたいことは何ですか。

ア　Learning useful English expressions will help students enjoy studying English.

イ　Students need to learn how to say “Yes” and “No” in many ways in English.

ウ　It's important for students to study both Japanese and English for their future.

エ　Speaking in English will be easier for students if they learn more expressions.

問４　英語の先生が生徒に指示をしている英文を聞き，あなたが生徒になったつもりで，条件にしたがって，次のスピーチを完成させなさい。**英文は２回読まれます**。

スピーチ

Hello, everyone!
I think [(1)] is the best.
In [(1)], people can [(2)].
[(3)]
Thank you.

条件

・[(1)] には，共通して入る適当な英語を１語で書きなさい。
・[(2)] には，２語以上の英語で自由に書きなさい。
・[(3)] には，主語と動詞を含む英文１文で自由に書きなさい。
・[(1)] ～ [(3)] が，内容的につながりがあるスピーチとなるように書きなさい。

放送指示後，問題用紙の５ページからの問題を解答しなさい。

2 次の問いに答えなさい。(配点　16)

問１　次の⑴，⑵の英文の [　　] に入る最も適当な英語１語をそれぞれ語群から選んで書きなさい。

⑴　Hi, my name is Takuya. Please [　　] me Taku.

語群

show	ask	call	give

⑵　Let's go to the [　　] and play soccer there.

語群

park	library	station	restaurant

問２　次の絵の場面に合うように，⑴，⑵の [　　] に入る適当な英語１語をそれぞれ書きなさい。

⑴　Please [　　] quiet here.

⑵　You [　　] eat here.

それでは，３ページを開いてください。

続いて，問３です。次に読まれる英文は，ＡＬＴの先生が授業中に話している場面のものです。その内容について，問題用紙にある，No.1 から No.3 の質問の答えとして最も適当なものを，問題用紙の**ア**，**イ**，**ウ**，**エ**から選びなさい。このあと15秒取りますので，No.1 から No.3 の質問に目を通しなさい。

それでは，英文が２回読まれます。英文が読まれた後には，それぞれ解答時間を20秒取ります。
では，始めます。

I enjoy learning Japanese. The expression I often use is “sumimasen.” When I came to Japan last year, I knew it means “I'm sorry.” But, I didn't understand why people say “sumimasen” many times. Now I know it also means “Excuse me” and “Thank you.” I think this is a very useful expression. In English, we also have such useful expressions. For example, we say, “I'm fine.” This expression is used in various scenes. If someone asks, “Are you OK?,” we often say, “I'm fine.” We use this when we want to say “Yes.” Also, at a convenience store, we're asked, “Do you need a bag?” We can use “I'm fine” if we don't need a bag. In this way, we can use this expression when we want to say “Yes” and also when we want to say “No.” Learning languages is interesting, right? I want you to learn useful English expressions and try to use them. I hope studying English will be more interesting for you!

(英文を繰り返す)

続いて，問４です。次に読まれる英文は，英語の先生が生徒に指示をしている場面のものです。あなたが生徒になったつもりで，問題用紙に示された条件にしたがって，スピーチを完成させなさい。このあと10秒取りますので，問題用紙のスピーチと条件に目を通しなさい。

それでは，英文が２回読まれます。英文が読まれた後には，それぞれ解答時間を30秒取ります。
では，始めます。

In the next lesson, you'll make a short speech. The topic is, “Which season is the best to visit your hometown?” If you're asked about it by tourists from other countries, how will you answer? In your speech, I want you to tell us which season is the best and why you chose the season. Then, please tell us more information about the reason.

Your speech is not about your favorite season. You should think about the foreign tourists who would like to visit your hometown. Also, your speech should be understood by people who don't speak Japanese.

Well, I can't wait for our next lesson! Good luck!

(英文を繰り返す)

これで，英語の聞き取りテストを終わります。
引き続き，問題用紙の５ページからの問題を解答しなさい。

※教英出版注
音声は，解答集の書籍ＩＤ番号を教英出版ウェブサイトで入力して聴くことができます。

出願先学校名　高等学校

受検番号

出身学校名

（注意）※印の欄は，記入しないこと。

※

得点

※100点満点

二

問一

問二
(1) ①　②
(2) ③　④　⑤

問三

問一．２点
問二．２点×５
問三．２点

四

問一

問二
アンケートを行った結果、

問三
100

問一．３点
問二．６点
問三．９点

三

※
四

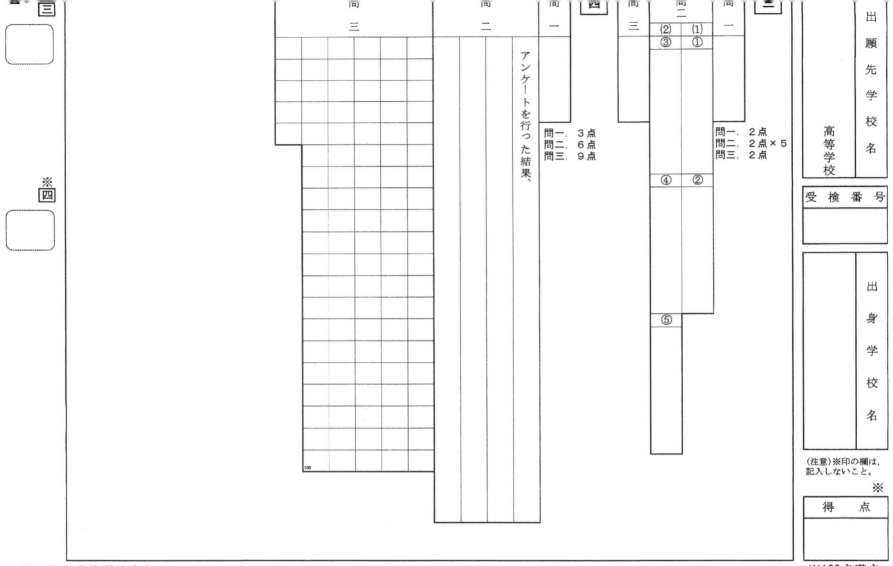

※ 4

問1			度
問2	(1)	ア	イ
		ウ	
	(2)	(証　明)	

※ 5

問1	ア	イ	ウ
問2	(1)	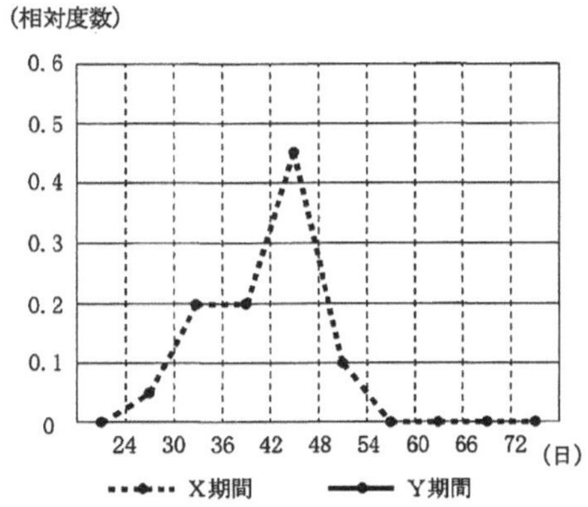	
	(2)	(理　由)	
	(3)	(記　号) (説　明)	

願先学校名	高等学校

受検番号

出身学校名	

(注意)※印の欄は，記入しないこと。

※

得　点

※100点満点

※ 3

※ 4

3

A 問1．3点　問2．4点　問3．X．2点　Y．2点
B 問1．内容…1点　記号…2点　問2．完答3点　問3．5点

A	問1			
	問2			
	問3	X		
		Y	10	
B	問1	内容		
		記号		
	問2	(1)	あなたが選んだ発電方式	
			発電方式の名	発電
		(2)		
	問3			

4

問1．完答4点　問2．3点　問3．完答3点　問4．完答3点
問5．4点　問6．(1)3点　(2)2点

問1	①		②	
問2				
問3	X		Y	
	記号			
問4	生徒A	生徒B	生徒C	
問5				
問6	(1)			
	(2)			

出願先学校名
高等学校

受検番号

出身学校名

(注意)※印の欄は，記入しないこと。

※

得点

※100点満点

※ 4

※ 5

4

問1．(1)完答3点　(2)4点　(3)3点
問2．(1)完答5点(記号のみは1点／記号，①，②のみは3点)
(2)完答3点(記号のみは1点)

問1	(1)	①	②
	(2)		
	(3)	→ → →	
問2	(1)	記号	
		①	
		②	
		③	
	(2)	記号	
		説明	

5

問1．3点　問2．(1)3点　(2)完答3点(一方のみは2点)
問3．完答5点(①～③のみは2点)　問4．4点

問1			
問2	(1)	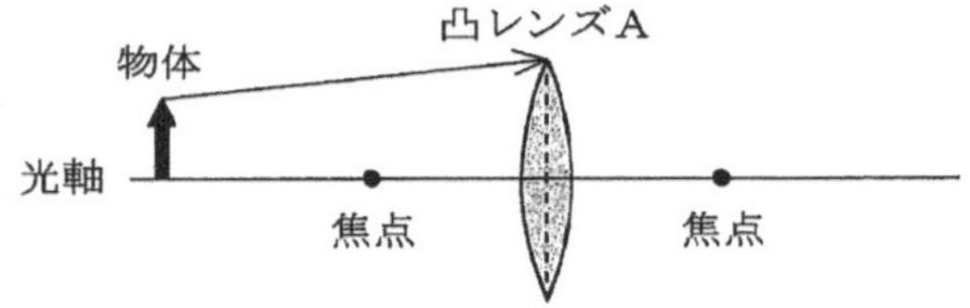	
	(2)	焦点距離	cm
		大きさ	cm
問3	①		
	②		
	③		
	④		
問4			

出願先学校名　高等学校

受検番号

出身学校名

(注意)※印の欄は，記入しないこと。

※ 得点

※100点満点

※100点満点

出願先学校名	受検番号	出身学校名	※	得点
高等学校				

（注意）※印の欄は，記入しないこと。

C	問1				
	問2				
	問3	(1)		(2)	
	問4				
	問5				

4

(1)	Actually, .
(2)	For example, by using them, we can communicate with others, or we can .
(3)	6語 12語 18語 24語 30語 36語 .

※3

※4

第5部 英語 解答用紙

1 問1．2点×3　問2．3点×4　問3．3点×3　問4．(1)2点　(2)3点　(3)3点
2 問1．2点×2　問2．2点×2　問3．4点×2
3 A 問1．3点×2　問2．4点
B 問1．3点　問2．3点　問3．4点
C 問1．2点　問2．3点　問3．2点
問4．完答5点　問5．3点
4 (1)3点　(2)3点　(3)6点

1

問1	No. 1		No. 2		No. 3			
問2	No. 1		No. 2		No. 3		No. 4	
問3	No. 1		No. 2		No. 3			
問4	(1)							
	(2)	people can　.						
	(3)							

2

問1	(1)		(2)	
問2	(1)		(2)	
問3	(1)	.		
	(2)	?		

3

A	問1	(1)		(2)	
	問2	So, if you want to enjoy a BBQ,　.			
B	問1		問2		
	問3				

※1　　※2

第4部 理科 解答用紙

※ 1

※ 2

※ 3

1　問1．2点×8　問2．3点　問3．3点　問4．3点　問5．3点

問1	(1)	①	
	(2)	②	
	(3)	③	
	(4)	④	
	(5)	⑤	
	(6)	⑥	
	(7)	⑦	
	(8)	⑧	
問2			cm
問3			%
問4			
問5	高い ——→ 低い		
	→ →		

2　問1．3点　問2．3点　問3．4点　問4．3点
問5．完答5点（一方のみは3点）

問1	
問2	
問3	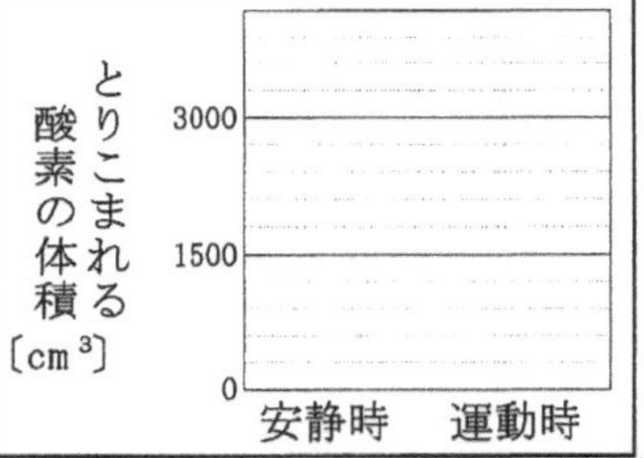

問4		
問5	①	
	②	

3　問1．(1)3点　(2)3点　(3)完答5点（比のみは3点）
問2．(1)3点　(2)①2点　②，③完答2点

問1	(1)				
	(2)	%			
	(3)	比	マグネシウム：銅 ＝ ：		
		理由			
問2	(1)	＋ ➡ ＋			
	(2)	①			
		②		③	

【解答用

第3部 社会

解答用紙

※1

※2

1

問1．２点×３（⑵，⑶は完答）　問２．⑴３点　⑵完答２点　⑶完答３点
問３．２点×３（⑴，⑵は完答）　問４．⑴完答２点　⑵完答３点
問５．⑴完答２点　⑵２点　問６．⑴完答２点　⑵３点

問１	⑴						
	⑵	①		②			
	⑶	先住民		位置			
問２	⑴						
	⑵	①		②			
	⑶	①		②		③	
		古い → 新しい					
問３	⑴	語句		記号			
	⑵	①		②		③	
		記号					
	⑶	国家					
問４	⑴	X	島	Y	島		
	⑵	語句					
		おおよその向き		位置			
問５	⑴	①		②			
	⑵						
問６	⑴	語句		①		②	
	⑵						

2

問１．人の名…１点　①，②完答２点
問２．国の名，記号…完答２点　内容…２点
問３．記号…１点　①，②完答２点　問４．完答４点　問５．５点　問６．完答３点

問１	人の名			
	①		②	
問２	国の名		記号	
	内容			
問３	記号			
	①		②	
問４	①		②	
	③		④	

問５										
					25					

問６	資料４		資料５	

【解答用

第2部 数学

解答用紙

1

問1．３点×３　問2．４点　問3．４点　問4．５点
問5．完答５点（一方のみは２点）　問6．６点

問1	(1)		(2)		(3)	

問2		問3	
問4	cm	問5	

問6

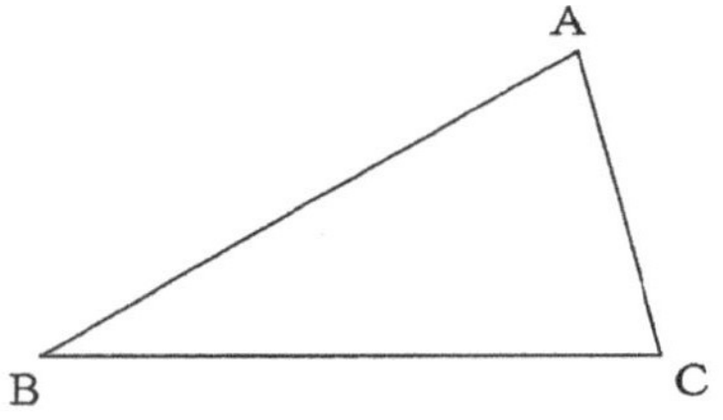

2

問1．完答４点　問2．ア～ウ．１点×３　エ，オ．完答２点
カ，キ．完答２点　問3．６点

問1	ア		イ		ウ	
	エ		オ			

問2	ア		イ	
	ウ			
	エ		オ	
	カ		キ	

問3	$x=$　　　　，$y=$

3

問1．４点　問2．５点　問3．(1)３点　(2)５点

問1		
問2	（計　算） （答）　$a=$	
問3	(1)	Q（　　　，　　　）
	(2)	（説　明）

※ 1

※ 2

※ 3

【解答用

第一部 国語

解答用紙

一

問一 (1) (2) (3) （む）

問二 (1) (2) （り） (3)

問三 (1) (2)

問四

問五 (1) (2) 35

問一. 2点×3
問二. 2点×3
問三. 3点×2
問四. 3点
問五. (1)3点 (2)4点

二

問一 1 （る） 2 （う）

問二

問三

問四 ① 最初 最後 ② 20

問五 (1) (2) 20

問六

問一. 2点×2
問二. 3点
問三. 4点
問四. 5点×2
問五. 5点×2
問六. 9点

※一

※二

第５部　英語の聞き取りテストの放送台本

ただいまから，英語の聞き取りテストを行いますので，問題用紙の１ページを開いてください。

問題は，問１から問４まであります。英文が読まれる回数は，問１と問２は１回，問３と問４は２回です。放送を聞きながら，メモを取ってもかまいません。

それでは，問１です。
３題とも最初に短い対話が読まれます。次に，それぞれの対話の後で，その内容について，クエスチョンと言った後に英語で質問があります。その質問の答えとして最も適当なものを，問題用紙のア，イ，ウ，エから選びなさい。英文は１回読まれます。
では，始めます。

No. 1
A : Do you do any club activities, Megumi?
B : Yes. I'm in the volleyball club. What club do you want to join, Tom?
A : Well, I like soccer, so I want to join the soccer club.
Question : What club does Tom want to join?

No. 2
A : What time will the concert start, Cathy?
B : It'll start at two o'clock, Dad. The hall will open at one thirty.
A : Then, let's leave the house at one o'clock.
Question : What time will the concert hall open?

No. 3
A : Look at this figure. I asked my classmates a question, "What foreign food do you like?"
B : Well, Italian food is the most popular.
A : Right. Korean food is also very popular. It's more popular than my favorite foreign food, Chinese. Chinese food is as popular as American food.
B : I like French food, but it's only five percent!
Question : Which one shows Chinese food in the figure?

続いて，問２です。
４題とも，問題用紙に示された場面における，直子とニックの対話です。最初に，直子が，続いてニックが話します。その次に，直子が話すところで，次のチャイムが鳴ります。（チャイム音）このチャイムの鳴るところで，直子が話す言葉として最も適当なものを，問題用紙のア，イ，ウ，エから選びなさい。英文は１回読まれます。
では，始めます。

No. 1　［昼休みの対話］
Naoko : I haven't eaten lunch yet.
Nick : Oh, you're hungry, right?
Naoko : (チャイム音)

No. 2　［放課後の対話］
Naoko : I'll see Mr. Suzuki to ask some questions about today's science class now.
Nick : I also have some questions. Can I go with you?
Naoko : (チャイム音)

No. 3　［店での対話］
Naoko : I like this yellow T-shirt, but it's too expensive!
Nick : How about this white one? It's also good and cheaper.
Naoko : (チャイム音)

No. 4　［下校時の対話］
Naoko : Hi, Nick. Do you have time tomorrow? I want to play badminton in the gym.
Nick : I'm going to eat lunch with my family tomorrow, so I can play it with you after that. Let's meet at three.
Naoko : (チャイム音)

問３　次の(1)，(2)の絵において，２人の対話が成り立つように，□に主語と動詞を含む英文１文をそれぞれ書きなさい。

(1)

(2)

3 次の **A**～**C** に答えなさい。(配点　37)

A

次の英文は，キャンプ場（campsite）の情報です。これを読んで，問いに答えなさい。

Campsite Information				
Campsite	**Happy Village**	**Holiday Fun**	**Lake Ezo**	**Nature Park**
*Location	Mountain	Sea	Lake	Mountain
Pets	○	○	×	○
Fishing	×	×	○	○
*Hot Spring	×	11:00～23:00	11:00～21:00	×
Shop	15:00～19:00	9:00～21:00	15:00～20:00	10:00～19:00
Other Information	Flower garden	No fireworks	New *BBQ area	Horse riding
*Review	**Takashi** (★★★) This campsite is big and quiet. There are many kinds of flowers in the garden. You'll like this beautiful site.	**Meg** (★☆☆) Most *users enjoy surfing or swimming in the sea. I didn't enjoy the site because some people had a party late at night.	**Toru** (★★☆) This campsite is good for a BBQ! But the shop in the campsite doesn't sell foods for a BBQ. So, if you want to enjoy a BBQ, □.	**John** (★★★) Nature Park just opened last year, so it was very clean. My family enjoyed playing with our dog there.

(注) location　立地，場所　　hot spring　温泉　　BBQ　バーベキュー　　review　感想
user(s)　利用者

問1　次の(1)，(2)の英文について，本文の内容から考えて，□ に当てはまる最も適当なものを，それぞれア～エから選びなさい。

(1)　You can stay with your dog at □ and enjoy the hot spring there.

ア　Happy Village
イ　Holiday Fun
ウ　Lake Ezo
エ　Nature Park

(2)　We can't know □ from the campsite information.

ア　what the users say about the campsites
イ　which campsite is often used by people who love surfing
ウ　what time the shops in the campsites close
エ　when the four campsites first opened

問2　本文の内容から考えて，□ に入る適当な英語を書きなさい。

B

次の英文は，ある中学校のＡＬＴであるスミス先生（Mr. Smith）が，授業中に話している場面のものです。これを読んで，問いに答えなさい。

Today, I'll tell you about the two things I've learned about school life in Japan.

First, you spend most of your time in the same classroom. You usually study here with your classmates, and teachers come here to teach you. In my country, America, teachers usually have their own classrooms, and students go to different classrooms to study. Students study with different classmates because *timetables are different among the students. Also, in Japan, you often use classrooms after school. A few days ago, I saw some students in a classroom after school. They were doing their homework together. I was surprised when I saw this. In America, we don't use the classroom after school like this.

Second, you clean your own classroom. I also see some teachers who clean with the students. At first, I didn't understand why students and teachers clean the school. In America, schools usually have cleaning *staff, so students don't clean the classroom. Actually, cleaning schools is seen as a job in America. But, we often hear "When in Rome, do as the Romans do," so I started cleaning, too, like teachers here. Now, I feel it's good for us to clean the classrooms because we'll try to keep them *neat and clean.

Well, it was interesting to learn that the classroom is a very important part of school life in Japan. I hope you'll also be interested in the school life of other countries. You may learn something important about the school life of each country.

（注） timetable(s) 時間割　　staff スタッフ　　neat 整理された

問１　本文の内容に合うものを，ア～エから１つ選びなさい。

ア　Students in America study with the same classmates in almost every lesson.
イ　Teachers in America usually don't have to go to different classrooms to teach students.
ウ　Japanese junior high schools need to have cleaning staff like American schools.
エ　Cleaning activities make students study harder with their classmates in the classroom.

問２　下線部＿＿＿は，本文中でどのような意味で使われていますか。最も適当なものを，ア～エから選びなさい。

ア　When we're at home, it's necessary to keep the places we use clean.
イ　When foreign people need help in your country, do something to help them.
ウ　When you visit another place, try the local people's ways of doing things.
エ　When people travel abroad, they'll find something they don't like.

問３　本文の内容から考えて，次の問いに対する答えを，主語と動詞を含む英文１文で答えなさい。

Why was Mr. Smith surprised after school a few days ago?

C

次の英文は，佐藤先生（Mr. Sato）の英語の授業で，ディベート（debate）を行う準備として，高校生の健太（Kenta）と理子（Riko）が意見を述べている場面のものです。これを読んで，問いに答えなさい。

Mr. Sato : You've thought about today's topic as homework, right? First, I want to hear your own ideas as a *warm-up. Kenta, do you want to live in the city or in the *countryside in the future?

Kenta : I want to live in the countryside, especially near the sea, because I like fishing.

Mr. Sato : How about you, Riko?

Riko : I don't think I can make my dream come true in the countryside. I want to work at a TV company in Tokyo. That's my dream.

Mr. Sato : I see. I understand you have different ideas. Next, we'll think about the *case for *elderly people. Which is better for elderly people, living in the city or in the countryside? You've already thought of some reasons for both *sides. Now, Kenta, if living in the city is better, what's your reason?

Kenta : Well, I think it's easier for elderly people to live in the city. There are more stores and hospitals in the city than in the countryside, so they can go shopping and go to the doctor more easily.

Mr. Sato : Good. You mean [　　　　　　　　], right? Do you have anything else to tell us?

Kenta : Yes. Research shows that most of the doctors in Japan work in the city. *On the other hand, in some areas, especially in the countryside, there aren't enough doctors. I worry about this.

Mr. Sato : Good point! Next, Riko, if living in the countryside is better, what's your reason?

Riko : I think elderly people can enjoy a quiet life without *stress. Cities are full of *noise, and buses and trains are usually *crowded. People in cities always look busy. I also think, in the countryside, *connections with the local people keep them *active, and they can feel safe because they know each other well.

Mr. Sato : I see. You mean living in the countryside is good for their *mental health, right?

Riko : Yes. Well, according to research, there are many people who move to the countryside from the city because of various reasons. For example, many elderly people say that they want to live in a quiet place that has a lot of nature. I think they feel a lot of stress in the city.

Mr. Sato : Very good, Riko! Both Kenta and Riko talked about elderly people's health as a reason. I'm sure both of your ideas make us think about a better place for elderly people. In the next lesson, we're going to have a debate about this topic, so you need to *argue against each other's ideas. So, as practice, I want you to think of how to argue against Kenta's idea and Riko's idea. Now, everyone, let's make a group and start sharing your ideas!

（注） warm-up　ウォーミングアップ，準備　countryside　地方　case　場合
elderly　高齢の　side(s)　立場　on the other hand　一方で　stress　ストレス
noise　騒音　crowded　混雑した　connection(s)　つながり　active　活発な
mental　心の　argue against　～に反論する

問１　本文の内容から考えて，［　　　］に入る最も適当なものを，ア～エから選びなさい。

ア　elderly people should use more money in the city

イ　cities have many places only for elderly people

ウ　most elderly people want to live in the city

エ　cities are more convenient for elderly people

問２　下線部＿＿＿の内容として最も適当なものを，ア～エから選びなさい。

ア　why a lot of people want to be a doctor

イ　which hospitals have good doctors

ウ　how many doctors work in each area

エ　where the doctors in the city come from

問３　次のワークシートは，理子が宿題として取り組んだものの一部です。本文の内容から考えて，［ (1) ］，［ (2) ］に入る適当な英語を１語で書きなさい。

ワークシート

Warm-up: In the future, where do you want to live, in the city or in the countryside?

Your Idea ⇒ I want to live in the ［ (1) ］ to make my dream come true.

Topic Which is better for elderly people, living in the city or in the countryside?

Step 1 What's "Good" and what's "Not Good"?

	Living in the city	Living in the countryside
Good	・can go to hospitals easily ・various stores ・a lot of buses and trains	・quiet life ・connections with people ・a lot of ［ (2) ］

問４　本文の内容に合うものを，ア～オからすべて選びなさい。

ア　Kenta believes elderly people should live near the sea to enjoy fishing.

イ　Riko said that elderly people feel more stress in the city than in the countryside.

ウ　Kenta asked Riko about elderly people who move to the countryside from the city.

エ　Both Kenta and Riko talked about how to help elderly people in their daily lives.

オ　Mr. Sato told the students in the class to share their ideas for the debate.

問５　次の英文は，健太が理子の意見に対する反論を書いたものの一部です。英文の内容から考えて，［　　　］に入る適当な英語を１語で書きなさい。

I understand that elderly people may feel stress from crowded trains and buses in the city. However, in the countryside, there aren't enough trains and buses, so many elderly people have to use their ［　　　］ to go to some places such as supermarkets and hospitals. I worry about these elderly drivers. I think using trains and buses is easier and safer for elderly people.

4 次の英文は，ある高校生が，英語の授業で，スマートフォンなどの機器（devices）の利用について，自分の考えを書いたものです。あなたがその高校生になったつもりで，資料をふまえ，条件にしたがって，英文を完成させなさい。（配点　12）

英文

Devices such as smartphones are part of our life today.
Actually, [(1)].
Such devices are very useful because we can do many things with them. For example, by using them, we can communicate with others, or we can [(2)].
However, we should be careful when we use them. [(3)]
We need to learn how to use them well.

資料

高校生のスマートフォン所有率

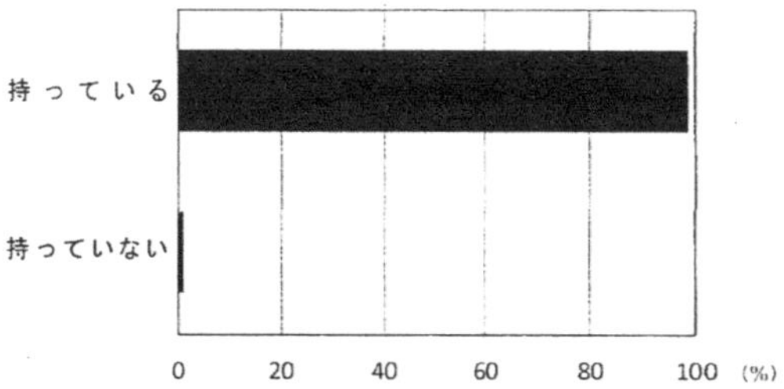

条件

・[(1)] には，資料からわかることを，主語と動詞を含む英文１文で書きなさい。
・[(2)] には，スマートフォンなどの機器を用いてできることについて，与えられた書き出しに続くように英語で自由に書きなさい。
・[(3)] には，スマートフォンなどの機器を使用するときにすべきだと思うこと，または，すべきでないと思うことについて，あなたの意見とその理由を，24語以上の英語で自由に書きなさい。ただし，英文は記入例の書き方にならうこと。

記入例

Hello ,	everyone .	How	are	you ?	My	6語
name	is	Momoka .	I'm	a	junior	12語
around	six	o'clock .				36語

令和四年度
高等学校入学者選抜学力検査問題

北海道公立高等学校

第一部

国語

（50分）

注意

1 問題は、一から四まであり、10ページまで印刷してあります。

2 答えは、すべて別紙の解答用紙に記入し、解答用紙だけ提出しなさい。

3 問いのうち、「……選びなさい。」と示されているものについては、問いで指示されている記号で答えなさい。

4 問いのうち、字数が指示されているものについては、句読点や符号も字数に含めて答えなさい。

一　次の問いに答えなさい。（配点　28）

問一　(1)～(3)の——線部の読みを書きなさい。

(1) 実験に失敗した原因を探す。

(2) 柔道の稽古に励む。

(3) 苦手教科の学習に時間を割いた。

問二　(1)～(3)の——線部を漢字で書きなさい。

(1) 頼んでいた本が宅配便でとどいた。

(2) トレーニングではいきんを鍛える。

(3) 台所をせいけつに保つ。

問三　次のAの文を、——線部を強調する文に書きかえるとどのようになりますか。Bの文の□に当てはまるように——線部の語を適切な形に書き直しなさい。

A　この料理には、みずみずしい大きなトマトが重要だ。

B　この料理には、大きなトマトの□が重要だ。

問四　次は、中学三年生の武田さんが、生徒会だよりの部活動紹介に「部長としての決意」という題名で書いた文章です。武田さんはその文章を分かりやすく書き直すことにしました。③の文を、事実を表す文と考えを表す文の二つに分けるとき、考えを表す文はどこから始まりますか、最初の五字を書きなさい。

①サッカー部、新キャプテンの武田です。②今年、サッカー部には、一年生が十人入部しました。③その中には、小学生の時に違うスポーツをやっていて、体育の授業でしかサッカーボールを蹴ったことのない初心者が三人いて、私はこれまでの経験を生かしてサッカーの楽しさを伝えていきたいと思っています。

問五　次は、高校生の三浦さんが、中学三年生の時の担任の先生にあてた手紙の一部です。――線1「拝啓」、――線2「ようやく春めいてまいりました」のような言葉をそれぞれ何と言いますか。組み合わせとして正しいものを、**ア**～**カ**から選びなさい。

> [1]拝啓
> [2]ようやく春めいてまいりました。中山先生、いかがお過ごしでしょうか。きっとあの頃と同じで、分かりやすく楽しい授業をされていると思います。

ア〔1　頭語　　　　2　時候の挨拶〕
イ〔1　時候の挨拶　2　頭語〕
ウ〔1　頭語　　　　2　安否の挨拶〕
エ〔1　時候の挨拶　2　安否の挨拶〕
オ〔1　安否の挨拶　2　頭語〕
カ〔1　安否の挨拶　2　時候の挨拶〕

問六　次は、中学生の北沢さんが、父が小さい頃から好きな「カレーチャーハン」を作るために、祖母に作り方を聞いたときの【祖母との会話】と、【作り方をまとめたメモ】です。【作り方をまとめたメモ】の［①］、［②］に当てはまる文を、【祖母との会話】をもとにそれぞれ書きなさい。

【祖母との会話】

お父さんの誕生日に、カレーチャーハンを作りたいの。作り方を教えて！

あら、それは喜ぶと思うわ。それじゃあ教えるわね。最初に、ピーマン、タマネギ、ニンジンをみじん切りにするの。カレールーもひとかけら細かく切っておいてね。手を切らないようにね。次にフライパンに油をひいて熱くなったら、ひき肉を入れ、全体的に火が通るまでいためるのよ。

しっかりいためるのが大切なのね。

そうよ。ひき肉に火が通ったら、切っておいた野菜を加えて、しんなりするまでいためるのよ。そのとき塩こしょうを軽くふるのを忘れないでね。次にカレールーを加えて混ぜ合わせるの。その後に小さじ一杯のウスターソースを入れるのが大切だからね。少なくても多くてもだめよ。最後にご飯を入れて、強火で一気にいためたら完成よ。頑張って作ってみてね。

ありがとう！頑張って作るね。

【作り方をまとめたメモ】

1　材料
ピーマン、タマネギ、ニンジン、ひき肉、カレールー、ご飯、塩こしょう、ウスターソース

2　作り方
(1)**下ごしらえ（野菜は均等に）**
・野菜をみじん切りにする。
・カレールーをひとかけら細かくする。
(2)**いため方（順番に注意）**
・［　①　］
・ひき肉を入れ、全体に火が通るまでいためる。
・野菜を加えてしんなりするまでいためる。
(3)**味付け（量に注意）**
・塩こしょうを少々振る。
・ひとかけらのカレールーを細かくしたものを加えて混ぜる。
・［　②　］
(4)**仕上げ（火加減に注意）**
・ご飯を入れ、強火で一気にいためて完成。

二

次の文章を読んで、問いに答えなさい。（配点　40）

〔これは、中学三年生の千穂《ちほ》が塾に向かう途中、同級生の山野真奈《やまのまな》と昼休みに話した内容を思い出しているところから始まる話です。〕

「この前、お父さんと一緒にパン、作ってみたの」
「へえ、真奈が？」
「うん。もちろん、売り物じゃなくて自分のおやつ用なんだけど、すごく楽しくて……あたし、パン作るの好きなんだって、本気で思った。だからね、高校卒業したらパンの専門学校に行きたいなって……思ってんだ」
少し照れているのか、頬を赤くして真奈がしゃべる。そこには確かな自分の意志があった。
真奈って、すごい。
心底から感心してしまう。すごいよ、真奈。
真奈が顔を覗《のぞ》き込んでくる。
「千穂は画家志望だよね。だったら、やっぱり芸術系の高校に行くの？」
「え……あ、それはわかんない」
「だって、千穂、昔から言ってたじゃない。絵描きさんになりたいって。あれ、本気だったでしょ？」
「……まあ。でも、それは……」
夢だから。口の中で呟《つぶや》き、目を伏せる。1うつむいて、そっと唇を噛《か》んだ。

山野のおばさんに頭を下げて、また、歩きだす。さっきより少し足早になっていた。
花屋、喫茶店、スーパーマーケット、ファストフードの店、写真館……見慣れた街の風景が千穂の傍《かたわ》らを過ぎていく。
2足が止まった。
香りがした。とてもいい香りだ。焼きたてのパンとはまた違った芳《かんば》しい匂い。
立ち止まったまま視線を辺りに1巡らせた。写真館と小さなレストランの間に細い道がのびている。アスファルトで固められていない土の道は緩やかな2傾斜の上り坂になっていた。この坂の上には小さな公園がある。そして、そこには……。
大きな樹。
枝を四方に伸ばし、緑の葉を茂らせた大きな樹がある。小学校の三、四年生まで真奈たちとよく公園に遊びに行った。みんな、大樹がお気に入りで、競って登ったものだ。
あれは、今と同じ夏の初めだった。幹のまん中あたりまで登っていた千穂は足を踏み外し、枝から落ちたことがある。かなりの高さだったけれど奇跡的に無傷ですんだ。しかし、その後、大樹の周りには高い柵が作られ簡単に近づくことができなくなった。木登りができなくなると、公園はにわかに退屈なつまらない場所となり、しだいに足が遠のいてしまった。中学生になってからは公園のことも、大樹のことも思い出すことなどほとんどなかった。
それなのに、今、よみがえる。
大きな樹。卵形の葉は、風が吹くとサワサワと優しい音を奏《かな》でる。息を吸い込むと、緑の香りが胸いっぱいに満ちてくる。
千穂は足の向きを変え、細い道を上る。どうしても、あの樹が見たくなったのだ。塾の時間が迫っていたけれど、我慢できなかった。ふいに鼻腔《びこう》をくすぐった緑の香りが自分を誘っているように感じる。大樹が呼んでいるような気がする。
だけど、まだ、あるだろうか。とっくに切られちゃったかもしれない。切られてしまって、何もないかもしれない。
心が揺れる。ドキドキする。
「あっ！」
叫んでいた。大樹はあった。四方に枝を伸ばし、緑の葉を茂らせて立っていた。昔と同じだった。何も変わっていない。周りに設けられた囲いはぼろぼろになって、地面に倒れている。だけど、大樹はそのままだ。

千穂はカバンを放り出し、スニーカーを脱ぐと、太い幹に手をかけた。あちこちに小さな洞やコブがある。登るのは簡単だった。

まん中あたり、3千穂の腕ぐらいの太さの枝がにゅっと伸びている。足を滑らせた枝だろうか。よくわからない。枝に腰かけると、眼下に街が見渡せた。金色の風景だ。光で織った薄い布を街全部にふわりとかぶせたような金色の風景。そして、緑の香り。

そうだ、そうだ、こんな風景を眺めるたびに、胸がドキドキした。この香りを嗅ぐたびに幸せな気持ちになった。そして思ったのだ。

あたし、絵を描く人になりたい。

理屈じゃなかった。描きたいという気持ちが突き上げてきて、千穂の胸を強く叩《たた》いたのだ。そして今も思った。

描きたいなあ。

今、見ている美しい風景をカンバスに写し取りたい。

画家なんて1大仰なものでなくていい。絵を描くことに関わる仕事がしたかった。芸術科のある高校に行きたい。けれど母の美千恵には言い出せなかった。母からは、開業医の父の跡を継ぐために、医系コースのある進学校を受験するように言われていた。祖父も曾祖父も医者だったから、一人娘の千穂が医者を目ざすのは当然だと考えているのだ。芸術科なんてとんでもない話だろう。

絵描きになりたい？　千穂、あなた、何を考えてるの。絵を描くのなら趣味程度にしときなさい。夢みたいなこと言わないの。

そう、一笑に付されるにちがいない。4大きく、深く、ため息をつく。

お母さんはあたしの気持ちなんかわからない。わかろうとしない。なんでもかんでも押しつけて……あたし、ロボットじゃないのに。

ざわざわと葉が揺れた。

そうかな。

かすかな声が聞こえた。聞こえたような気がした。耳を澄ます。

そうかな、そうかな、本当にそうかな。

そうよ。お母さんは、あたしのことなんかこれっぽっちも考えてくれなくて、命令ばかりするの。

そうかな、そうかな、よく思い出してごらん。

5緑の香りが強くなる。頭の中に記憶がきらめく。

千穂が枝から落ちたと聞いて美千恵は、2血相をかえてとんできた。そして、泣きながら千穂を抱きしめたのだ。

「千穂、千穂、無事だったのね。よかった、よかった。生きていてよかった」

美千恵はぼろぼろと涙をこぼし、「よかったよかった」と何度も繰り返した。

「だいじな、だいじな私の千穂」そうも言った。母の胸に抱かれ、その温かさを感じながら、千穂も「ごめんなさい」を繰り返した。ごめんなさい、お母さん。ありがとう、お母さん。

思い出したかい？

うん、思い出した。

そうだった。この樹の下で、あたしはお母さんに抱きしめられたんだ。しっかりと抱きしめられた。

緑の香りを吸い込む。

これから家に帰り、ちゃんと話そう。あたしはどう生きたいのか、お母さんに伝えよう。ちゃんと伝えられる自信がなくて、ぶつかるのが怖くて、お母さんのせいにして逃げていた。そんなこと、もうやめよう。お母さんに、あたしの夢を聞いてもらうんだ。あたしの意志であたしの未来を決めるんだ。

（あさのあつこ「みどり色の記憶」による）

（注）カンバス――キャンバス。油絵用の画布。

問一　＝＝線1、2の読みを書きなさい。

問二　〰〰線1、2の文中における意味として最も適当なものを、それぞれ**ア**～**エ**から選びなさい。

1　大仰なもの
ア　大げさなもの
イ　運任せなもの
ウ　流行しているもの
エ　お金のかかるもの

2　血相をかえて
ア　さっそうと
イ　激怒して
ウ　機嫌をそこねて
エ　あわてて

問三　――線1「うつむいて、そっと唇を噛んだ」とありますが、このときの気持ちを次のようにまとめるとき、□に当てはまる表現を文中から八字で書き抜きなさい。

> 高校卒業後にパンの専門学校に行きたいと話すことができる真奈に比べ、□をもって、進路について話すことができない自分に悔しさを感じた。

問四　――線2「香りがした」とありますが、このとき千穂が感じた「香り」は何の香りですか、最も適当なものを、**ア**～**エ**から選びなさい。

ア　焼きたてのパン
イ　アスファルトで固められていない土
ウ　大きな樹
エ　花屋

問五　――線3「枝に腰かけると、眼下に街が見渡せた」とありますが、この後千穂は、小学生だったころに、大樹の上でどのような気持ちになったことを思い出しますか。解答欄に示した表現に続けて、六十字程度で書きなさい。

問六　――線4「大きく、深く、ため息をつく」とありますが、このとき、なぜ千穂はため息をついたのですか、適当なものを、**ア**～**オ**から全て選びなさい。

ア　お母さんは、芸術科のある高校に進学したいという私の気持ちを全くわかろうとしてくれないと思ったから。
イ　芸術科のある高校に進学するなんてとんでもない話だと、お母さんに言われたことを思い出したから。
ウ　医系コースのある高校に通いながら画家を目指す覚悟を、お母さんに認めてもらえる自信がなかったから。
エ　お母さんは、ロボットのように感情を表に出さず、私の趣味を一笑に付すに違いないと思ったから。
オ　お母さんは、父の跡を継ぐために医者になる未来を押しつけてくるに違いないと思ったから。

問七　――線5「緑の香りが強くなる」とありますが、千穂が強くなったと感じた「緑の香り」は、千穂にどのようなことを思い出させ、どのような決意をもたらしましたか。八十字程度で書きなさい。

左の枠は、下書きに使って構いません。解答は必ず解答用紙に書くこと。

300 280 260 240 220 200 180 160 140 120 100 80 60 40 20

三　次の文章を読んで、問いに答えなさい。（配点　14）

〔これは漢の国の役人であった華歆《かきん》と王朗《おうろう》が、戦乱から逃れようとしているときの話です。〕

華歆・王朗倶《とも》に船に乗りて難を避く。一人依附せんと欲するもの有り。歆すなはち之を難《はば》む。1朗曰はく、幸ひに尚ほ広し、何為《す》れぞ可ならざらんと。後、賊追ひて至るに2王携へし所の人を捨てんと欲す。歆曰はく、本疑ひし所以《ゆえん》は、正に此《これ》が為のみ。既已《すで》に其の自託を納《い》る、寧《な》んぞ急を以て相棄つべけんやと。遂に携拯《けいじょう》すること初めの如し。3世此を以て華・王の優劣を定む。

（「世説新語」による）

（注）依附せんと欲する――連れて行ってほしいと頼む。　すなはち――ひたすらに。
難む――断る。　疑ひし――ためらった。　自託を納る――頼みを引き受ける。
携拯する――連れて行って助ける。

問一　――線1「朗曰はく」とありますが、このときの王朗の言葉を全て抜き出し、最後の三字を書きなさい。

問二　――線2「王携へし所の人を捨てんと欲す」とありますが、このように読むことができる漢文として正しいものを、**ア**～**エ**から選びなさい。

ア　王欲捨レ所レ携人

イ　王欲レ捨二所レ携人一

ウ　王レ欲捨二所携人一

エ　王欲レ捨二所携人一

問三　ある生徒が華歆と王朗の行動を次のようにまとめました。①～④に当てはまる言葉の組み合わせとして最も適当なものを、ア～エから選びなさい。

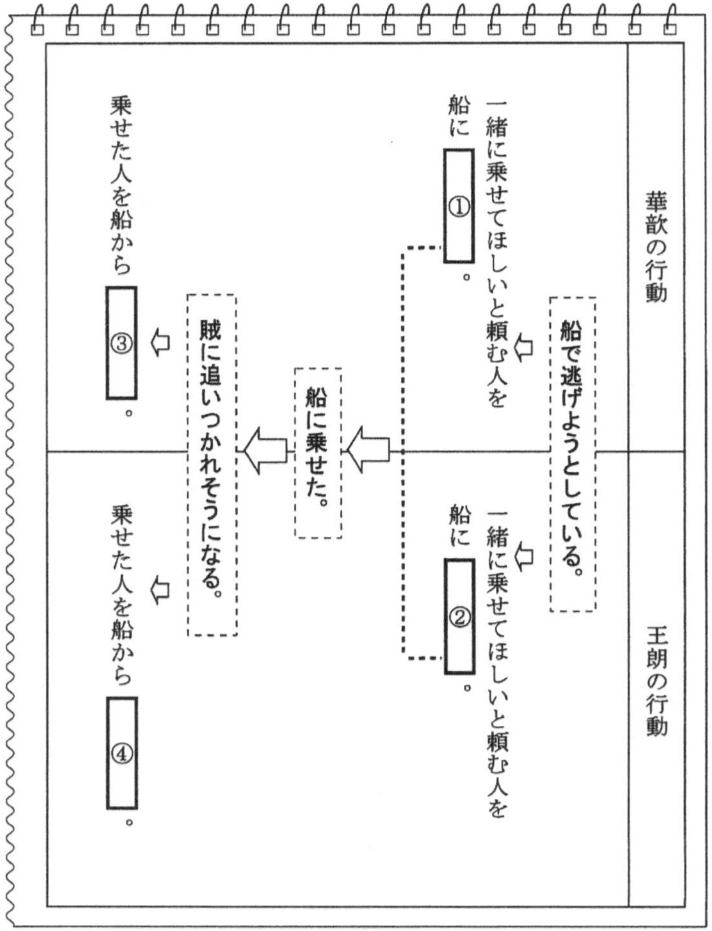

	①	②	③	④
ア	乗せようとした	乗せようとしなかった	降ろそうとした	降ろそうとしなかった
イ	乗せようとしなかった	乗せようとした	降ろそうとした	降ろそうとしなかった
ウ	乗せようとした	乗せようとしなかった	降ろそうとしなかった	降ろそうとした
エ	乗せようとしなかった	乗せようとした	降ろそうとしなかった	降ろそうとした

問四　――線3「世此を以て華・王の優劣を定む」とありますが、あなたは華歆と王朗のどちらが優れていると考えますか。次の条件1～4にしたがって書きなさい。

条件1　二つの文で書くこと。
条件2　一文目は、二人のうち、どちらが優れているかを書くこと。
条件3　二文目は、あなたが優れていると考える理由を書くこと。
条件4　一文目は「私は」で書き始め、二文目は「からです。」という文末で結ぶこと。

四　次は、Ｋ中学校の図書委員会に対して、意見箱を通してある生徒から寄せられた要望（Ａ）と、図書委員の話し合いの場面（Ｂ）です。これらを読んで問いに答えなさい。（配点　18）

（Ａ）ある生徒から寄せられた要望

> 図書委員会へ要望があります。現在、図書室で本の貸し出しを行っているのは昼休みだけです。それを放課後も行ってはどうでしょうか。私は放送委員の仕事があり、なかなか昼休みには行くことができません。ぜひ、検討をお願いします。

（Ｂ）図書委員の話し合いの場面

（小野さん）　これから図書委員会を始めます。今日の委員会では、意見箱担当の川口さんからお話があります。

（川口さん）　意見箱に図書委員会への要望が寄せられました。掲示板に張り出す要望への回答案を作成したので、みんな見てください。

【回答案】

> **対応できる委員がいないので、放課後の貸し出しを行うことはできません。昼休みに利用するようお願いします。**

（伊藤さん）　せっかく要望を出してくれたのに、何も対応しないのは、申し訳ない気がするね。

（秋田さん）　でも、今の図書委員はみんな放課後に部活動があるから、放課後も貸し出しをするのは難しいよね。

（中西さん）　だけど、放課後の貸し出しを始めたら、今よりも多くの人が読書をしてくれるようになるんじゃないかな。

> （小野さん）　そうだね、図書委員会としては、一人でも多くの人が本を手に取る機会をつくることで、読書をする人を増やしたいよね。なんとか放課後も貸し出しができる方法はないかな。

（伊藤さん）　例えば、図書委員が部活動の休みの日に交代で、放課後の貸し出しを行うのはどうだろう。

（秋田さん）　でも、全員が部活動の曜日もあるよね。

（中西さん）　それなら、放課後の貸し出しを手伝ってくれるボランティアを募集するのはどうかな。

（秋田さん）　それはいいね。毎日二人ぐらい手伝ってくれる人が集まれば、放課後も貸し出しができるね。

（川口さん）　いいですね。そのアイデアを取り入れて回答案を書き直します。

問一 （B）の［　　］で囲んだ小野さんの発言について説明したものとして、最も適当なものを、**ア**～**エ**から選びなさい。

ア 中西さんの考えに同意した上で、課題の解決策を検討するよう呼びかけている。

イ 中西さんの考えに反対しながら、具体的な根拠に基づいて相手を説得している。

ウ 中西さんの考えを尊重しながら、課題について的確に指摘している。

エ 中西さんの考えを確認した上で、自分の考えとの違いについて説明している。

問二 川口さんは、図書委員の話し合いの内容を踏まえ、要望に応えられるように【回答案】を書き直し、次のように掲示することにしました。次の⑴、⑵に答えなさい。

図書委員会から

［　①　］**という要望について回答します。**

［　②　］

⑴ ［　①　］に当てはまる適当な表現を十五字程度で書きなさい。

⑵ あなたが川口さんになったつもりで、図書委員の現状、委員会としての考えと対応策について触れ、［　②　］に入る表現を考えて、百五字程度で書きなさい。

左の枠は、下書きに使って構いません。解答は必ず解答用紙に書くこと。

令和４年度
高等学校入学者選抜学力検査問題

第　2　部

数　学

（50分）

注　　意

1　問題は，1 から 5 まであり，10ページまで印刷してあります。

2　答えは，すべて別紙の解答用紙に記入し，解答用紙だけ提出しなさい。

3　5 の問１(2)は，途中の計算も解答用紙に書きなさい。それ以外の計算は，問題用紙のあいているところを利用しなさい。

4　問いのうち，「……選びなさい。」と示されているものについては，問いで指示されている記号で答えなさい。

1　次の問いに答えなさい。（配点　33）

問１　⑴〜⑶の計算をしなさい。

⑴　$8\times(-4)$

⑵　$(-5)^2-9\div3$

⑶　$4\sqrt{5}+\sqrt{20}$

問２　$a=7$，$b=-3$ のとき，a^2+2ab の値を求めなさい。

問３　下の図のように，関数　$y=-2x+8$……①　のグラフがあります。①のグラフと x 軸との交点をＡとします。点Ｏは原点とします。点Ａの座標を求めなさい。

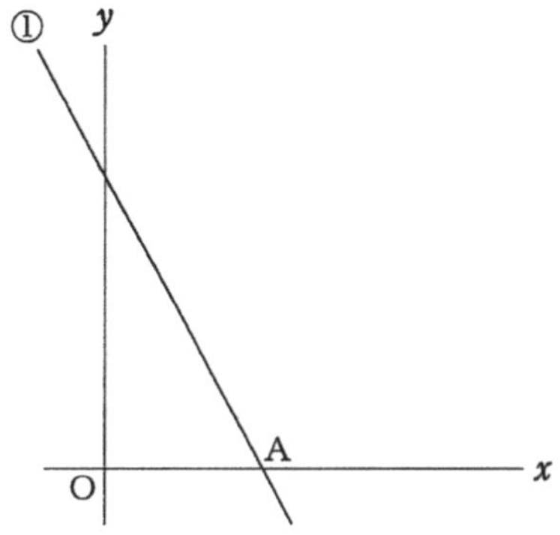

問4　方程式　$3x-2y=-x+4y=5$　を解きなさい。

問5　「飛行機の機内に持ち込める荷物の重さは10kg以下です」という数量の関係を，飛行機の機内に持ち込める荷物の重さを$x$kgとして不等式で表しなさい。

問6　下の図のように，△ＡＢＣがあります。辺ＡＢの中点をＤとし，点Ｄを通り辺ＢＣに平行な直線と辺ＡＣとの交点をＥとします。辺ＡＣ上に点Ｐを，ＡＰ：ＰＣ＝３：１となるようにとります。点Ｐを定規とコンパスを使って作図しなさい。

ただし，点を示す記号Ｐをかき入れ，作図に用いた線は消さないこと。

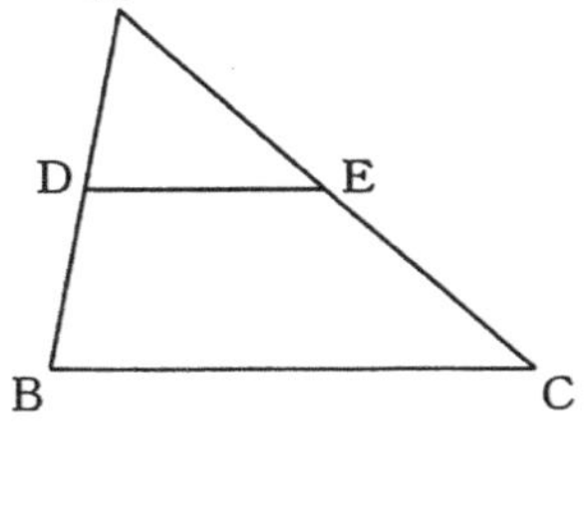

2 春奈さんたちの中学校では，３年生のＡ組30人全員と，Ｂ組30人全員の50ｍ走の記録を調査しました。

次の問いに答えなさい。（配点　16）

問１　図１は，Ａ組，Ｂ組全員の記録を，それぞれ箱ひげ図にまとめたものです。

次の⑴，⑵に答えなさい。

図１

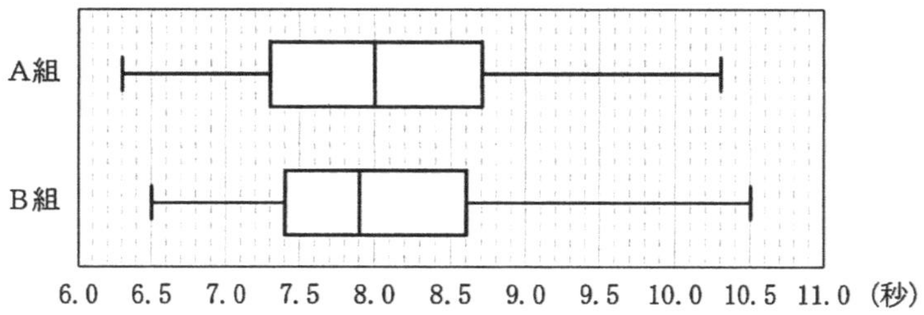

⑴　Ｂ組の記録の第３四分位数を求めなさい。

⑵　データの散らばり（分布）の程度について，図１から読みとれることとして最も適当なものを，次の**ア**～**エ**から１つ選びなさい。

ア　範囲は，Ａ組の方がＢ組よりも小さい。

イ　四分位範囲は，Ａ組の方がＢ組よりも大きい。

ウ　平均値は，Ａ組の方がＢ組よりも小さい。

エ　最大値は，Ａ組の方がＢ組よりも大きい。

問２　Ａ組，Ｂ組には，運動部に所属する生徒がそれぞれ15人います。図２は，Ａ組，Ｂ組の運動部に所属する生徒全員の記録を，箱ひげ図にまとめたものです。

図２

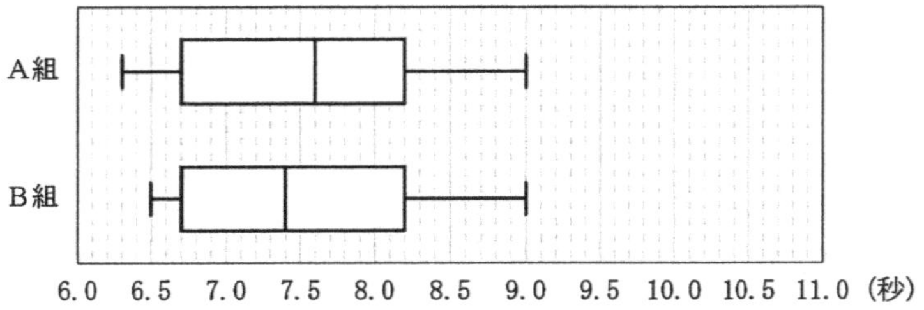

春奈さんたちは，運動部に所属する生徒全員の記録について，図２を見て話し合っています。[ア]，[イ]に当てはまる数を，それぞれ書きなさい。

また，[ウ]に当てはまる言葉を，下線部～～～の答えとなるように書きなさい。

春奈さん　「Ａ組，Ｂ組の運動部に所属する生徒では，Ａ組とＢ組のどちらに速い人が多いのかな。」

ゆうさん　「どうやって比べたらいいのかな。何か基準があるといいよね。」

春奈さん　「例えば，平均値を基準にしたらどうかな。先生，平均値は何秒でしたか。」

先生　「この中学校の運動部に所属する生徒の平均値は，7.5秒でしたよ。」

ゆうさん　「それなら，7.5秒より速い人は，Ａ組とＢ組のどちらの方が多いのか考えてみよう。」

春奈さん　「Ｂ組の中央値は7.4秒だから，Ｂ組に7.5秒より速い人は，少なくても[ア]人いるよね。」

ゆうさん　「Ａ組の中央値は7.6秒だから，Ａ組に7.5秒より速い人は，最も多くて[イ]人と考えられるね。」

春奈さん　「つまり，7.5秒より速い人は，[ウ]の方が多いと言えるね。」

3 下の図のように，関数 $y=ax^2$（aは正の定数）……① のグラフがあります。①のグラフ上に点Aがあり，点Aのx座標をtとします。点Oは原点とし，$t>0$とします。

次の問いに答えなさい。（配点 16）

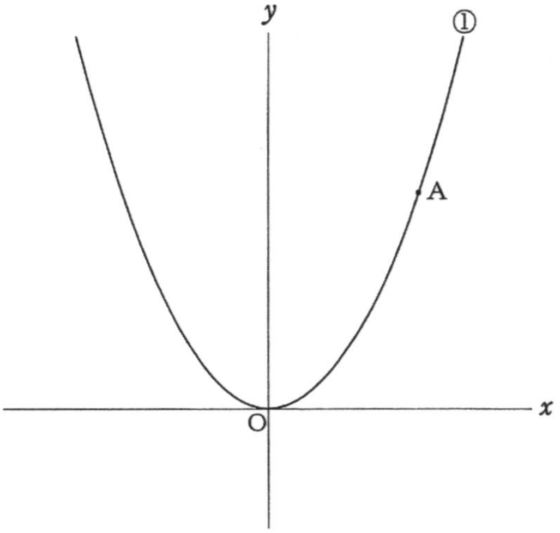

問１ 点Aの座標が（２，12）のとき，aの値を求めなさい。

問2　太郎さんは，コンピュータを使って，画面のように，点Aを通り x 軸に平行な直線と①のグラフとの交点をBとし，△OABをかきました。

次に，a と t の値をいろいろな値に変え，∠AOBの大きさを調べたところ，「∠AOB＝90° となる a と t の値の組がある」ということがわかりました。

そこで，太郎さんは，a の値をいくつか決めて，∠AOB＝90° となるときの t の値を，それぞれ計算し，その関係を示した表と予想をノートにまとめました。

画面

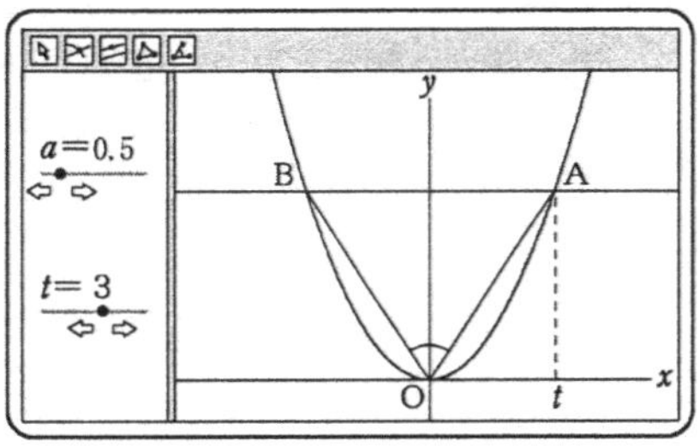

a と t の値をいろいろな値に変化させて，∠AOBの大きさを調べる。

（太郎さんのノート）

表

a	1	2
t	1	X

予想

∠AOB＝90° となるとき，a と t の Y は常に一定であり，一定な値は Z である。

次の(1)，(2)に答えなさい。

(1)　X ， Z に当てはまる数を，それぞれ書きなさい。また， Y に当てはまる言葉として正しいものを，次の**ア**～**エ**から１つ選びなさい。

ア　和　　　**イ**　差　　　**ウ**　積　　　**エ**　商

(2)　太郎さんの予想が成り立つことを説明しなさい。

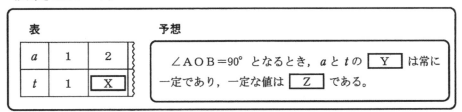

4 下の図のように，∠ＢＣＡ＝90° の直角三角形ＡＢＣがあり，∠ＡＢＣの二等分線と辺ＡＣの交点をＤとします。

次の問いに答えなさい。(配点　16)

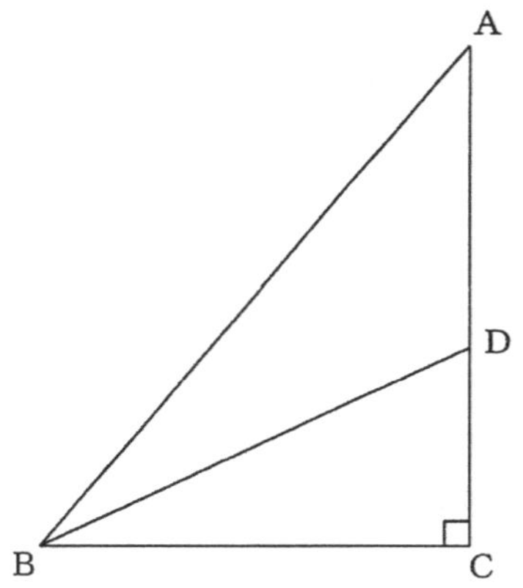

問１　∠ＢＡＣ＝40° のとき，∠ＡＤＢの大きさを求めなさい。

問２　望さんは，辺ＡＢ上に点Ｅを，ＢＣ＝ＢＥとなるようにとり，線分ＢＤとＣＥの交点をＦとしました。さらに，望さんは，それぞれの点の位置を調べ，「４点Ｂ，Ｃ，Ｄ，Ｅが１つの円周上にある」と予想し，予想が成り立つことを証明するために，次のような見通しを立てています。

（望さんの見通し）

> ４点Ｂ，Ｃ，Ｄ，Ｅが１つの円周上にあることを証明するためには，２点Ｄ，Ｅが直線ＢＣについて同じ側にあるので，∠ＢＥＣ＝∠［ア］であればよい。
> このことから，△［イ］と△［ウ］が相似であることを示したい。

次の⑴，⑵に答えなさい。

⑴　［ア］～［ウ］に当てはまる文字を，それぞれ書きなさい。

⑵　望さんの見通しを用いて，予想が成り立つことを証明しなさい。

5　次の問いに答えなさい。（配点　19）

問１　図１のように，長方形ＯＡＢＣがあり，ＯＡ＝４cm，ＯＣ＝$4\sqrt{2}$cm とします。

次の⑴，⑵に答えなさい。

⑴　対角線ＡＣの長さを求めなさい。

図１

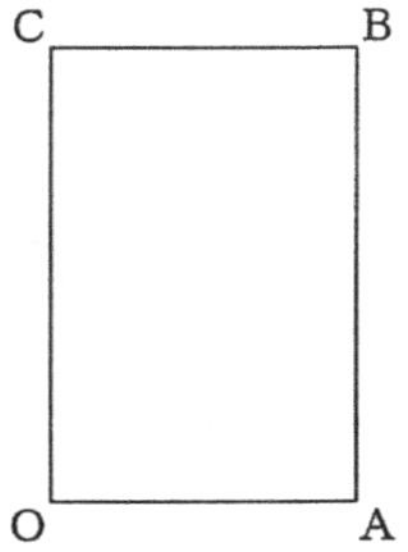

⑵　図２のように，図１の長方形ＯＡＢＣと，それと相似な２つの長方形ＯＤＥＢ，ＯＦＧＥがあります。長方形ＯＤＥＢの対角線ＢＤ，ＯＥの交点をＨとするとき，△ＯＡＨの面積を求めなさい。

ただし，３点Ｂ，Ａ，Ｄは一直線上にあることがわかっています。

図２

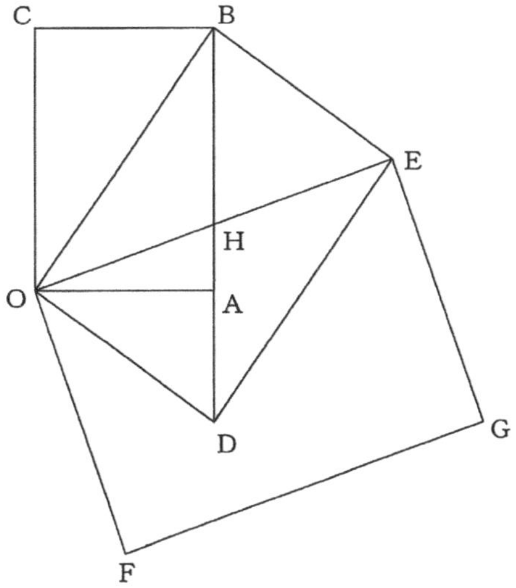

問２　大小２つのさいころを同時に投げるとき，出た目の数の和を n とします。
次の(1)，(2)に答えなさい。

(1)　$\sqrt{102n}$ が $a\sqrt{b}$ の形で表すことができるとき，n の値をすべて求めなさい。また，その求め方を説明しなさい。
ただし，a，b は自然数とし，$a>1$ とします。

(2)　$\sqrt{102n}$ が $a\sqrt{b}$ の形で表すことができる確率を求めなさい。
ただし，a，b は自然数とし，$a>1$ とします。

2022(R4) 北海道公立高
K 教英出版

令和４年度
高等学校入学者選抜学力検査問題

第　3　部

社　会

（50分）

注　　意

1　問題は，1 から 4 まであり，15ページまで印刷してあります。

2　答えは，すべて別紙の解答用紙に記入し，解答用紙だけ提出しなさい。

3　問いのうち，「……選びなさい。」と示されているものについては，問いで指示されている記号で答えなさい。

1　次の問いに答えなさい。(配点　34)

問１　次の⑴，⑵に答えなさい。

⑴　図は，世界の６つの大陸（六大陸）について，北半球にあるもの，南半球にあるもの，両方にまたがるものがわかるように示したものです。［ A ］～［ C ］に当てはまる大陸の名を，それぞれ**ア**～**ウ**から選びなさい。

図

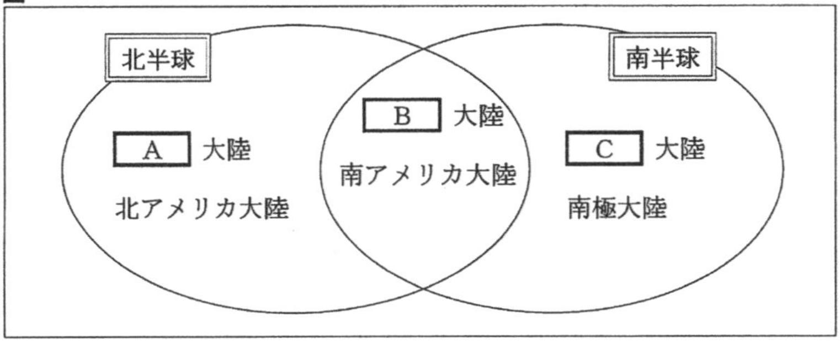

ア　アフリカ　　**イ**　オーストラリア　　**ウ**　ユーラシア

⑵　表は，世界の６つの州のうち，ある州についてまとめたものの一部です。［　　］に当てはまる州の名を書きなさい。

表

	［　　］州
人口	約46億137万人
気候	・西部は乾燥帯に属するところが多い。
生活と環境	・東部では，米を主食とする地域が多い。 ・仏教，ヒンドゥー教，イスラム教が広く信仰されている。

※　人口のデータは，2019年。(「データブック オブ・ザ・ワールド 2020年版」より作成)

問２　次の⑴～⑶に答えなさい。

⑴　次の文の［　　］に当てはまる語句を，漢字２字で書きなさい。

A～Dは，世界各地で生まれた，おもな古代文明に関する写真である。A～Dの共通点として，いずれの文明でも［　　］が使われていたことがわかる。

A

B

C

D

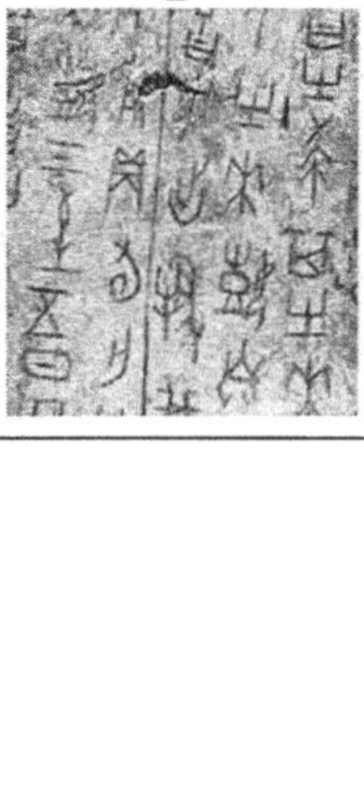

⑵　カードは，略地図１の**ア**～**エ**のいずれかの都市についてまとめたものです。このカードの［　　］に共通して当てはまる語句を書きなさい。また，この都市の位置を，略地図１の**ア**～**エ**から選びなさい。

カード

この絵には，この都市で行われていた祭りの様子が描かれています。11年間にわたって続いた［　　］という争いのため，祭りが行われない時期がありました。［　　］によってこの都市が荒廃していた様子について，ある資料には「いつまでも栄えていると思っていた花の都が，狐や狼のすみかとなってしまうとは思ってもみなかった。偶然に残った東寺や北野天満宮でさえ，建物が焼けて荒れ果ててしまった。」と記録されています。

略地図１

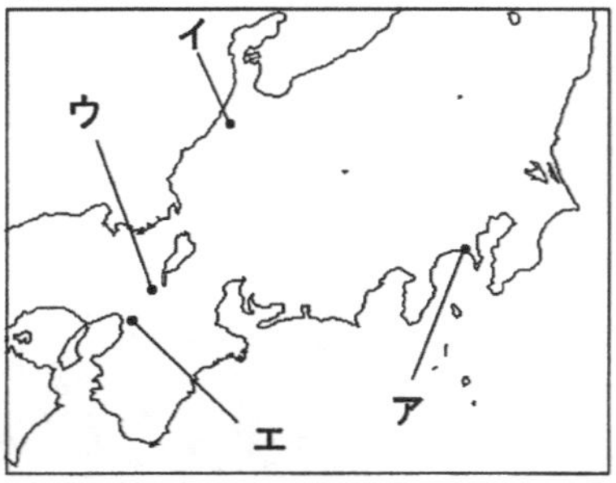

⑶　次の**ア**～**ウ**のできごとを，年代の古い順に並べなさい。

ア　隋がほろび唐が中国を統一した。

イ　家柄にとらわれず役人を取り立てる冠位十二階の制度が定められた。

ウ　大化の改新とよばれる政治の改革が始まった。

問３　資料１を読んで，次の⑴，⑵に答えなさい。

資料１

経済生活の秩序は，すべての者に人間に値する生存を保障することをめざす，正義の諸原則にかなうものでなければならない。

略地図２

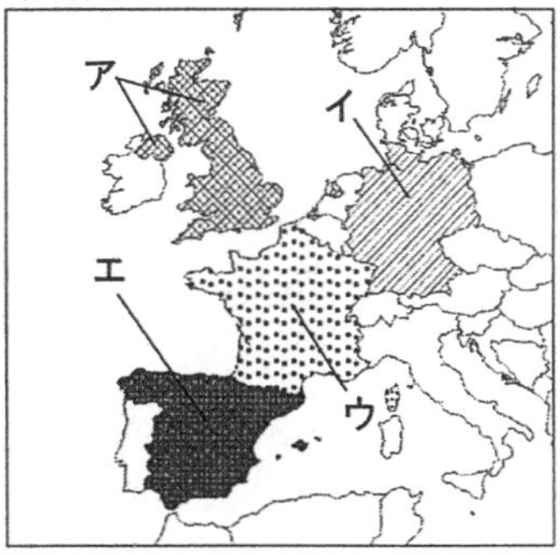

⑴　資料１は，略地図２の**ア**～**エ**のいずれかの国が，1919年に制定した憲法です。この憲法を制定した国を，略地図２の**ア**～**エ**から選びなさい。また，その国の現在の名を書きなさい。

⑵　資料１から読みとれる権利は，社会のどのような変化を背景として主張されるようになったものですか，「差」または「格差」という語句を使い，簡単に書きなさい。

問４　次の⑴～⑶に答えなさい。

⑴　次の文の [①] に当てはまる記号を，地形図の**ア**，**イ**から選びなさい。また，[②] に当てはまる語句を書きなさい。

> 写真には，地形図の [①] の方向から撮影された和田山町竹田が写されている。和田山町竹田は，かつて城の周辺に家臣や商人などが集められてつくられた [②] 町であった。
>
> **写真**
>
> 
>
> **地形図**
>
> 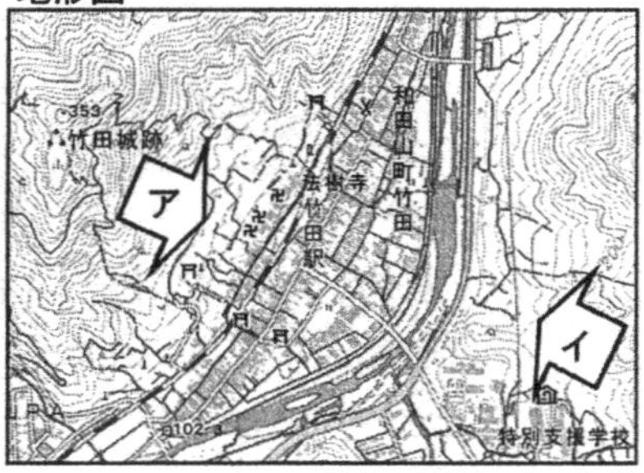
>
>
> （「地理院地図」より作成）

⑵　次の文の①～③の｛　　　｝に当てはまる語句を，**ア**，**イ**からそれぞれ選びなさい。

> 日本列島は，①｛**ア**　アルプス・ヒマラヤ造山帯　　　**イ**　環太平洋造山帯｝に位置しており，標高の高い山が多い。
>
> 山地をけずる河川によって山間部から平野や盆地に運ばれた土砂により，②｛**ア**　扇状地　　　**イ**　三角州｝がつくられる。また，河川によって河口まで運ばれた細かい土砂や泥により，③｛**ア**　扇状地　　　**イ**　三角州｝がつくられる。

⑶　資料２は，過去の災害を現在に伝えるためにつくられた石碑《せきひ》（自然災害伝承碑）の写真と，石碑に記された内容の一部です。[　　] に共通して当てはまる語句をⅠ群の**ア**～**ウ**から選びなさい。また，この石碑がある場所を，Ⅱ群の**カ**，**キ**から選びなさい。

資料２

> 
>
> 昭和13年(1938年)7月5日の豪雨により，各所で山が崩れ，[　　] が発生し，川は一斉に氾濫した。この地区でも，川の上流の [　　] を伴う氾濫のため，数名の死者が出たり家屋が流失したりするなどの被害が出た。
>
> （「地理院地図」より作成）

［Ⅰ　群］ **ア**　津波　　　**イ**　土石流　　　**ウ**　火砕流

［Ⅱ　群］

カ

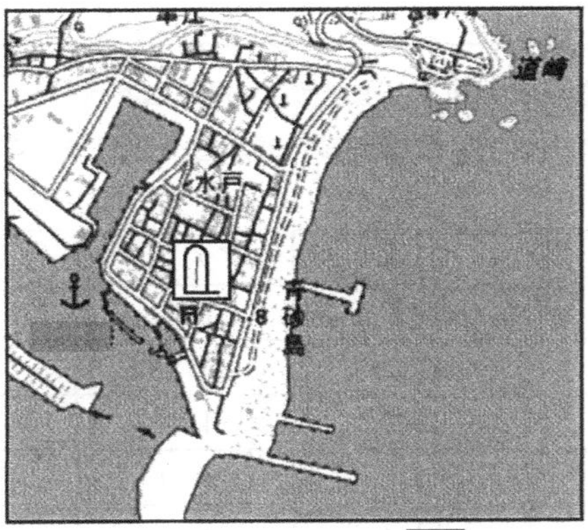

キ

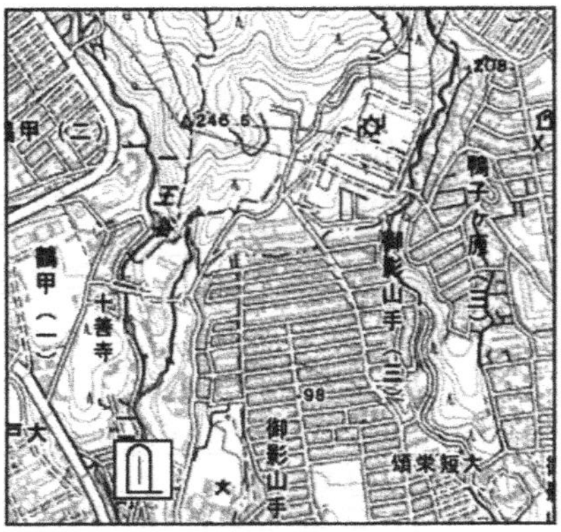

※　地図記号の　は，自然災害伝承碑をあらわす。

問５　次の文を読んで，⑴，⑵に答えなさい。

> 1951年９月，アメリカで講和会議が開かれ，日本はアメリカを中心とする資本主義諸国などとの間に［　　　］平和条約を結び，日本は独立を回復した。これにより，日本は朝鮮の独立を認め，台湾，<u>千島列島</u>，南樺太などを放棄した。

⑴　［　　　］に当てはまる語句を書きなさい。

⑵　下線部に関して，日本が返還を求めている四島（群島）のうち，1956年の日ソ共同宣言において，ソ連との間に平和条約が締結された後にソ連が返還することに同意した島（群島）を，略地図３の**ア**～**エ**から２つ選びなさい。

略地図３

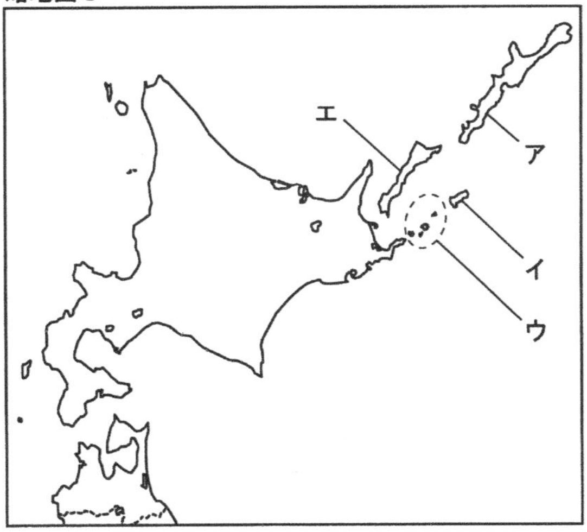

問６　資料３を見て，次の⑴，⑵に答えなさい。

資料３

「仕事を選ぶ際に，どのようなことを重視しますか。（複数回答可）」という質問に対する，日本，アメリカ，ドイツそれぞれの国の満13歳から満29歳までの若者の回答の割合　（％）

項目＼国	日本	アメリカ	ドイツ
収入	70.7	70.0	68.5
労働時間	60.3	63.4	61.4
通勤のしやすさ	38.7	41.4	53.3
仕事内容	63.1	55.1	44.2
職場の雰囲気	51.1	40.8	55.2
能力を高める機会があること	17.3	29.1	33.0
自分を生かすこと	25.4	31.3	20.4

（内閣府「我が国と諸外国の若者の意識に関する調査（平成30年度）」より作成）

⑴　下線部に関して，次の文の □ に共通して当てはまる語句を，漢字２字で書きなさい。

労働時間は，労働基準法で定められている。また，労働 □ 法では，労働者が使用者と労働条件などについて交渉するために，労働 □ を結成することが保障されている。

⑵　資料３から読みとったことがらとして正しいものを，**ア**～**エ**から１つ選びなさい。

ア　「通勤のしやすさ」について，日本は他の国と比較して，高くなっている。

イ　「仕事内容」について，日本は他の国と比較して，低くなっている。

ウ　「能力を高める機会があること」について，日本以外の国は２割を超えている。

エ　日本では，「職場の雰囲気」が「自分を生かすこと」より，低くなっている。

問７　次の文の①，②の｛　　　｝に当てはまる語句を，**ア**，**イ**からそれぞれ選びなさい。また， □ に当てはまる語句を書きなさい。

価格は，一般に，①｛**ア**　需要量　　**イ**　供給量｝が②｛**ア**　需要量　**イ**　供給量｝より多いときに上がり，逆のときに下がる。需要量と供給量がつり合ったときの価格を □ 価格という。

2　次のカードA～Eは，ある中学生が，わが国の土地や経済などにかかわる資料について調べた内容をまとめたものです。これらのカードを見て，問いに答えなさい。（配点　22）

カードA

鎌倉時代の武士の館を復元した模型です。武士は，堀などに囲まれた屋敷に住み，①土地などを支配していました。

カードB

室町時代にあった②惣でつくられたおきてです。惣では有力農民を中心に，用水の管理などが行われました。

カードC

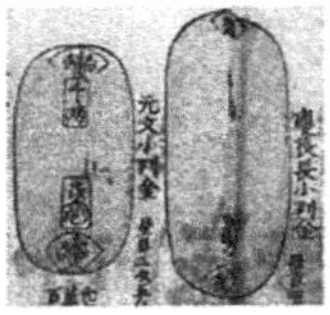

江戸時代につくられた小判の絵です。江戸幕府は，貨幣を発行したり，③発行する貨幣の大きさや質を変えたりして，収入を増やそうとしました。

カードD

④明治時代の日本が置かれた国際情勢について描かれた風刺画です。欧米諸国は競ってアジアに進出し，さまざまな利権を手に入れ，勢力範囲を拡大しました。

カードE

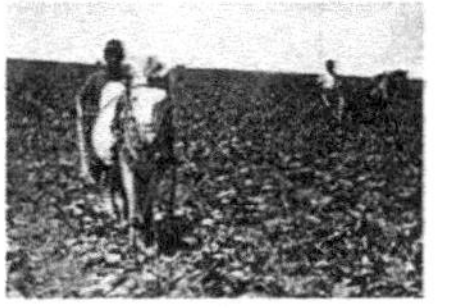

満州の土地を日本人が開拓している写真です。日本軍による⑤奉天郊外の鉄道爆破後，満州へ移住する⑥小作農なども増えました。

問１　下線部①に関して，次の文の(1)，(2)の｛　　　｝に当てはまる語句を，それぞれ**ア**，**イ**から選びなさい。

> 鎌倉時代の武士には，(1)｛**ア**　地頭　　　**イ**　守護｝として土地の管理や年貢の取り立てを行った者もいた。武士は一族の長が子や兄弟などをまとめ，武士が亡くなると領地は分割して一族の(2)｛**ア**　男性のみ　　　**イ**　男性と女性｝に相続された。

問２　下線部②に関して，室町時代の様子について書かれた資料１，２から共通して読みとれる室町時代の民衆の成長を背景とした社会の特徴について，簡単に書きなさい。

資料１

> 菜園で，他人の野菜をそぎ取ったり，自分の土地を増やすために土を掘り動かしてはいけない。これらのことは，村人たちの集まりで議決し，定めた。
>
> （「日吉神社文書」を現代語訳し，一部要約したもの）

資料２

> 日本全国で堺の町より安全なところはない。（中略）堺で争いが起こったとき，堺の人々が犯人を捕まえて処罰している。　（「耶蘇会士日本通信」を現代語訳し，一部要約したもの）

問３　下線部③について，先生と，カードＣを作成した生徒との次の会話の⑴，⑵の｛　　｝に当てはまる語句を，それぞれア，イから選びなさい。また，［　　　］に当てはまる内容を書きなさい。

> 先生：幕府はなぜ時期によって小判の大きさや質を変えたのでしょうか。また，そのことは人々の生活にどのような影響を与えたのでしょうか？
>
> 生徒：幕府は，元禄時代には，質の⑴｛**ア**　よい　　**イ**　悪い｝小判を多量に発行することで，収入を増やそうと考えました。そのことで小判の価値が下がり，人々の生活は混乱したようです。
>
> 先生：小判などの貨幣の価値は，一定ではなかったのですね。
>
> 生徒：はい。貨幣の価値が一定にならなかった要因は他にもあります。例えば，幕府が開国すると，日本と外国では金と銀とを［　　　］が異なっていたことから，⑵｛**ア**　金　　**イ**　銀｝が外国に流出し，一時的に国内の物価が不安定になりました。

問４　下線部④に関して，資料３，４の風刺画について説明した文の［ a ］，［ b ］に当てはまる国の名をそれぞれ書きなさい。また，｛　　｝に当てはまる語句を**ア**，**イ**から選びなさい。

資料３

義和団事件後も満州に大軍をとどめ，勢力下に置こうとした［ a ］と，日本との対立の一因として，韓国をめぐる争いがあったことを表している。

資料４

［ b ］の仲介によって［ a ］との間に講和条約が結ばれたことを表している。この条約で，日本は望んでいた｛**ア**　賠償金　　**イ**　台湾｝を得ることはできなかった。

問５　下線部⑤について，次の文の (1)，(2)の {　　　} に当てはまる語句をそれぞれ**ア**～**ウ**から選びなさい。

> 1931年，日本軍は略地図の (1) {**ア**　X　　**イ**　Y　　**ウ**　Z} にあった鉄道の線路を爆破すると，これを中国側のしたこととして，中国に対して攻撃を始めた。
> 国際社会から不信感をもたれた日本は，1933年，(2) {**ア**　日独伊三国同盟に参加　　**イ**　日中戦争を開始　　**ウ**　国際連盟を脱退} し，国際的に孤立を深めた。

略地図

問６　下線部⑥が当時おかれた経済状況をふまえて，グラフに示した小作争議の発生件数が1920年代に急激に増えた理由と，1930年代に急激に増えた理由を，資料５～７を使い，説明しなさい。

グラフ　小作争議の発生件数

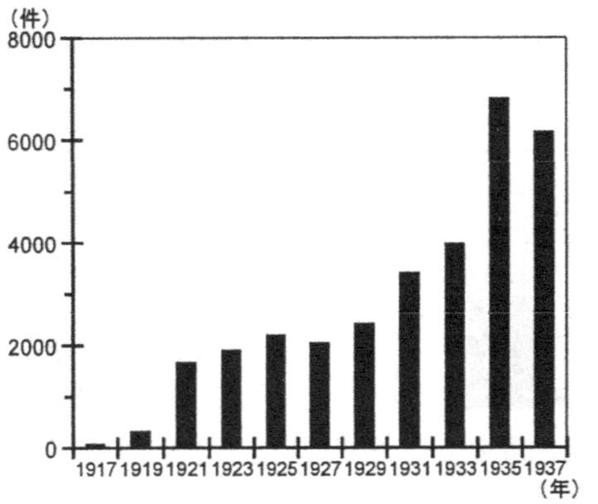

（「農林省統計表」などより作成）

資料５　明治時代に刊行された著書

> 田地一段につき二石一斗（17円85銭）を得ているのは貧しい小作農でもよい方であるが，それでも，肥料や労働力をできるだけ節約し，小作米九斗（７円65銭）と諸費用を除けば，手元に残るのはわずかに20銭である。これでは利益を得ないで労作しているようなものである。
>
> （「日本之下層社会」を現代語訳し，一部要約したもの）

資料６　略年表

西暦(年)	できごと
1920	労働争議が活発になる 女性の参政権を求める運動が始まる
1922	全国水平社が設立される 日本農民組合が設立される
1929	世界恐慌が始まる

資料７　1934年５月６日の新聞記事の一部

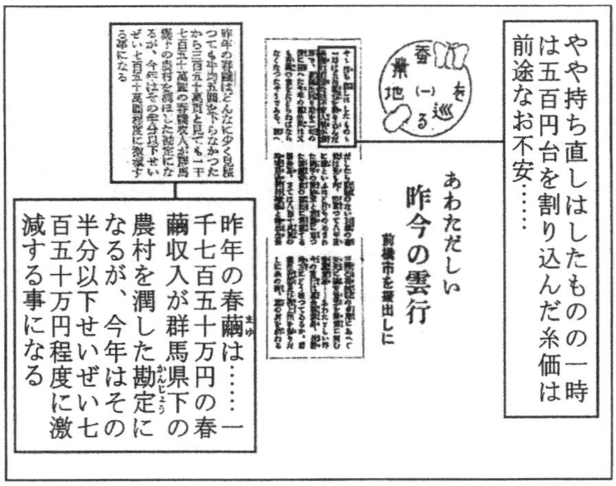
蚕業地を巡る (一)

あわただしい

昨今の雲行

前橋市を振出しに

やや持ち直しはしたものの一時は五百円台を割り込んだ糸価は前途なお不安……

昨年の春繭《まゆ》は……一千七百五十万円の春繭収入が群馬県下の農村を潤した勘定《かんじょう》になるが、今年はそのせいぜい七百五十万円程度に激減する事になる

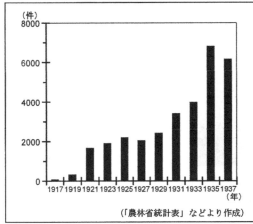

3 次の**A**，**B**に答えなさい。(配点　22)

A 略地図１を見て，次の問いに答えなさい。

略地図１

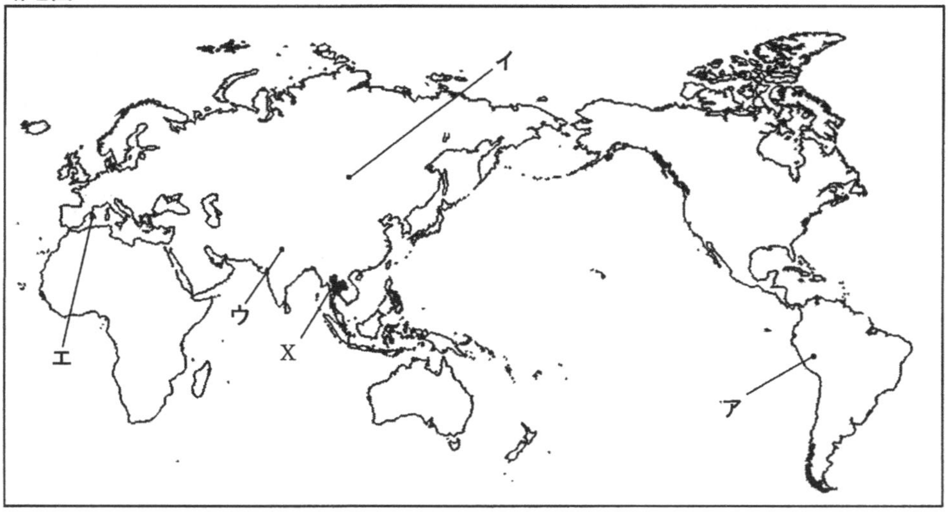

問１　A～Dのカードは，ある中学生が，世界各地の祭りについて調べ，まとめたものです。カードに書かれている祭りが行われている都市の位置を，略地図１の**ア**～**エ**からそれぞれ選びなさい。

カードA

「インティ・ライミ」

インカ文明の時代に行われていた太陽の祭りを再現したもので，ケチュア族により，さまざまな儀式が行われる。

カードB

「ホーリー」

色のついた粉や水をかけあうこの祭りは，ヒンドゥー教のクリシュナ神に縁のある都市で盛んに行われる。

カードC

「ブドウの収穫祭」

キリスト教の教会の広場に積まれたブドウを，町中の人たちが投げつけ合うブドウの大合戦が行われる。

カードD

「ナーダム」

13世紀に大帝国を築いた際の騎馬の技術を起源とし，1000人以上が参加する競馬などが行われる。

問２　略地図１のＸの国に関して述べた次の文の ［　　　］ に当てはまる語句を書きなさい。
また，｛　　　｝に当てはまる語句を，**ア**～**ウ**から選びなさい。

安い労働力が得られるこの国では，日本を含む外国の企業の工場が建設され，衣類，電気製品や自動車などが生産されている。生産された製品の多くは，日本だけでなくアメリカやヨーロッパの国々にも ［　　　］ されている。
このような特徴をふまえて，略地図２の中の北部，首都周辺部，東部それぞれの地域の工業生産額を示したグラフを見ると，グラフの①に当てはまる地域は，｛**ア**　北部　**イ**　首都周辺部　**ウ**　東部｝となる。

略地図２

グラフ　各地域の工業生産額

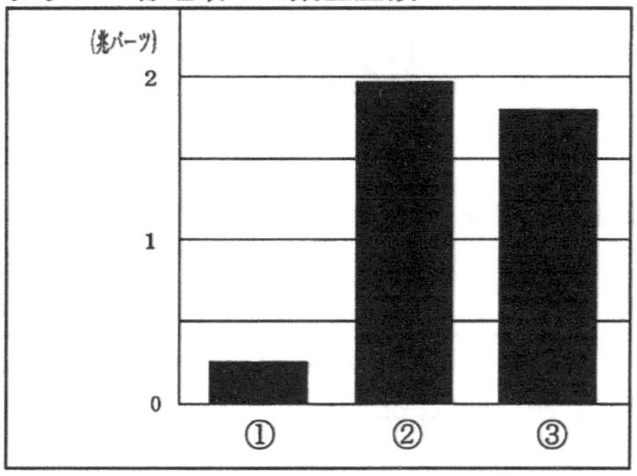

※　データは2019年。（「国家経済社会開発委員会資料」より作成）

問３　表は，2017年における地熱発電の発電量の多い国を上位７位まで示したものです。資料を参考にし，［　　　］ に当てはまる国を，**ア**～**エ**から選びなさい。

表

順位	１位	２位	３位	４位	５位	６位	７位
国名	アメリカ	インドネシア	フィリピン	ニュージーランド	［　　　］	トルコ	メキシコ
発電量（億kWh）	187	128	103	79	62	61	59

（「世界国勢図会2020/21年版」より作成）

資料　おもな火山のおおよその位置

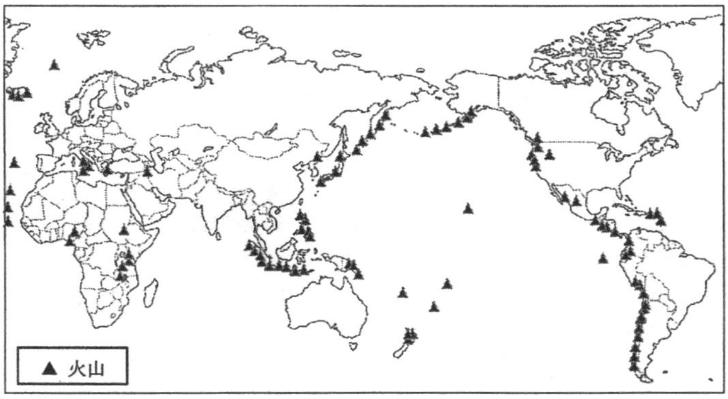

（「理科年表2020」より作成）

ア　ブラジル　　**イ**　イギリス　　**ウ**　南アフリカ　　**エ**　イタリア

B 略地図を見て，次の問いに答えなさい。

略地図

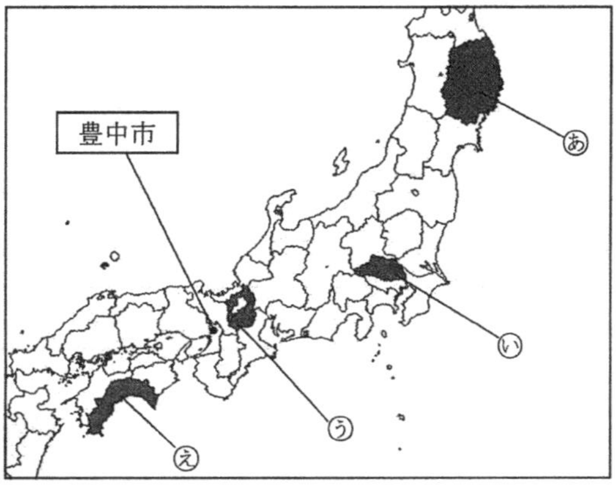

問1　表のa～dには，略地図のあ～えの県のいずれかが当てはまります。いとえの県が当てはまるものを，a～dからそれぞれ選びなさい。

表

項目 / 県	2010年から2015年にかけての人口増減率（%）	養殖漁業収獲量（t）	外国人労働者数（人）	米の収穫量（t）
a	0.20	2	65,290	155,400
b	0.03	598	17,238	162,300
c	−0.97	18,878	2,592	50,700
d	−0.77	37,817	4,509	273,100

※　養殖漁業収獲量のデータは2017年，外国人労働者数及び米の収穫量のデータは2018年。（「データで見る県勢2020年版」より作成）

問2　略地図の豊中市に住む中学生が，市内北部に位置する千里ニュータウンを調査するために，資料とグラフ1，2を収集し，レポートを作成しました。これらを見て，次の(1)，(2)に答えなさい。

資料

1960年代に都市部の住宅問題が深刻化しました。大阪府は，人々に安くて良質の住宅と宅地を大量に供給するため，大阪府北部の千里丘陵に千里ニュータウンの建設を計画し，1962年～1970年のわずか8年間で建設しました。

（千里ニュータウン情報館ホームページ「千里ニュータウンとは」より作成）

グラフ1　千里ニュータウンの年齢別人口割合の推移

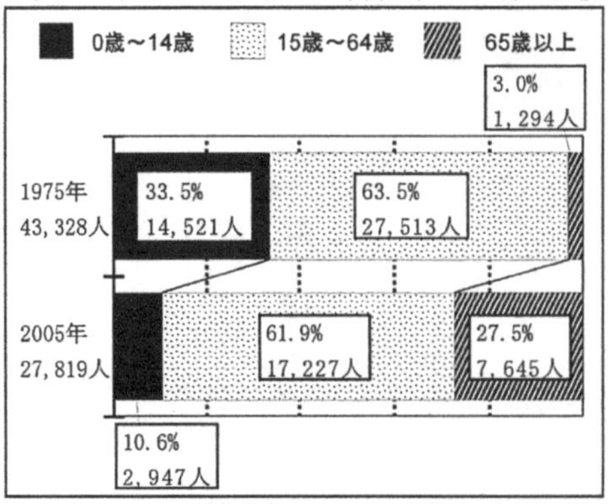

（「豊中市ホームページ資料」より作成）

グラフ2　日本の年齢別人口割合の推移

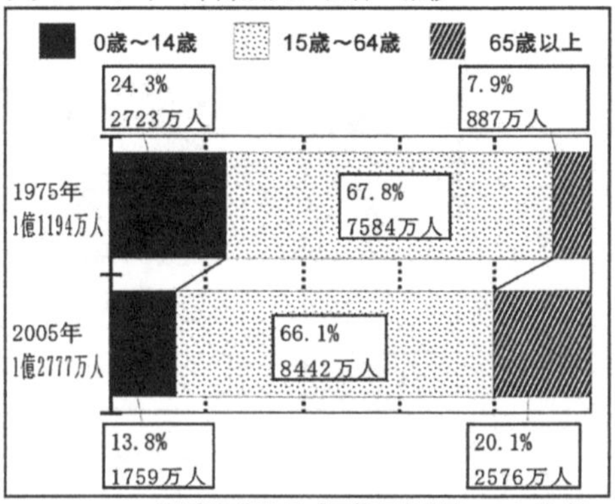

（総務省統計局「国勢調査結果」より作成）

レポート

ニュータウン建設の背景と千里ニュータウンの誕生

1960年代 高度経済成長期に入り，日本全体で人々が［ A ］へ移動

↓

都市部が過密となり，住宅問題が深刻化【資料から】

↓

住宅問題を解決するため，郊外の通勤圏内にニュータウンを建設

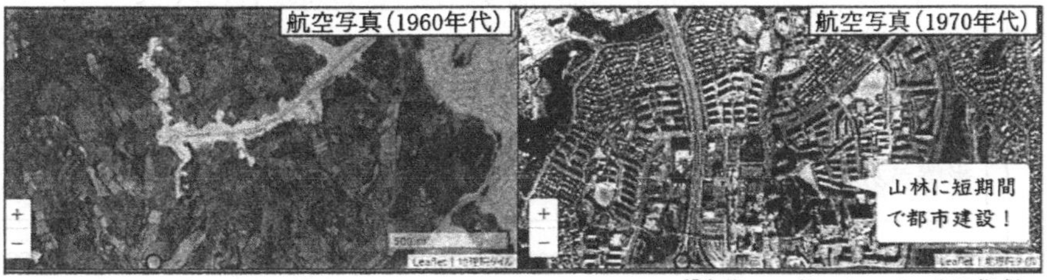

（「今昔マップon the web」より作成）

1970年代 日本全体と比べて65歳以上と15歳～64歳の割合が低いのに対して，［ B ］という年齢構成の特徴をもつ，千里ニュータウン誕生！

誕生から30年後にあらわれた千里ニュータウンの課題

2000年代 課題① 建物が老朽化したこと

課題② 日本全体と比べて［ C ］

千里ニュータウンの現在（2020年代）

（予想）「千里ニュータウン内にある小学校では子どもの数が少なくなり，学校が減って，通学が大変になっているのではないか」

↓

豊中市の職員に聞き取り調査を行ったところ，予想とは異なる結果が！

新しく建てかえたマンションが増えた結果，若い家族も増えたんですよ。

↓

グラフ「千里ニュータウン内にある小学校の児童数の推移」［ D ］

(1) ［ A ］に当てはまる内容を，どのような目的で，どこからどこへ移動したのかがわかるように書きなさい。また，［ B ］，［ C ］に当てはまる内容を，グラフ１，２をもとに書きなさい。ただし，［ C ］には，「高齢者」という語句を使うこと。

(2) ［ D ］に当てはまるグラフを，**ア**～**エ**から選びなさい。

ア

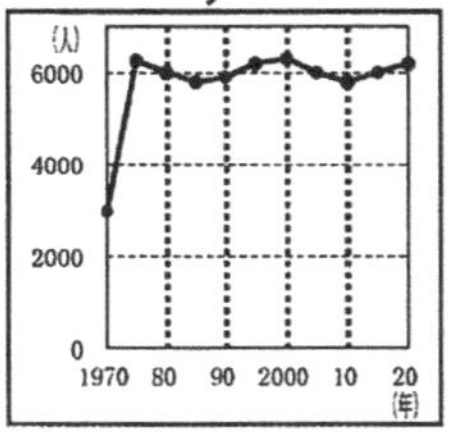

イ

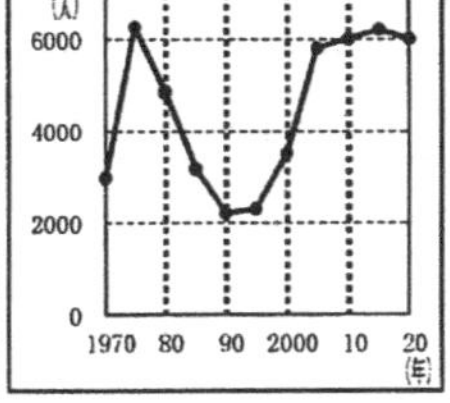

ウ

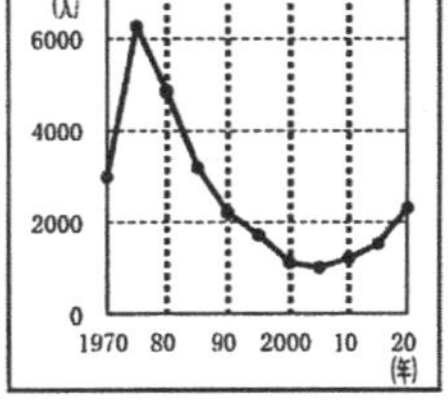

エ

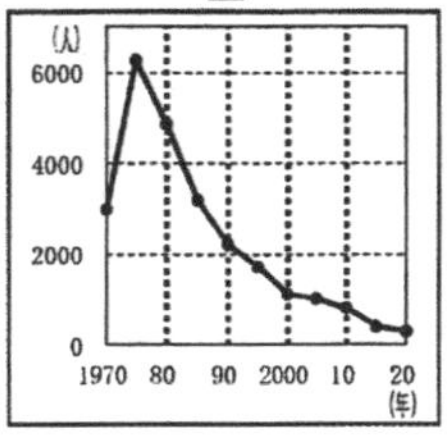

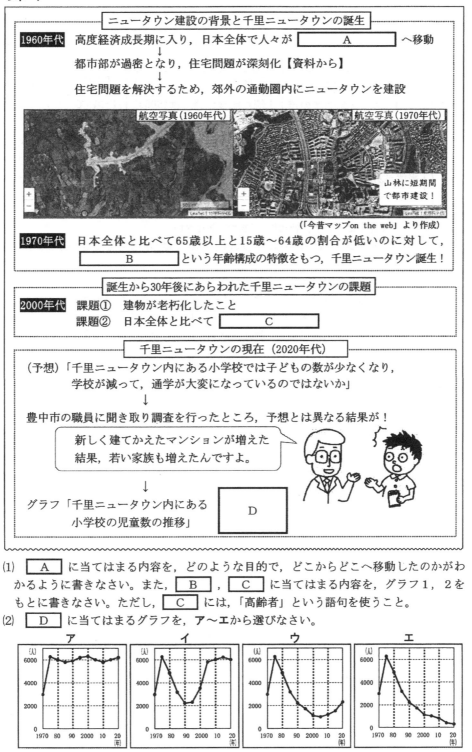

4　資料は，ある中学生が市議会を傍聴したときにまとめたものの一部です。これを見て，次の問いに答えなさい。（配点　22）

資料

市議会の議題とメモ

議題　国の①規制緩和や外国との②貿易交渉の市への影響について メモ　世界や日本のできごとが，身近な生活にどう影響があるのか調べたい。	議題　③地球温暖化と持続可能な開発目標（SDGs）について メモ　地球温暖化をめぐる先進国と発展途上国の対立について調べたい。	議題　④バリアフリーについて メモ　私たちの中学校や市内にあるバリアフリー化の例を見つけたい。

問１　下線部①について，次の⑴，⑵に答えなさい。

⑴　電気事業における規制緩和の効果について述べた文として最も適当なものを，**ア**～**エ**から選びなさい。

ア　電気を売る企業が中小企業から大企業に置きかわり，電気料金が下がる。
イ　企業の自由な経済活動や競争がうながされ，電気料金が下がる。
ウ　電気を売る企業が一社になり，電気料金が下がる。
エ　民間企業が電気事業に新たに参入しにくくなり，電気料金が下がる。

⑵　表１は，規制緩和についての授業で，生徒の意見をまとめたものの一部です。また，表２は，授業のまとめで使われたものです。生徒Ａ，Ｂの意見を表２の**ア**～**エ**に当てはめたとき，最も適当なものを，**ア**～**エ**からそれぞれ選びなさい。

表１

生徒Ａの意見	生徒Ｂの意見
規制緩和によって電気料金が下がったり，コンビニで薬が買えるようになったりしたので，多くの人に利益をもたらし，利便性が高まっていると思う。 私は，規制緩和によって，時間や物，お金や労力などが無駄なく使われる社会にしていくべきだと思う。	規制緩和によって救急の業務を民間企業が担うことになったら，お金がないと救急車をよべなくなり，すべての人の命が平等に守られなくなるかもしれない。 私は，すべての人が対等な立場で，差別的な扱いを受けず，一人一人が尊重される社会にしていくべきだと思う。
生徒Ｃの意見	生徒Ｄの意見

表２

	効率を重視	公正を重視
規制緩和を進める	**ア**	**イ**
規制緩和を進めない	**ウ**	**エ**

問２　下線部②について，次の文の［①］に共通して当てはまる語句を漢字２字で書きなさい。また，②，③の｛　　　｝に当てはまる語句を，**ア**，**イ**からそれぞれ選びなさい。

> 関税など，貿易をさまたげるしくみを取りのぞくことを，貿易の［①］化といい，この貿易を［①］貿易という。
> この貿易の考え方に当てはまるのは，表３の②｛**ア**　Ａ国　　**イ**　Ｂ国｝になる。また，この貿易を促進する協定を③｛**ア**　ＮＧＯ　　**イ**　ＦＴＡ｝という。
>
> **表３**

項目／国	関税	産業の現状
Ａ国	輸入品の関税をできるだけ減らす。	国内産業が影響を受けることもある。
Ｂ国	輸入品の関税を高くする。	競争力の弱い国内産業が守られている。

問３　下線部③について，温室効果ガスの排出削減をめぐり，先進国と発展途上国の間には主張の対立が見られました。次の条件１～３にしたがって，パリ協定が採択されるまでの対立について，先進国または発展途上国の立場を選び，自分が選んだ立場から，相手がどうすべきと主張していたか説明しなさい。

> 条件１　選んだ立場を書くこと。
> 条件２　グラフをふまえること。
> 条件３　京都議定書の内容をふまえること。

グラフ　1990年から2015年までのCO_2排出量の推移

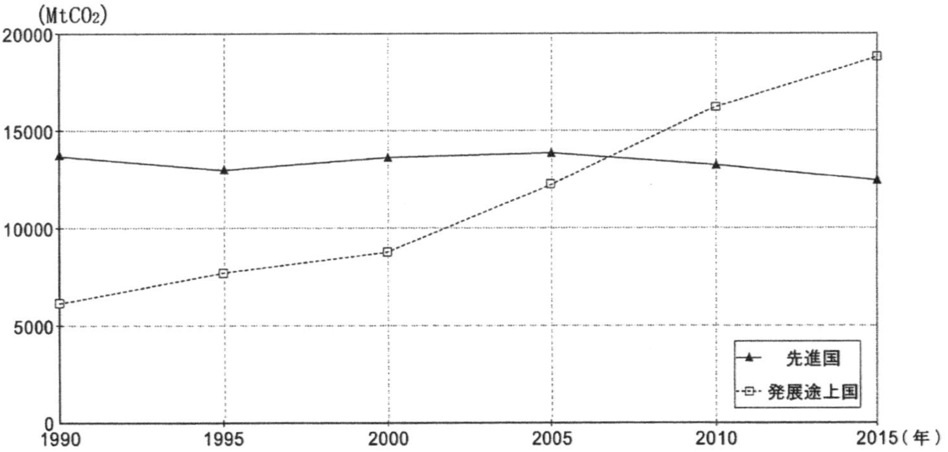

※　$MtCO_2$とは，二酸化炭素の排出量をメガトン（100万トン）単位で表したものである。

（IEA　「CO_2 emissions from fuel combustion 2019」より作成）

問４　下線部④について，バリアフリー化の例として適当なものを，**ア**～**カ**から２つ選びなさい。

ア

イ

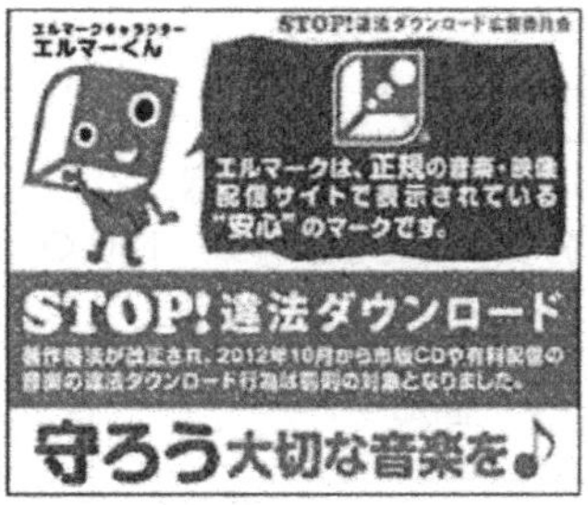

ウ

エ

オ

カ

問５　市議会を傍聴した中学生が，地方自治の直接請求権に興味をもちました。有権者数が25,600人であるこの市において，条例の制定を請求する場合，何人以上の有権者の署名が必要ですか，書きなさい。

令和４年度
高等学校入学者選抜学力検査問題

第　4　部

理　科

(50分)

注　意

1　問題は，1 から 5 まであり，10ページまで印刷してあります。

2　答えは，すべて別紙の解答用紙に記入し，解答用紙だけ提出しなさい。

3　問いのうち，「……選びなさい。」と示されているものについては，問いで指示されている記号で答えなさい。

1 次の問いに答えなさい。(配点　28)

問1　次の文の［①］～［⑧］に当てはまる語句を書きなさい。

(1)　光が異なる物質の境界へ進むとき，境界面で折れ曲がる現象を光の［①］という。

(2)　金属をみがくとかがやく性質を金属［②］という。

(3)　タマネギの種子から出た根の先端を酢酸オルセイン液で染め，顕微鏡で観察すると，核やひも状の［③］が見られる。

(4)　太陽の表面にある周囲より温度が低いために暗く見える部分を［④］という。

(5)　たいこやスピーカーなど振動して音を出すものを，発音体または［⑤］という。

(6)　蒸留とは，混合物中の物質の［⑥］のちがいを利用して，物質をとり出す方法である。

(7)　19世紀の中ごろメンデルは，対になっている遺伝子が減数分裂によってそれぞれ別の生殖細胞に入るという［⑦］の法則を発表した。

(8)　太陽系にある水星，金星，地球，火星，木星，土星，天王星，海王星の８つの天体を［⑧］という。

問2　１秒間に50回打点する記録タイマーで運動を記録したテープを５打点ごとに切ると，どの長さも4.2cmだった。この運動の平均の速さは何cm/sか，書きなさい。

問3　次の文の［①］に当てはまる語句を書きなさい。また，②の｛　　｝に当てはまるものを，ア，イから選びなさい。

マグネシウム原子Ｍｇは，［①］を２個②｛ア　受けとって　　イ　失って｝，マグネシウムイオンMg^{2+}となる。

問4　図１のＡ～Ｄは，アブラナの花弁，がく，おしべ，めしべのいずれかを模式的に示したものである。花の最も外側にある部分を，Ａ～Ｄから選びなさい。また，選んだ部分の名称を書きなさい。

図１

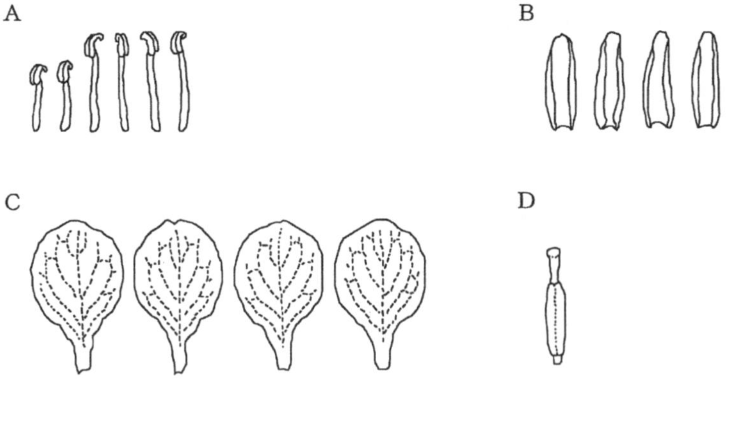

問５　図２は，同じ地域の露頭Ｐ，Ｑを観察し，結果をまとめた柱状図である。観察中にＢとＩの砂岩の層からアンモナイトの化石が見つかった。最も古い層を，Ａ～Ｌから選びなさい。ただし，この地域の各地層は水平に積み重なっており，断層やしゅう曲，地層の逆転はないものとする。

図２

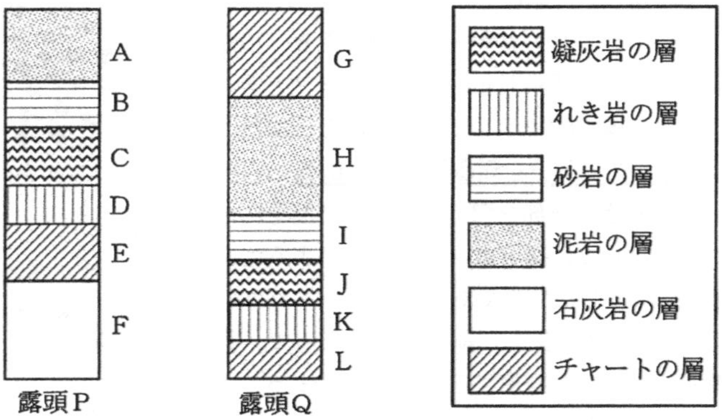

2 次の問いに答えなさい。（配点　18）

植物のからだのしくみについて調べるために，身のまわりの植物を用いて，次の観察と実験を行った。

観察 ［1］アスパラガスとキクの茎を赤く着色した水に１時間さしておいた。

［2］アスパラガスの茎の一部を切り取り，横断面をルーペで観察した。図１は，そのときのようすを模式的に示したものである。また，ⓐ<u>図１のXの部分を顕微鏡で観察した</u>。

［3］キクの茎の一部を切り取り，横断面をルーペで観察した。図２は，そのときのようすを模式的に示したものである。

［4］［3］のキクの茎を，縦に半分に切って，縦断面をルーペで観察すると，赤く染まっていた部分が見られた。

図１

アスパラガスの茎の横断面

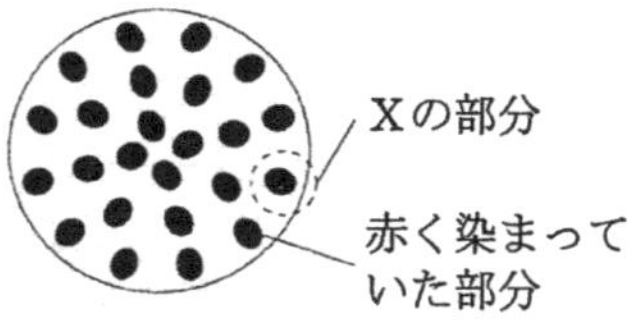

図２

キクの茎の横断面

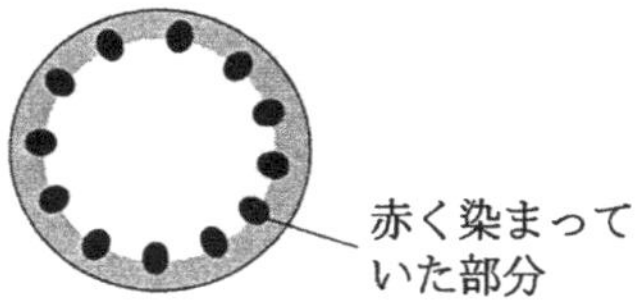

実験 ［1］葉の枚数と葉の大きさ，茎の太さがほぼ同じキクA～Dを用意し，花を切ったものをキクA，花と葉を切ったものをキクB，何も切らずにそのままの状態にしたものをキクC，Dとした。切り取った部分からの蒸散を防ぐために，AとBの花や葉を切り取った部分にワセリンを塗った。

［2］図３のようにキクA～Cを10cm³の水が入っているメスシリンダーに１本ずつ入れ，それぞれのⓑ<u>メスシリンダー内の水面を少量の油</u>でおおった。

［3］キクA～Cを入れた３つのメスシリンダーを日中の明るく風通しがよいところに置き，３時間後にメスシリンダー内の水面の目盛りを読んで，それぞれの水の減少量を調べた。表は，このときの結果をまとめたものである。

［4］キクDを10cm³の水が入っているメスシリンダーに入れ，メスシリンダー内の水面を少量の油でおおった。次に，暗室で１時間置き，その後蛍光灯の光を当て１時間置いたときの，30分ごとの水の減少量を４回記録した。

図３

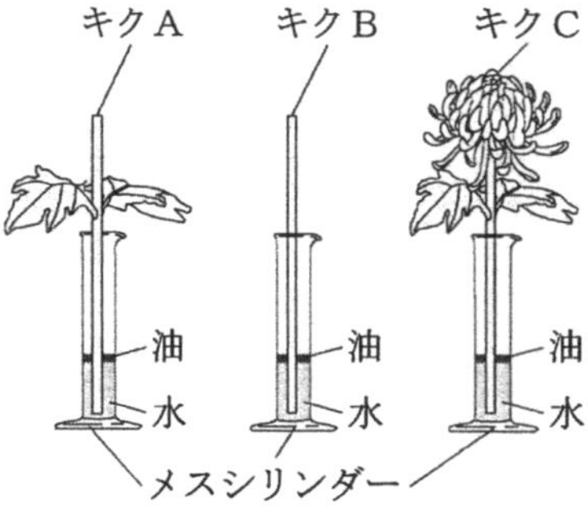

表

	キクA	キクB	キクC
水の減少量〔cm³〕	2.2	0.3	2.7

問１　観察について，次の(1)，(2)に答えなさい。

(1)　図４は，下線部ⓐのときに見られたようすを模式的に示したものである。次の文の①，②の｛　　｝に当てはまるものを，それぞれ**ア**，**イ**から選びなさい。

赤く染まっていた部分のうち赤い水が通った部分は，図４の①｛**ア**　A　　**イ**　B｝であり，②｛**ア**　道管　　**イ**　師管｝という。

図４

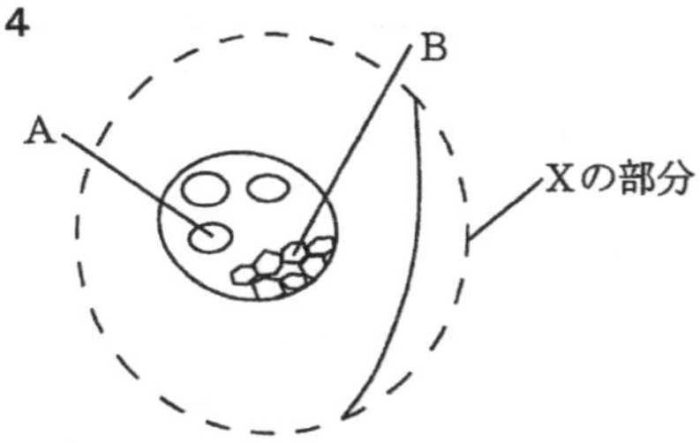

(2)　［4］の縦断面のようすを模式的に示したものとして，最も適当なものを，**ア**～**エ**から選びなさい。

ア

イ

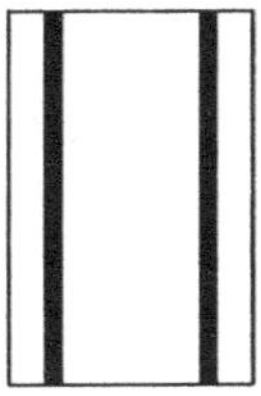

ウ

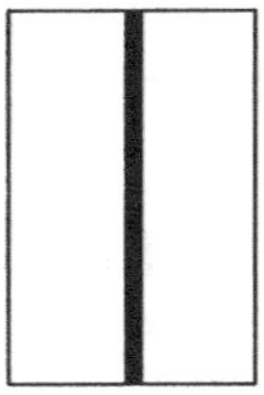

エ

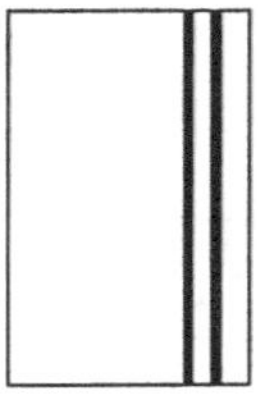

問２　実験について，次の(1)～(3)に答えなさい。

(1)　次の文は，下線部ⓑのようにメスシリンダー内の水面を少量の油でおおった理由を説明したものである。説明が完成するように，［　　］の中に当てはまる語句を書きなさい。

メスシリンダー内の水面から［　　　　　　］ため。

(2)　次の文の①の｛　　｝に当てはまるものを，**ア**～**ウ**から選びなさい。また，［　②　］に当てはまる数値を書きなさい。

水の減少量がキクの蒸散量と等しいとしたとき，花の部分で蒸散が起こっていることは，①｛**ア**　AとB　　**イ**　BとC　　**ウ**　AとC｝の水の減少量を比較するとわかり，葉の蒸散量は花の［　②　］倍である。

(3)　［4］をグラフに表したものとして，最も適当なものを，**ア**～**ウ**から選びなさい。また，選んだ理由を明るさと気孔の状態にふれて書きなさい。

ア

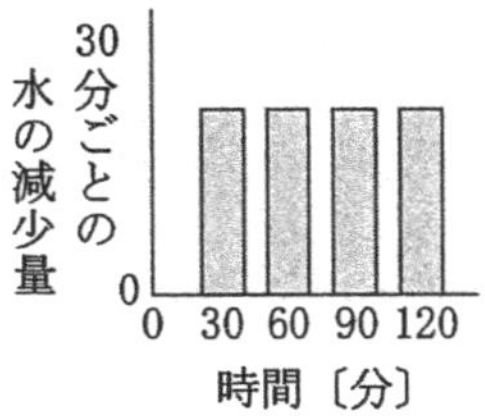

イ

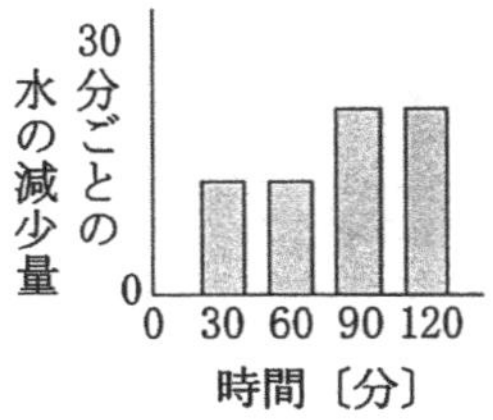

ウ

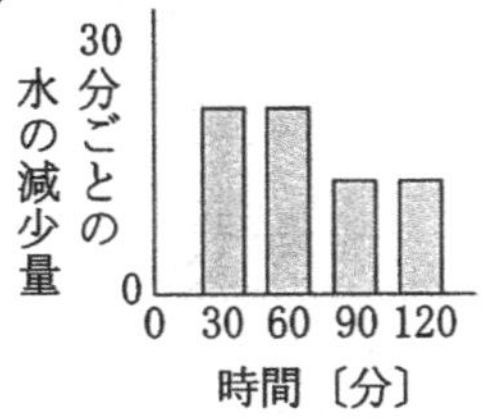

3 次の問いに答えなさい。(配点　18)

うすい塩酸と塩化銅水溶液を用いて，次の実験1，2を行った。

実験1　[1] 図1のように，うすい塩酸に電流を流すと，電極A，Bの両方で気体が発生した。

[2] しばらくしてから電流を流すのをやめ，気体の量を調べたところ，ⓐ電極A側と電極B側では，集まった気体の量が異なっていた。

[3] 電極A側のゴム栓をはずし，マッチの火を近づけたところ，音を立てて燃えた。

[4] 図2のように，赤インクで着色した水を入れた試験管Pと，BTB溶液を数滴加えた水を入れた試験管Qを用意した。

[5] 電極B側のゴム栓をはずし，気体のにおいを調べたところ，特有の刺激臭があった。また，電極B付近の液体をスポイトでとって，試験管P，Qにそれぞれ少しずつ加えると，試験管Pの水溶液は赤インクの色が消えて無色になり，試験管Qの水溶液は黄色くなった後に色が消えて無色になった。

図1

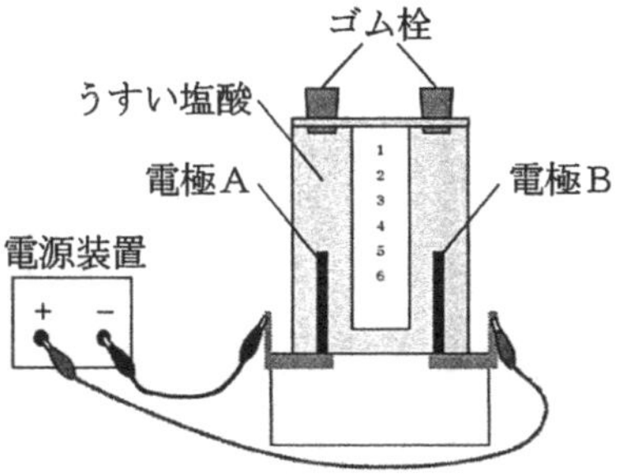

図2

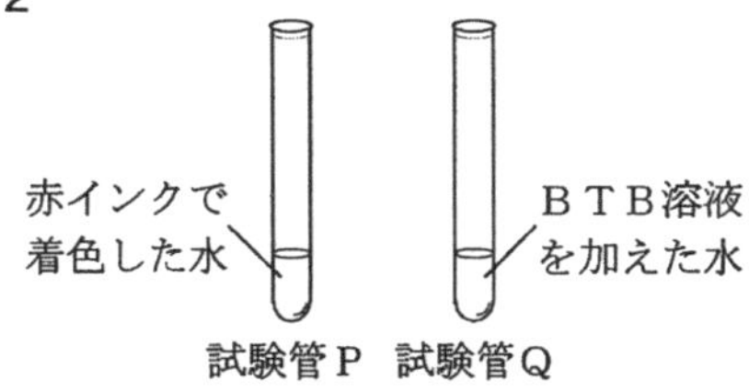

実験2　[1] 図3のように，塩化銅水溶液に電流を流すと，電極Cに赤色（赤茶色）の物質が付着し，電極Dで気体が発生した。

[2] 図4のように，BTB溶液を数滴加えた水を入れた試験管Rを用意した。

[3] 電極D側のゴム栓をはずし，電極D付近の液体をスポイトでとって，試験管Rに少しずつ加えると，試験管Rの水溶液は黄色になった後にうすい青色になった。

[4] ⓑ図3の塩化銅水溶液にさらに30分間電流を流すと，その水溶液の色は実験前に比べ，うすくなった。

図3

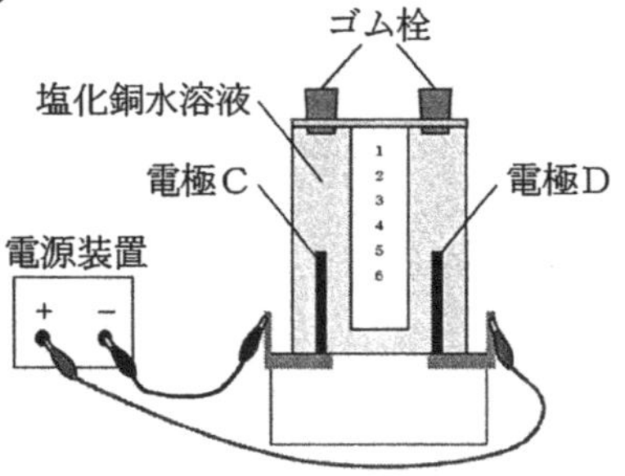

図4

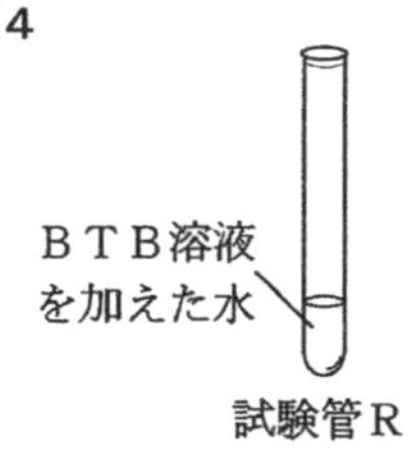

問１　実験１について，次の(1)，(2)に答えなさい。

(1)　次の文の［①］に当てはまる語句を書きなさい。また，②の｛　　｝に当てはまるものを，**ア**，**イ**から選びなさい。

電極Ａで発生した気体は［①］であることから，うすい塩酸から生じた［①］イオンは②｛**ア**　陽極　　**イ**　陰極｝に向かって移動したことがわかる。

(2)　下線部ⓐについて説明した次の文の①の｛　　｝に当てはまるものを，**ア**，**イ**から選び，［②］に当てはまる語句を書きなさい。

電極Ａ，Ｂで発生した気体の量は同じであるが，集まった気体の量が①｛**ア**　電極Ａ　**イ**　電極Ｂ｝で少なかったのは，発生した気体が［　②　］という性質をもつからである。

問２　実験２について，次の(1)，(2)に答えなさい。

(1)　電極Ｃに付着した物質は何か。化学式を書きなさい。

(2)　下線部ⓑについて塩化銅水溶液中のイオンの数の変化を表したグラフとして最も適当なものを，**ア**～**カ**から選びなさい。

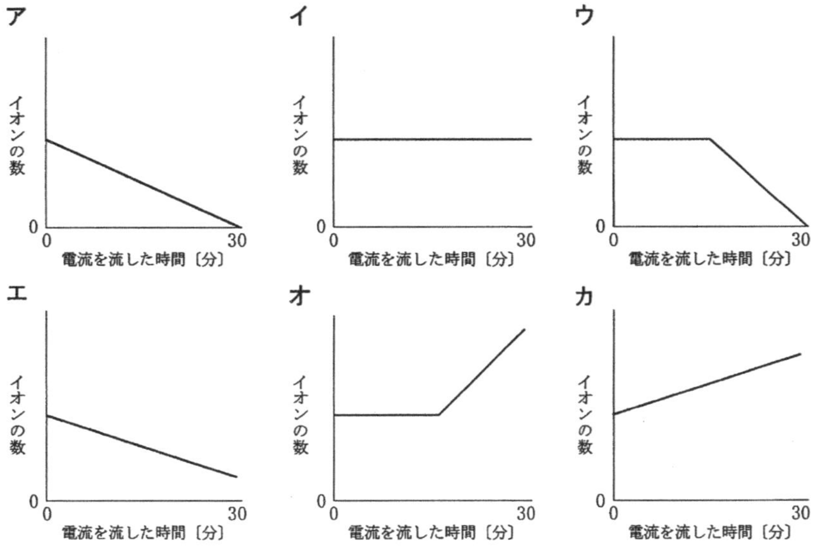

問３　次の文は，実験１，２の結果から，試験管Ｒの水溶液の色について説明したものである。説明が完成するように，［①］，［③］に当てはまる語句を書き，②の｛　　｝に当てはまるものを，**ア**，**イ**から選びなさい。ただし，［①］に当てはまる語句は物質名とその性質にふれて書きなさい。

実験１で，赤インクの色が消えた理由は［　①　］からであり，ＢＴＢ溶液の色が消えた理由も同じと考えられる。実験２では，試験管Ｒに電極Ｄ付近の液体を入れると，ＢＴＢ溶液の色が黄色になったことから，試験管Ｒの水溶液は②｛**ア**　酸性　　**イ**　アルカリ性｝になったことがわかる。これらのことから，黄色になった後の試験管Ｒの水溶液のうすい青色は，［③］の色であると考えられる。

4 次の問いに答えなさい。(配点　18)

電熱線a，bを用いて，次の実験1～3を行った。

実験1　図1のような回路をつくり，電熱線aの両端に電圧を加え，電圧計の示す電圧と，電流計の示す電流の大きさを調べた。次に，電熱線aを電熱線bにかえ，同じように実験を行った。図2は，このときの結果をグラフに表したものである。

実験2　図3のように電熱線a，bをつないだ回路をつくり，電圧計の示す電圧と電流計の示す電流の大きさを調べた。

実験3　図3の電熱線bを抵抗の大きさがそれぞれ30Ω，100Ω，500Ω，1200Ω，1400Ωの別の抵抗器にとりかえ，電熱線aと抵抗器の両端に5Vの電圧を加え，とりかえた抵抗器の抵抗の大きさと電流計を流れる電流の大きさとの関係を調べると，図4のようになった。

図1

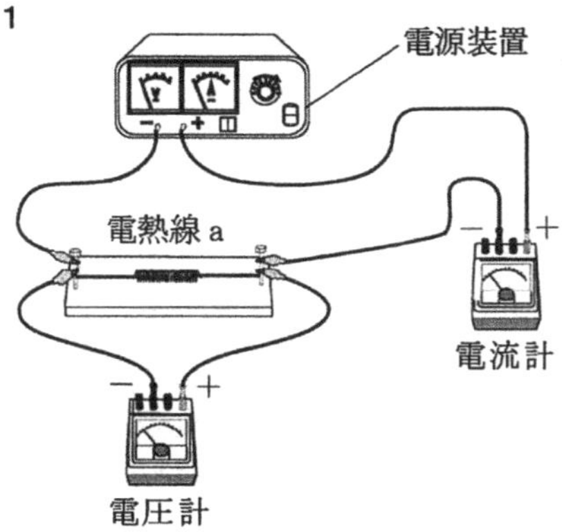

図2

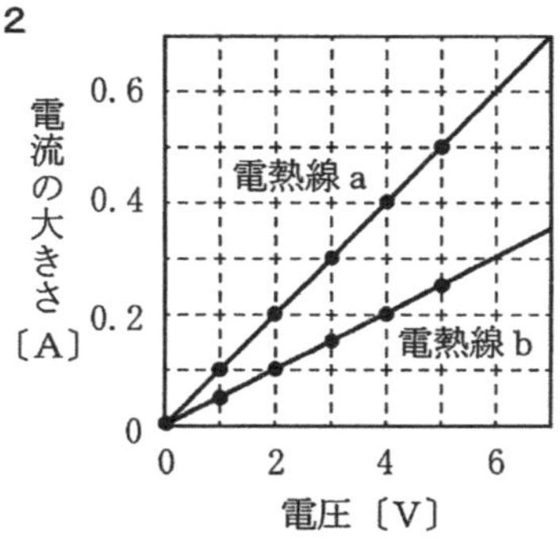

図3

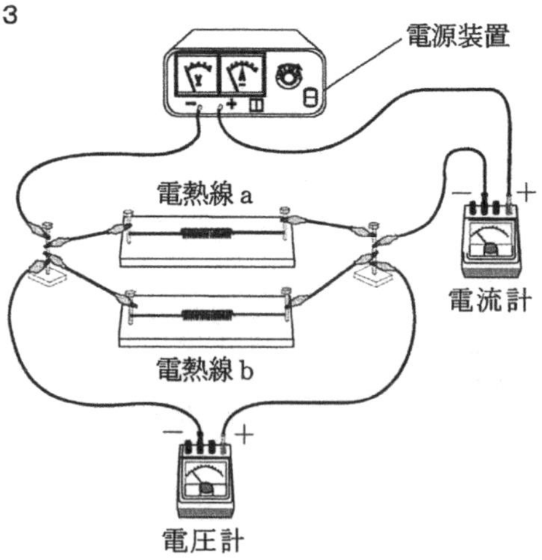

図4

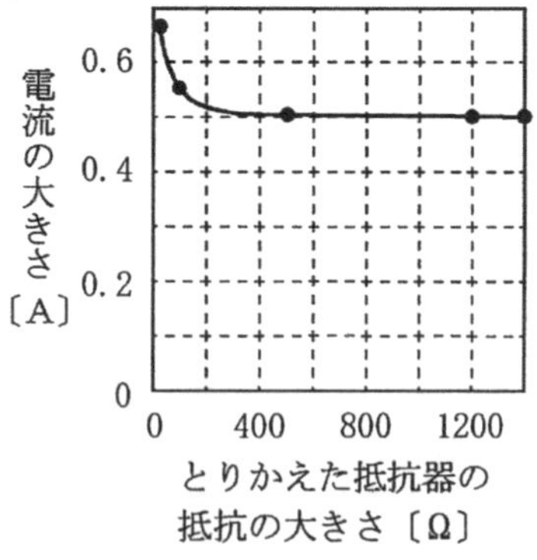

問1　実験1について，次の⑴，⑵に答えなさい。

⑴　図5に，電気用図記号をかき加えて，図1の回路のようすを表す回路図を完成させなさい。

⑵　図2のグラフから，電熱線a，bの電圧が同じとき，aの電流の大きさはbの何倍か，書きなさい。

図5

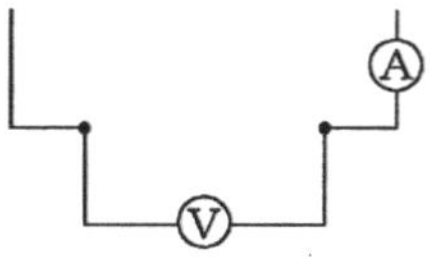

問2　実験2について，次の⑴，⑵に答えなさい。

⑴　図3の回路について，電圧計の示す電圧と電流計の示す電流の大きさとの関係をグラフにかきなさい。その際，横軸，縦軸には目盛りの間隔（1目盛りの大きさ）がわかるように目盛りの数値を書き入れ，グラフの線は解答欄のグラフ用紙の端から端まで引くこと。

⑵　図3の回路に次の**ア**～**エ**のように豆電球をつなぎ，電源の電圧を同じにして豆電球を点灯させたとき，**ア**～**エ**を豆電球の明るい順に並べて記号で書きなさい。

ア

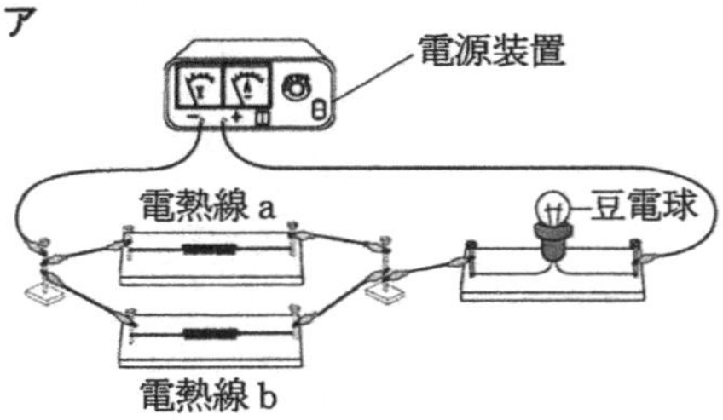

イ

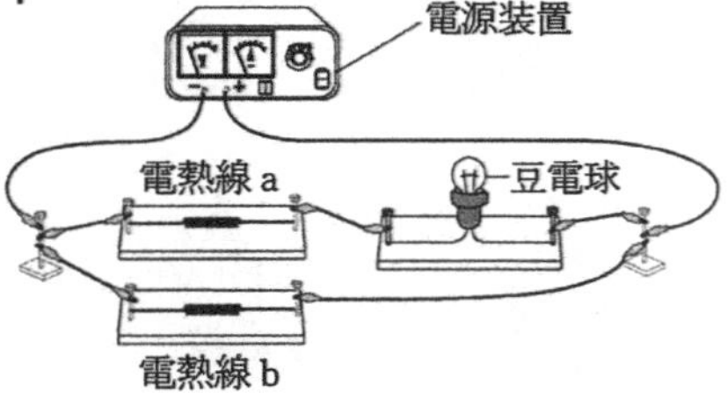

ウ

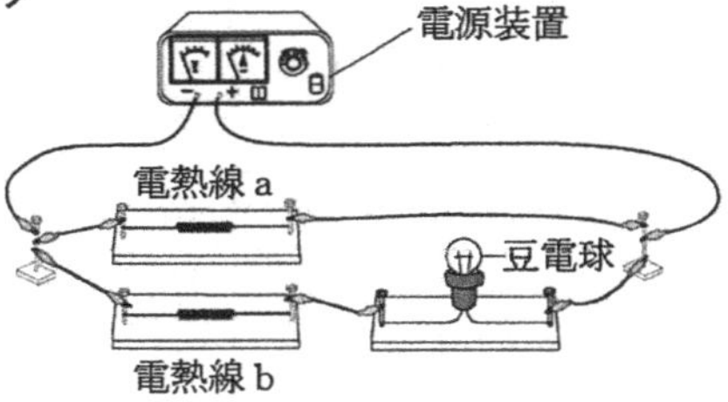

エ

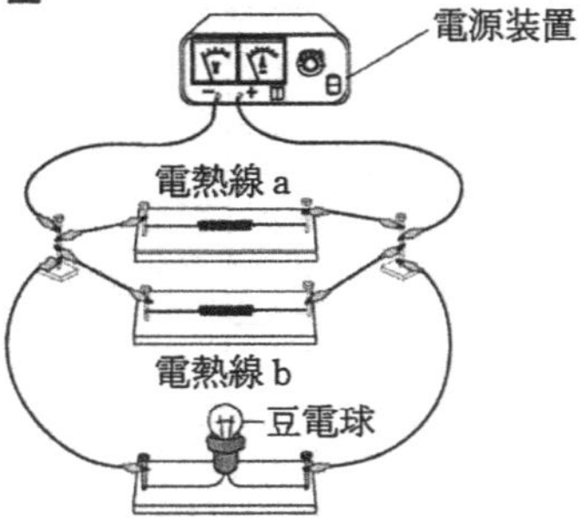

問3　実験3について，次の文の［　①　］に当てはまる数値を書きなさい。また，［　②　］に当てはまる語句を書きなさい。

図4のグラフで，とりかえる抵抗器の抵抗を大きくしていくと，電流計を流れる電流の大きさが一定になった理由は，電熱線aを流れる電流は［　①　］Aであるのに対して，［　　　②　　　］からと考えられる。

5 次の問いに答えなさい。(配点　18)

北海道の冬の天気の特徴について調べるため，次の実習を行った。

実習　気象衛星からとった12月のある日の雲の写真をインターネットで調べたところ，図１のように日本海上にすじ状の雲が写っていた。また，この日の天気図は，図２のような気圧配置になっていた。さらに，同じ日の北海道の日本海側のＡ市と太平洋側のＢ市の気象台で観測された気象要素を調べた。表１はＡ市の結果を，表２はＢ市の結果をそれぞれ６時間ごとにまとめたものである。

図１

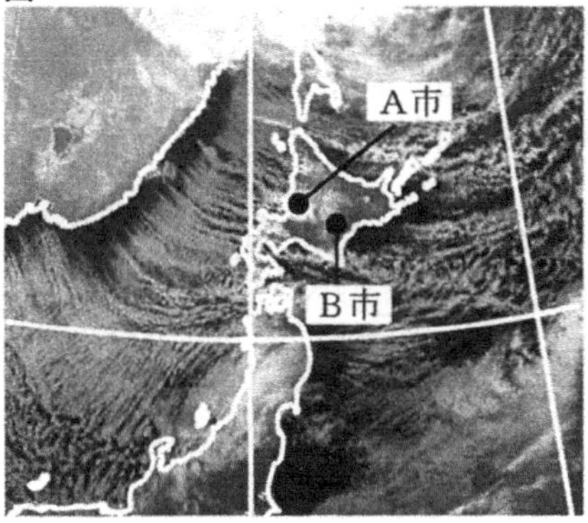

図２

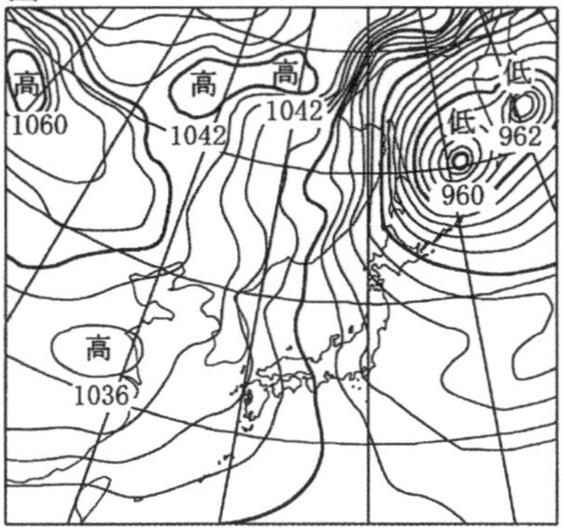

表１　Ａ市の観測結果

時	気温〔℃〕	湿度〔%〕	天気	風向	風力
2	－7	90	雪	南西	2
8	－7	78	雪	南西	2
14	－6	93	雪	西	3
20	－7	94	雪	西南西	4

表２　Ｂ市の観測結果

時	気温〔℃〕	湿度〔%〕	天気	風向	風力
2	－6	46	晴	西	3
8	－5	42	晴	西	2
14	－2	35	晴	西	3
20	－6	58	晴	西北西	2

問１　図２について，次の(1)，(2)に答えなさい。

(1)　次の文の［　①　］に当てはまる語句を書きなさい。また，②の｛　　｝に当てはまるものを，**ア**，**イ**から選びなさい。

冬はシベリアに高気圧が発達し，日本付近では南北方向の［　①　］の間隔が狭くなることから，オホーツク海上では，風が②｛**ア**　強く　　**イ**　弱く｝なると考えられる。

(2)　図３は高気圧の風のようすを模式的に示したものである。次の文の［　　　］に当てはまる語句を，「密度」という語句を使って書きなさい。

空気は冷えることによって，体積が［　　　　　　］ため，下降気流が生じて気圧が上がり，地表では高気圧の中心からふきだすように風がふく。

図３

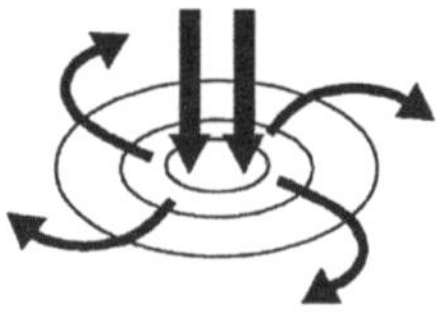

問2　表1，2について，次の(1)～(3)に答えなさい。

(1)　図4は，天気の記号を書く部分を○で示し，4方位を点線で表したものである。B市の14時の天気，風向，風力を，解答欄の図に天気記号で書きなさい。

図4

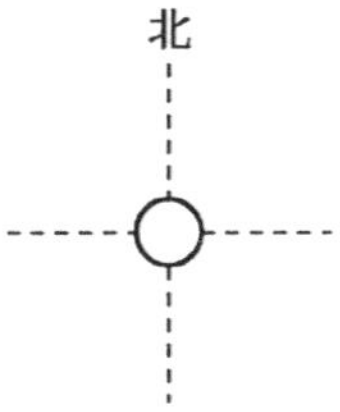

(2)　A市とB市のように，日本海側では雪，太平洋側では晴れの天気となることが多い。この理由を，「山脈」という語句を使い，気圧配置にふれて書きなさい。

(3)　次の文は，B市がA市に比べて湿度が低いことについて説明したものである。①～③に当てはまる数値を，表3を用いて，それぞれ書きなさい。ただし，③に当てはまる数値は，小数第2位を四捨五入し，小数第1位まで求めなさい。なお，空気が移動する間は水蒸気の供給がなく，水蒸気から生じるものはすべて水滴とし，その水滴は空気中からすべて失われるものとする。

A市の2時の空気1 m^3中にふくまれている水蒸気量は ① gである。この空気がB市まで移動する間に－16℃まで下がると空気1 m^3あたり ② gの水滴を生じ，その後B市で－5℃まで上がると湿度は ③ %となる。このことから，B市はA市に比べ湿度が低いことがわかる。

表3

気温〔℃〕	飽和水蒸気量〔g/m³〕	気温〔℃〕	飽和水蒸気量〔g/m³〕	気温〔℃〕	飽和水蒸気量〔g/m³〕
0	4.9	－7	3.0	－14	1.7
－1	4.5	－8	2.7	－15	1.6
－2	4.2	－9	2.5	－16	1.5
－3	3.9	－10	2.4	－17	1.4
－4	3.7	－11	2.2	－18	1.3
－5	3.4	－12	2.0	－19	1.2
－6	3.2	－13	1.9	－20	1.1

令和４年度
高等学校入学者選抜学力検査問題

第　5　部

英　語

（50分）

注　　意

1　問題は，［1］から［4］まであり，11ページまで印刷してあります。

2　答えは，すべて別紙の解答用紙に記入し，解答用紙だけ提出しなさい。

3　問いのうち，「……選びなさい。」と示されているものについては，問いで指示されている記号で答えなさい。

4　＊印の付いている語句には，（注）があります。

※教英出版注
音声は，解答集の書籍ＩＤ番号を教英出版ウェブサイトで入力して聴くことができます。

1 放送を聞いて，問いに答えなさい。（配点　35）

問１　次の No. 1～No. 3について，それぞれ対話を聞き，その内容についての質問の答えとして最も適当なものを，それぞれ**ア**～**エ**から選びなさい。**英文は１回読まれます**。

No. 1

ア　**イ**　**ウ**　**エ**

No. 2

ア　**イ**　**ウ**　**エ**

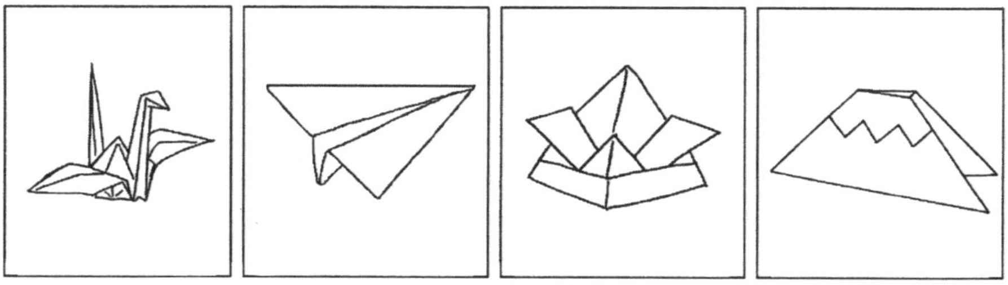

No. 3

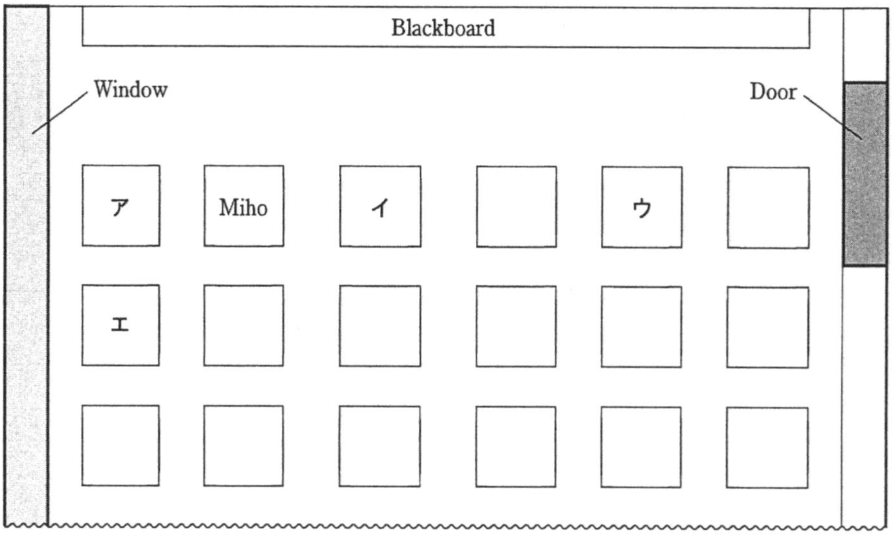

問2　次の No. 1～No. 4について，真理（Mari）とデイブ（Dave）の対話を聞き，チャイムの鳴るところで，真理が話す言葉として最も適当なものを，それぞれ**ア**～**エ**から選びなさい。**英文は１回読まれます**。

No. 1 ［店での対話］

ア　No, it's about me.

イ　Yes, you'll be good.

ウ　No, it looks like a cup.

エ　Yes, she'll like it.

No. 2 ［学校での対話］

ア　I'll play basketball tomorrow.

イ　It'll begin at ten.

ウ　The video game is good.

エ　I get up at seven.

No. 3 ［休日，出かけた時の対話］

ア　That's a good idea.

イ　You know it's my garden.

ウ　A dog is running around.

エ　We live in this big town.

No. 4 ［学校からの帰り道での対話］

ア　Well, it'll stop raining.

イ　Oh, it's your umbrella.

ウ　OK, let's go.

エ　Sorry, I'm at the station.

聞き取りテストは，次のページに続きます。

問3　日本に来ている留学生が，英語の授業で話している英文を聞き，その内容についてのNo. 1～No. 3の質問の答えとして最も適当なものを，それぞれ**ア**～**エ**から選びなさい。**英文は２回読まれます**。

No. 1　オーストラリアのクリスマスについて，どのように述べられていますか。

ア　It's in spring every year.

イ　They have another Christmas in July.

ウ　It's in June without snow.

エ　People have a party outside in winter.

No. 2　この留学生は，日本でクリスマスを過ごした際，どのようなことに気付きましたか。

ア　The Christmas party was held outside in Japan.

イ　Christmas trees in Japan were colorful with blue and green.

ウ　The cake in Japan was different from her country's one.

エ　Many kinds of fruits she ate in Japan were delicious.

No. 3　この留学生は，日本のクリスマスの体験を通じて，どのように考えたと言っていますか。

ア　Japanese people should enjoy "Christmas in July" like people in Australia.

イ　Making a colorful Christmas cake in Australia is difficult.

ウ　People in Australia should have Christmas in winter without snow.

エ　It's interesting to learn the differences between Japan's events and Australia's events.

問４　智也（Tomoya）の冬のある日の出来事についての英文を聞き，No. 1，No. 2の質問に対する答えとなるように，[　　　] に入る適当な英語をそれぞれ書きなさい。**英文は２回読まれます。**

No. 1　Question :（放送で読まれます）

Answer　: He enjoyed it in a tent on [　　　　　　].

No. 2　Question :（放送で読まれます）

Answer　: He [　　　　　　] and ate them with Tomoya.

放送指示後，問題用紙の５ページからの問題を解答しなさい。

2　次の問いに答えなさい。(配点　16)

問１　次の⑴，⑵の英文が，それぞれの日本語と同じ意味になるように，＿＿＿＿ に入る最も適当な英語１語をそれぞれ語群から選んで書きなさい。

⑴　＿＿＿＿ to meet you.

はじめまして。

語群

Kind	First	Nice	Now

⑵　This is your card. ＿＿＿＿ you are.

これはあなたのカードです。はい，どうぞ。

語群

Give	Here	Please	Yes

問２　次の絵に合うように，⑴，⑵の ＿＿＿＿ に入る適当な英語１語をそれぞれ書きなさい。

⑴　Tom ＿＿＿＿ some beautiful pictures last week.

⑵　Tom is ＿＿＿＿ the pictures to Ken now.

それでは，３ページを開いてください。

続いて，問３です。次に読まれる英文は，日本に来ている留学生が英語の授業で話している場面のものです。その内容について，問題用紙にある，No.1 から No.3 の質問の答えとして最も適当なものを，問題用紙の**ア**，**イ**，**ウ**，**エ**から選びなさい。このあと15秒取りますので，No.1 から No.3 の質問に目を通しなさい。

それでは，英文が２回読まれます。英文が読まれた後には，それぞれ解答時間を20秒取ります。
では，始めます。

Today, I'll tell you about Christmas in my country.

In Australia, we have Christmas without snow because it's summer in my country. It's usually very hot on Christmas, so we have a party outside with our family. And we have another Christmas called "Christmas in July." July is winter in my country, so we can also enjoy Christmas in winter.

Last year, I spent Christmas in Japan. I enjoyed the party at home and found some differences between Christmas in Japan and Christmas in Australia. Christmas trees in Japan were colorful with colors like red and gold. But in my country, we usually use blue, white, and green colors. And the Christmas cake I ate in Japan was different from ours. Christmas cake in my country has more fruits in it.

It's very interesting to me to know our Christmas is different from Japan's. I want to learn more about the differences of other events.

(英文を繰り返す)

続いて，問４です。最初に，智也が冬のある日の出来事について書いた英文が読まれます。次に，クエスチョンズと言った後に，No.1，No.2 として，英語で２つ質問があります。質問の答えとして適当な英語をそれぞれ書きなさい。

英文と質問は２回読まれます。質問が読まれた後には，それぞれ解答時間を10秒取ります。
では，始めます。

There's a large lake in my town. Every winter, the lake water becomes ice. One day, I went fishing on the lake with my father. We put a tent there and started fishing in the tent. At first, I couldn't catch fish, so my father taught me how to do it. Then, I caught one and my father smiled. Two hours later, we had about thirty fish. My father stopped fishing and began to cook them. The fish were delicious and I felt it's special to eat them on the ice with my father. It was my first experience and it was very fun.

I'd like to go fishing with my father again!

Questions
No.1　Where did Tomoya enjoy fishing?

No.2　What did Tomoya's father do after he stopped fishing?

(英文と質問を繰り返す)

これで，英語の聞き取りテストを終わります。
引き続き，問題用紙の５ページからの問題を解答しなさい。

出願先学校名　高等学校

受検番号

出身学校名

（注意）※印の欄は，記入しないこと。

※得点

※100点満点

三

問一

問二

問三

問四

問一．３点
問二．３点
問三．３点
問四．５点

四

問一

問二　(1)　(2)

105

問一．４点
問二．(1)５点
(2)９点

三

※四

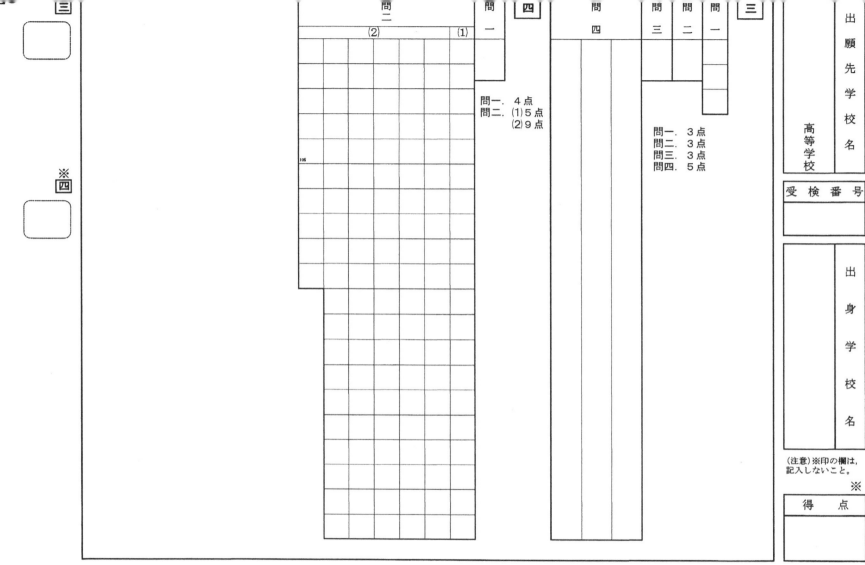

4 問1．4点　問2．(1)4点　(2)8点

※
4

問1					度
問2	(1)	ア			
		イ		ウ	
	(2)	(証　明)			

5 問1．(1)4点　(2)7点　問2．(1)6点　(2)2点

※
5

問1	(1)	cm
	(2)	(計　算) (答)　cm²
問2	(1)	(n の値) n ＝ (求め方)
	(2)	

出願先学校名　高等学校

受検番号

出身学校名

(注意)※印の欄は，記入しないこと。

※

得　点

※100点満点

3　B問1．完答3点　問2．(1)5点　(2)3点

※ 3

A	問1	カードA	カードB	カードC	カードD
	問2	語　句		記　号	
	問3				
B	問1	Ⓘ		Ⓔ	
	問2	(1)	A		
			B		
			C		
		(2)			

4　問4．完答3点　問5．4点

※ 4

問1	(1)			
	(2)	生徒A	生徒B	
問2	①	②	③	
問3	(選んだ立場)			
	(説明)			
問4				
問5	人以上			

出願先学校名	高等学校

受検番号

出身学校名	

(注意)※印の欄は，記入しないこと。

※

得　　点

※100点満点

※
4

※
5

4 問1．3点×2　問2．(1)3点　(2)4点　問3．5点

問1
(1)
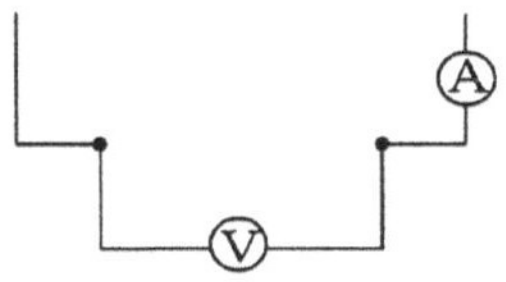
(2) 倍

問2
(1)
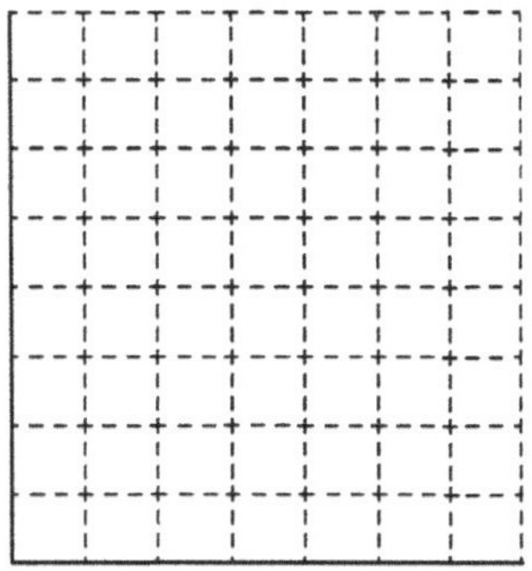

(2) 明るい ————→ 暗い
→　→　→

問3
①
②

5 問1．(1)完答3点　(2)3点　問2．(1)3点　(2)4点　(3)5点

問1
(1) ①　②
(2)

問2
(1)
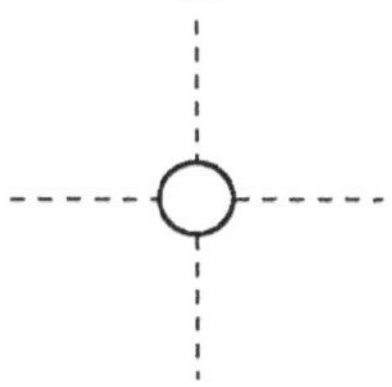

(2)
(3) ①
②
③

出願先学校名
高等学校

受検番号

出身学校名

(注意)※印の欄は，記入しないこと。

※
得点

※100点満点

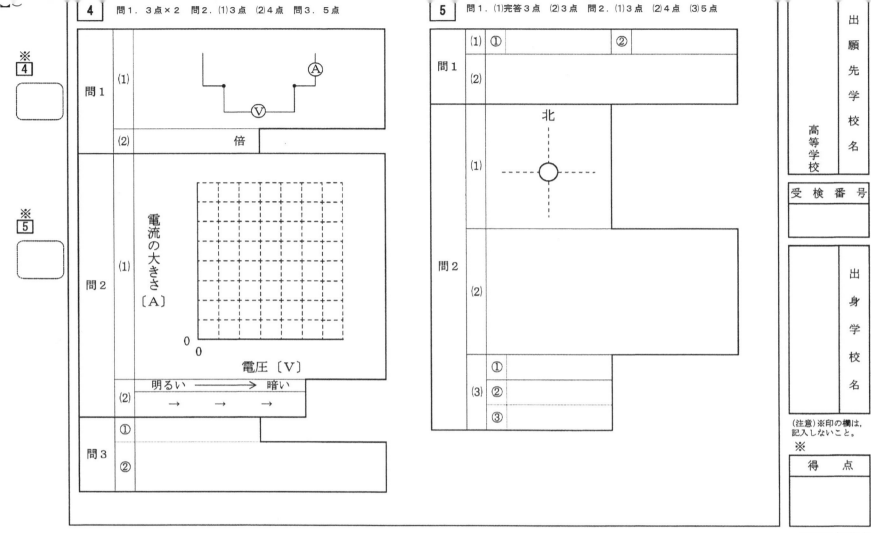

※100点満点

出　願　先　学　校　名	受　検　番　号	出　身　学　校　名	※ 得　点
高等学校			

（注意）※印の欄は，記入しないこと。

C	問1				
	問2				
	問3	(1)			
		(2)		(3)	
	問4				

4

(1)		
(2)		6語
		12語
		18語
		24語
		30語
		36語
(3)	I	.

※3

※4

第５部　英　語　　解　答　用　紙

1 問１．２点×３　問２．３点×４　問３．３点×３　問４．４点×２
2 問１．２点×２　問２．２点×２　問３．４点×２
3 A 問１．３点×２　問２．４点
B 問１．３点　問２．３点　問３．４点
C 問１．２点　問２．３点×２
問３．２点×３　問４．３点
4 (1)４点　(2)６点　(3)２点

1

問１	No. 1		No. 2		No. 3			
問２	No. 1		No. 2		No. 3		No. 4	
問３	No. 1		No. 2		No. 3			
問４	No. 1	He enjoyed it in a tent on .						
	No. 2	He and ate them with Tomoya.						

2

問１	(1)		(2)	
問２	(1)		(2)	
問３	(1)			
	(2)			

3

A	問１	(1)		(2)	
	問２				
B	問１		問２		
	問３				

※1　　※2

第4部 理科 解答用紙

※ 1

※ 2

※ 3

1 問1．2点×8　問2．3点　問3．完答3点　問4．完答3点
問5．3点

問1	(1)	①			
	(2)	②			
	(3)	③			
	(4)	④			
	(5)	⑤			
	(6)	⑥			
	(7)	⑦			
	(8)	⑧			
問2	cm/s				
問3	①		②		
問4	記号		名称		
問5					

2 問1．(1)完答3点　(2)3点　問2．(1)3点　(2)4点　(3)5点

問1	(1)	①		②	
	(2)				
問2	(1)				
	(2)	①		②	
問2	(3)	グラフ			
		理由			

3 問1．(1)3点　(2)完答4点　問2．3点×2　問3．5点

問1	(1)	①		②	
	(2)	①			
		②			
問2	(1)				
	(2)				
問3	①				
	②				
	③				

【解答用

第3部 社会

解答用紙

※1

※2

1

問1．２点×２（(1)は完答）　問２．(1)２点　(2)完答３点　(3)完答２点
問３．(1)完答２点　(2)３点　問４．(1)完答２点　(2)完答２点　(3)完答３点
問５．(1)２点　(2)完答２点　問６．２点×２　問７．完答３点

問1	(1)	A	B	C
	(2)			
問2	(1)			
	(2)	語　句	記　号	
	(3)	古い ──────→ 新しい		
問3	(1)	記　号	国の名	
	(2)			
問4	(1)	①	②	
	(2)	①	②	③
	(3)	Ⅰ群	Ⅱ群	
問5	(1)			
	(2)			
問6	(1)			
	(2)			
問7	①	②		
	語　句			

2

問１．完答３点　問２．３点　問３．４点　問４．４点
問５．完答３点　問６．５点

問1	(1)	(2)
問2		
問3	(1)	(2)
	内　容	
問4	a	b
	記　号	
問5	(1)	(2)
問6		

【解答用

第2部 数学 解答用紙

1 問1．3点×3　問2．4点　問3．4点
問4．6点　問5．4点　問6．6点

問1	(1)		(2)		(3)	
問2						
問3	A（　　　，　　　）					
問4	$x =$　　　　，$y =$					
問5						
問6	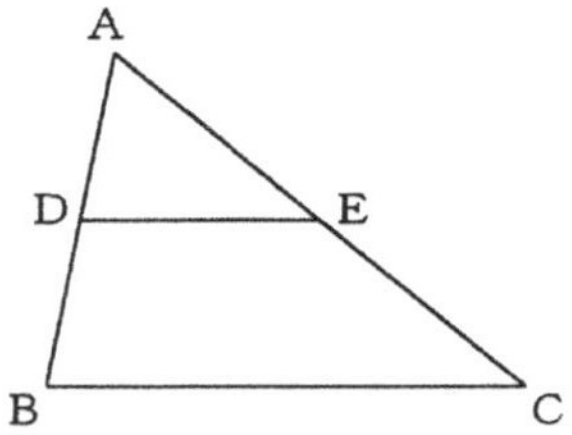					

2 問1．(1)4点　(2)4点　問2．8点

問1	(1)	秒
	(2)	
問2	ア	
	イ	
	ウ	

3 問1．4点　問2．(1)4点　(2)8点

問1	$a =$				
問2	(1)	X			
		Y		Z	
	(2)	（説　明）			

※ 1

※ 2

※ 3

【解答用

第一部 国語　解答用紙

一

問一　(1)　(2)　(3)（いた）

問二　(1)（いた）　(2)　(3)

問三

問四

問五

問六　①　②

問一．２点×３
問二．２点×３
問三．３点
問四．４点
問五．３点
問六．３点×２

二

問一　1（らせ）　2

問二　1　2

問三

問四

問五　大樹の上から眺める眼下の街の

問六

問七

問一．２点×２
問二．２点×２
問三．６点
問四．４点
問五．６点
問六．６点
問七．10点

※一

※二

第５部　英語の聞き取りテストの放送台本

ただいまから，英語の聞き取りテストを行いますので，問題用紙の１ページを開いてください。

問題は，問１から問４まであります。英文が読まれる回数は，問１と問２は１回，問３と問４は２回です。放送を聞きながら，メモを取ってもかまいません。

それでは，問１です。
３題とも最初に短い対話が読まれます。次に，それぞれの対話の後で，その内容について，クエスチョンと言った後に英語で質問があります。その質問の答えとして最も適当なものを，問題用紙の**ア**，**イ**，**ウ**，**エ**から選びなさい。英文は１回読まれます。
では，始めます。

No. 1
A : John, there are many kinds of animals in this zoo.
B : Yes, Mary. I like tigers, so I want to see them first.
A : OK. I want to see elephants after that.
Question : What animal does John like?

No. 2
A : What are you making with origami paper, Kumi? It looks like a mountain.
B : This is a kind of old Japanese hat, Mike. If you make one with bigger paper, you can wear it on your head.
A : That's very interesting! I'll try to make one.
Question : What is Kumi making?

No. 3
A : Where is your desk in your classroom, Ken?
B : Now I sit near the blackboard, and Miho is next to me.
A : Do you like your place?
B : Yes. It's so bright because my desk is by the window.
Question : Where is Ken's desk?

続いて，問２です。
４題とも，問題用紙に示された場面における，真理とデイブの対話です。最初に，真理が，続いてデイブが話します。その次に，真理が話すところで，次のチャイムが鳴ります。（チャイム音）このチャイムの鳴るところで，真理が話す言葉として最も適当なものを，問題用紙の**ア**，**イ**，**ウ**，**エ**から選びなさい。英文は１回読まれます。
では，始めます。

No. 1　［店での対話］
Mari : Dave, what should I buy for my mother's birthday?
Dave : Well, how about this cup? It looks nice.
Mari : (チャイム音)

No. 2　［学校での対話］
Mari : We'll have a basketball game next Sunday. Will you come to see our game, Dave?
Dave : Of course I will! What time will the game start, Mari?
Mari : (チャイム音)

No. 3　［休日，出かけた時の対話］
Mari : This is the biggest park in this town. We can enjoy jogging and playing some sports here.
Dave : Great. Look, there are big flower gardens. Let's go to see them.
Mari : (チャイム音)

No. 4　［学校からの帰り道での対話］
Mari : It's going to rain, Dave. I don't have an umbrella now. Do you have one?
Dave : No, I don't. But if we run to the station, I think we'll be all right.
Mari : (チャイム音)

問3　次の(1)，(2)の絵において，２人の対話が成り立つように，質問に対する答えを，主語と動詞を含む英文１文でそれぞれ自由に書きなさい。

(1)

(2)

3　次の **A** ～ **C** に答えなさい。（配点　37）

A

次の英文は，ステーションホテル（Station Hotel）から北海スタジアム（Hokkai Stadium）への行き方を示した案内図（Access Information）です。これを読んで，問いに答えなさい。

Hokkai Stadium Access Information

Station Hotel → **Hokkai Stadium**

1 ***Shuttle Bus** (about 12 minutes)

→ **North Park Hotel** → **Hokkai Shopping Center** →

※Bus *Fare : *Free

2 **Train & Walking** (about 15 minutes)

→ [5-minute walk] → **Hokkai Station (★1)** → **Stadium Station (★2)** → [5-minute walk] →

※Train Fare : 200 yen for an adult (12 years old and over)
100 yen for a child (6 - 11 years old)

3 ***Flat Rate Taxi** (about 7 minutes)

※Taxi Fare : 750 yen
※*Capacity : 4 people

4 **Walking** (about 25 minutes)

Walk through **Memorial Park (★3)**

★1 There are various restaurants and coffee shops in Hokkai Station.
★2 Shops in Stadium Station sell special goods when an event is held at Hokkai Stadium.
★3 Memorial Park is famous for beautiful flowers.

（注） shuttle bus　シャトルバス，往復バス　　fare　運賃　　free　無料の
flat rate　定額の　　capacity　乗車定員

問１　次の⑴，⑵の英文について，本文の内容から考えて，［　　］に当てはまる最も適当なものを，それぞれ**ア**～**エ**から選びなさい。

⑴ It takes about ［　　］ from Hokkai Station to Stadium Station by train.

ア　5 minutes　　**イ**　7 minutes
ウ　10 minutes　　**エ**　12 minutes

⑵ Using a flat rate taxi is cheaper than using a train if ［　　］ go to the stadium as a group.

ア　three adults　　**イ**　two adults and two children
ウ　three adults and one child　　**エ**　four adults

問２　次のようにたずねられたとき，あなたはどのように答えますか。上の案内図を見て，主語と動詞を含む英文１文で自由に書きなさい。

How do you want to go to the stadium from Station Hotel? And why?

B

次の英文は，高校生の真司（Shinji）が，中学生の時にカナダにホームステイ（homestay）したときのことについて書いたものです。これを読んで，問いに答えなさい。

> Three years ago, I visited Canada and did a homestay there. On the first day, my host mother explained the family rules. I was surprised because they don't usually eat breakfast together. My host brother, Tim, said, "We usually eat a simple and *nutritious breakfast like some fruits and *oatmeal *by ourselves. I think that this *style is *common in Canada."
>
> In my family in Japan, my mother makes breakfast for us almost every day. I often have rice, ***miso*** soup, and some small dishes with my family. She always says that breakfast is the most important to keep me in good health. I thought that my family's style was *normal, so I didn't think that the style of Tim's family was good.
>
> I was interested in the difference, so I asked a girl from Taiwan in Tim's class about the breakfast in her hometown. Then, I was surprised again. She said to me, "In Taiwan, we usually don't eat breakfast at home. Some families don't even have a kitchen. Many people eat breakfast at some food stores or buy something and eat it at their companies or their schools."
>
> After I learned that, I found there are many styles of having breakfast in the world and the style is a part of each culture. Now, I want to know various cultures in the world.

（注） nutritious　栄養のある　　oatmeal　オートミール（オート麦を牛乳などで煮たもの）
by ourselves　自分たち自身で　　style(s)　スタイル　　common　一般的な
normal　普通の

問１　本文の内容に合うものを，**ア**～**エ**から１つ選びなさい。

ア　Shinji ate breakfast with Tim's family every day when he did a homestay.
イ　Both Shinji's family and Tim's family usually eat almost the same foods for breakfast.
ウ　Tim's classmate said many people in Taiwan eat breakfast outside of their home.
エ　Tim told Shinji about the difference of breakfast which people around the world eat.

問２　本文の内容から考えて，この英文のタイトルとして最もふさわしいものを，**ア**～**エ**から選びなさい。

ア　Different Cultures in the Morning　　**イ**　Foreign Popular Food Stores
ウ　Common Breakfasts in Canada　　**エ**　My Experience in Taiwan

問３　本文の内容から考えて，次の問いに対する答えを，主語と動詞を含む英文１文で答えなさい。

What does Shinji's mother always tell Shinji about breakfast?

C

次の英文は，高校生の直樹（Naoki）が，シンガポール（Singapore）から来た留学生のルーカス（Lucas）と会話している場面のものです。これを読んで，問いに答えなさい。

Naoki : Hi, Lucas. Today's English class was interesting. It was my first time to use the *web meeting system. It was really fun.

Lucas : Yes. I enjoyed talking with the students in Korea on the Internet.

Naoki : If we use this web meeting system, we can talk and see each other's faces. This information *technology helps us have good communication.

Lucas : That's true. I sometimes use this system to talk with my family in Singapore.

Naoki : Wow, you've already used the system in your daily life, too.

Lucas : Yes. It's really useful, but my family sometimes send me *handwritten *postcards with pictures of Singapore. The postcards always make my heart warm and *remind me of my country. So both the new technology and the traditional things are important for me.

Naoki : I understand what you mean. Your story reminds me of my uncle's job. He's a farmer and has grown *cabbages on his large *field for a long time. One of the important jobs he has is checking all his fields by himself to find areas which have some problems, but it takes so much time to do that. So he's trying to use new technologies now. He's using *drones and *AI. His drones are used for taking pictures of his fields and the *data is sent to AI. Then it finds which areas have problems by using the data.

Lucas : Wow, that's wonderful. His work is getting easier because he checks only the areas with problems.

Naoki : I think so, too. But he says that AI isn't good enough because it can't show why the areas have problems.

Lucas : What do you mean?

Naoki : *Even if it shows that some areas have a *common problem such as having smaller cabbages, the reasons for the problem may be different in each area. Some areas need more *fertilizers, and other areas need more water.

Lucas : Really? Then, how does he find the reason?

Naoki : Well, he goes to the areas with problems and finds the reason with the *knowledge from his past experience. He remembers the *similar conditions of the field in the past.

Lucas : Wow, that sounds interesting!

Naoki : Yes. I think that he's using both new technologies and his knowledge *effectively.

Lucas : I agree with you. Both of them are useful for his job, so we don't need to think about which is better.

Naoki : That's right. It's important for us to decide when to use new technologies and traditional things and how to use them.

（注） web meeting system　ウェブ会議システム　technology（technologies）　技術
handwritten　手書きの　postcard(s)　絵はがき
remind ～ of …　～に…を思い出させる　cabbage(s)　キャベツ　field(s)　畑
drone(s)　ドローン（無人航空機）　AI　人工知能　data　情報，データ
even if　たとえ～だとしても　common　共通の　fertilizer(s)　肥料
knowledge　知識　similar condition(s)　同じような状況　effectively　効果的に

問1　下線部において行ったこととして，最も適当なものを，**ア**～**エ**から選びなさい。

ア　ウェブ会議システムを使った，韓国の生徒との会話

イ　初めて来日した外国人との交流

ウ　海外への手紙の書き方についての学習

エ　情報技術を使った農業についての学習

問2　本文の内容に合うものを，**ア**～**オ**から2つ選びなさい。

ア　Lucas has used the web meeting system to talk with his family in Korea.

イ　Lucas's heart gets warm when he reads handwritten postcards from his family.

ウ　Naoki says his uncle's drones give fertilizers and water to the field.

エ　Naoki's uncle uses AI to find the areas with problems in the field.

オ　Naoki says his uncle can't use the data from his drones to grow cabbages.

問3　次の図は，直樹とルーカスの会話の内容について整理したものです。本文の内容から考えて，[(1)]～[(3)] に入る英語を書きなさい。ただし，(1)は2語，(2)，(3)はそれぞれ1語とします。

図

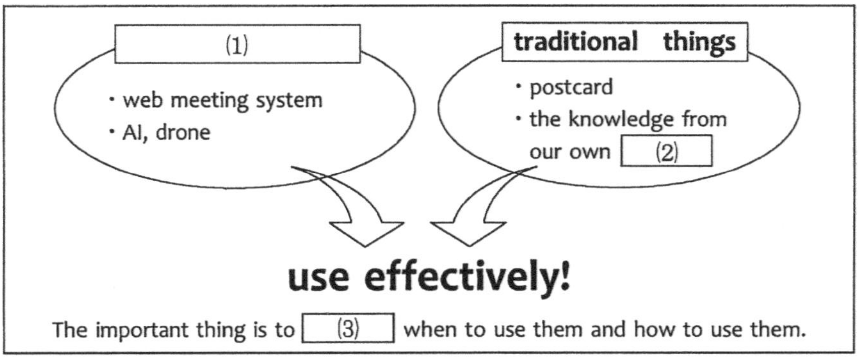

問4　次の英文は，ルーカスが直樹との会話の後に書いた日記の一部です。日記の内容から考えて，[　　] に共通して入る適当な英語を1語で書きなさい。

After I talked with Naoki, I remembered another story. I was looking for a new guitar and found some good ones on the Internet, but I didn't decide to buy one because I can't [　　] them on the Internet. So I went to a shop to [　　] them. The shop worker gave me some advice, too. Finally I bought the best one.

4 次の英文は，あるラジオ番組の放送内容の一部です。[　　　　　] で囲んだ部分では，ある中学生の投稿が紹介されました。あなたがその中学生になったつもりで，条件にしたがって，その中学生の投稿を完成させなさい。（配点　12）

放送内容の一部

The next part of the *program is "YOU DID A GOOD JOB!" In this part, I'll read <u>a story about your kind *actions for other people in your daily lives</u>. Today's story is from **Wasabi*. Now I'll read it!

Hi. I'm *Wasabi*. [　　(1)　　]
I'll tell you my story. [　　(2)　　]
I [　　(3)　　].

Thank you, *Wasabi*. YOU DID A GOOD JOB! You got an *original sticker!

（注）　program　番組　　action(s)　行動　　Wasabi　ある中学生のラジオネーム（本名以外の名）
original sticker　（番組の）オリジナルステッカー

条件

[(1)] には，自己紹介を，主語と動詞を含む英文２文で自由に書きなさい。

[(2)] には，下線部について，次の①～③の内容を含むよう，24語以上の英語で自由に書きなさい。ただし，英文は記入例の書き方にならうこと。

① どのような状況だったか。
② どのような行動をとったか。
③ どのような結末になったか。

[(3)] には，(2)の出来事の後のあなたの気持ちを，与えられた書き出しに続くように英語で自由に書きなさい。

記入例

I	have	two	dogs ,	Pochi	and	6語
Taro .	They're	cute	and	make	me	12語
〜						
in	the	future ?				36語